THESIS SERIES

Series Editors: T. D. Märk, S. Prock

*i*up • *innsbruck* university press

www.uibk.ac.at/iup

Diese Publikation wurde mit finanzieller Unterstützung der Leopold-Franzens-Universität Innsbruck im Rahmen der Druckkostenzuschüsse für österreichische Dissertationen gedruckt.

© 2008 *innsbruck* university press
1. Auflage
Alle Rechte vorbehalten.

innsbruck university press
Universität Innsbruck
ICT-Technologiepark
Technikerstraße 21 a, A-6020 Innsbruck
www.uibk.ac.at/iup

Autorin: Martina Battisti
Verlagsredaktion: Carmen Drolshagen, Gregor Sailer
Umschlaggestaltung: Jasmine Heßler-Luger
Herstellung: Book on Demand

ISBN: 978-3-902571-55-7

CORPORATE CITIZENSHIP

Perspektiven, Dynamiken, Herausforderungen

Martina Battisti

„ Brücken verbinden Täler und Klüfte.
Sie sind oft der einfachere Weg,
als wie auf der einen Seite hinab
zu steigen und auf der anderen
wieder mühsam hinauf. "

Teilnehmer am Projekt Brückenschlag

INHALTSVERZEICHNIS

Abbildungsverzeichnis 6

Tabellenverzeichnis 7

EINLEITUNG **8**

I   **THEORETISCHE GRUNDLAGEN** **11**

1.   Sozialkapital 11

1.1.   Theoretischer Hintergrund 11

1.2.   Definitionen und Konzepte von Sozialkapital 12

1.2.1.   Pierre Bourdieu: Erweiterung des ökonomischen Kapitals 12

1.2.2.   James Coleman: Soziales Kapital als handlungsförderlicher Aspekt der

sozialen Struktur.. 14

1.2.3.   Robert Putnam: Soziales Kapital als individuelle Ressource 17

1.2.4.   Synthese der unterschiedlichen theoretischen Zugänge 20

1.3.   Sozialkapital und seine unterschiedlichen Formen 22

1.3.1.   Horizontale und vertikale Netzwerke 22

1.3.2.   Strong Ties und Weak Ties 23

1.3.3.   Structural Holes 23

1.3.4.   Bonding Networks und Bridging Networks 24

1.4.   Empirische Befunde 25

1.4.1.   Soziales Kapital und seine Auswirkungen 25

1.4.2.   Quellen sozialen Kapitals 30

1.5.   Operationalisierung 31

1.6.   Zusammenfassung 34

2.   Bürgerschaftliches Engagement 35

2.1.   Bürgerschaftliches Engagement im Wandel der Zeit 35

2.1.1.   Strukturwandel 36

2.1.2.   Motivwandel 38

2.1.3.   Wandel der Arbeitsgesellschaft 40

2.2.   Zusammenfassung 42

3.   Bürgerschaftliches Engagement von Unternehmen - Corporate Citizenship 44

3.1.   Konzeptionelle Einordnung 44

3.2.   Definition 47

3.3.	Entwicklungsgeschichte	48
3.4.	Motive und Nutzenerwartungen von Unternehmen	50
3.5.	Engagementformen	55
3.5.1.	Corporate Giving	55
3.5.2.	Corporate Foundations	55
3.5.3.	Corporate Volunteering	56
3.6.	Corporate Citizenship aus Sicht der Psychologie	58
3.6.1.	Soziale Handlungsorientierungen	59
3.7.	Zusammenfassung	60
4.	Brückenschlag – Lernwelt Wirtschaft und Gesellschaft	62
4.1.	Vergleichbare Initiativen	64
5.	Zusammenfassung und Fragestellung der Untersuchung	66
II	**METHODIK**	**70**
6.	Methodologie	70
6.1.	Qualitative Sozialforschung	70
6.2.	Qualitative Evaluationsforschung	73
6.3.	Gütekriterien in der qualitativen Sozialforschung	74
7.	Methodisches Vorgehen	79
7.1.	Auswahl und Beschreibung der Stichprobe	79
7.2.	Datenerhebung	81
7.2.1.	Problemzentrierte Interviews	82
7.2.2.	Gruppendiskussion	87
7.3.	Datenauswertung	88
7.3.1.	Psychoanalytisch orientierte Tiefenhermeneutik	88
7.3.2.	Qualitative Inhaltsanalyse	90
7.4.	Der Forschungsprozess im Überblick	91
7.5.	Reflexion des methodischen Vorgehens	94
III	**ERGEBNISDARSTELLUNG**	**97**
8.	Rekonstruktion der Zielsetzung des Projekts Brückenschlag im Spannungsfeld von Politik, Soziales und Wirtschaft	98
9.	Erfahrungsfelder der Akteure	113
9.1.	Motiv für die Teilnahme	113
9.2.	Aufenthaltsdauer	121

9.3.   Erleben der Projektwoche 124

9.3.1. Erster Eindruck 124

9.3.2. Veränderungen im Laufe der Projektwoche 129

9.4.   Subjektiv wahrgenommener Nutzen 137

9.5.   Intendiertes, weiterführendes Engagement 143

9.6.   Subjektive Theorien zum gesellschaftlichen Engagement von Unternehmen 153

10.   Auswirkungen des Projekts 165

10.1.   Ebene Person 166

10.2.   Ebene Organisation 168

10.2.1. Unternehmen 168

10.2.2. Sozialinstitution 173

10.2.3. Unternehmen und Sozialinstitution 174

10.3.   Ebene Projekt 179

10.4.   Zusammenfassung 179

11.   Wirkungszusammenhänge 183

IV   DISKUSSION DER ERGEBNISSE 187

12.   Corporate Citizenship 187

13.   Sozialkapital 194

V   AUSBLICK 200

VI   ZUSAMMENFASSUNG 204

LITERATURVERZEICHNIS 207

ABBILDUNGSVERZEICHNIS

Abbildung 1: Corporate Citizenship – Motive und Nutzenerwartungen 51

Abbildung 2: Organisationsstruktur 63

Abbildung 3: Sensibilisierendes Konzept 67

Abbildung 4: Aufbau des Interviewleitfadens zum Befragungszeitpunkt 1 84

Abbildung 5: Aufbau des Interviewleitfadens zum Befragungszeitpunkt 2 86

Abbildung 6: Ablauf der Gruppendiskussion 87

Abbildung 7: Der Forschungsprozess im Überblick .... .93

Abbildung 8: Veränderungen im Erleben der Projektwoche bei den
            Teilnehmern aus der Wirtschaft 136

Abbildung 9: Veränderungen im Erleben der Projektwoche bei den
            Begleitern aus den Sozialinstitutionen 137

Abbildung 10: Umsetzungsebenen und Engagementformen 165

Abbildung 11: Sensibilisierendes Konzept 183

TABELLENVERZEICHNIS

Tabelle 1:   Anzahl der Teilnehmer am Projekt Brückenschlag in den Jahren 2002 und 2003 79

Tabelle 2:   Deskriptive Beschreibung der Stichprobe „Problemzentrierte Interviews" 80

Tabelle 3:   Deskriptive Beschreibung der Stichprobe „Gruppendiskussion" 81

Tabelle 4:   Follow-up Design 83

Tabelle 5:   Art und Häufigkeiten der Motive der Akteure 120

Tabelle 6:   Aufenthaltsdauer der Teilnehmer 121

Tabelle 7:   Subjektiv wahrgenommener Nutzen der Akteure 143

Tabelle 8:   Entstandenes persönliches und unternehmerisches Engagement 180

Tabelle 9:   Häufigkeiten der entstandenen Engagementformen 181

Tabelle 10: Anzahl der Engagementbereiche pro Unternehmen 182

EINLEITUNG

Wirtschaftsunternehmen und Sozialinstitutionen – zwei einander fremde Welten?

Das Projekt Brückenschlag versucht die Verbindung zu schaffen zwischen zwei oftmals als konträr erlebten Arbeits- und Lebenswelten. Indem Führungskräfte eine Woche lang in den jeweils andern Arbeitsalltag wechseln, soll ein gegenseitiges Erfahrungslernen ermöglicht werden. Zusätzlich sollen neue Formen der Zusammenarbeit zwischen Wirtschaftsunternehmen und Sozialinstitutionen gefördert werden. Brückenschlag versteht sich als Türöffner für die Thematik Corporate Citizenship, ein Versuch zur verstärkten Verankerung von Unternehmen als „Bürger" unserer Gesellschaft (Strele 2003). Brückenschlag soll nicht nur die sozialen Kompetenzen der Führungskräfte aus der Wirtschaft und auf der Gegenseite - in Sozialinstitutionen - wirtschaftliches Denken fördern, sondern auch einen gesellschaftlichen Nutzen stiften. Es stellt einen Versuch dar, gesellschaftliches Engagement von Unternehmen zu fördern, indem ein bereichsübergreifender Austausch von Unternehmen und Sozialinstitutionen initiiert wird.

Es stellt sich die Frage, welche Bedeutung dem Dialog und der Zusammenarbeit von Wirtschaftsunternehmen und Sozialinstitutionen im 21. Jahrhundert zufällt. Durch den Wandel in der Arbeitsgesellschaft, verbunden mit Modernisierungsprozessen in der Gesellschaft, gerät der bisherige Sozialstaat an die Grenzen seiner Unterstützungsleistung. Ins Zentrum der Diskussion rückt die Bürgergesellschaft, die das Ziel hat, Bürger stärker an der Gestaltung gesellschaftlicher Strukturen zu beteiligen. Für das zukünftige Funktionieren von Politik, Sozialem und Wirtschaft wird verstärkt bürgerschaftliches Engagement gefordert (Mutz 2000). Gemessen an den Mitgliedszahlen in Kirche, Partei und Vereinen wurde ein starker Rückgang des Engagements befürchtet. Es zeigte sich jedoch, dass sich das bürgerschaftliche Engagement hinsichtlich seiner Struktur und Motivlage verändert hat. Personen engagieren sich stärker sporadisch, zeitlich befristet, greifen immer weniger auf bestehende Vereine und Institutionen zurück. Auch zeigt sich eine Verschiebung weg von religiös-moralischen hin zu instrumentell-individualistischen Motiven (Anheier & Toepler 2002). Die Bürgergesellschaft besteht jedoch nicht nur aus den Bürgern und gemeinnützigen Organisationen des dritten Sektors, sondern wird auch von Unternehmen mitgestaltet. So sind Unternehmen zunehmend auch über ihre wirtschaftlichen Aktivitäten hinaus als „Corporate Citizens", als „gute Bürger", gefragt, ihren Beitrag zur Schaffung und Erhaltung funktionierender Gemeinwesenstrukturen zu leisten (Bürsch 2003).

In der Literatur werden Projekte wie Brückenschlag immer wieder als mögliche Türöffner für Corporate Citizenship Aktivitäten genannt (Ammann 2003, Habisch 2003, Keppler, Leitmann & Ripplinger 1999, Mutz 2002a, Mutz & Korfmacher 2003), wobei die Teilnehmer meist den Wunsch äußern, mit den sozialen Einrichtungen in Kontakt zu bleiben mit dem Vorsatz, sich weiter zu engagieren. Inwieweit aus diesen Vorsätzen allerdings tatsächlich gesellschaftliches Engagement seitens der Unternehmen erwächst, ist unklar.

Ziel der vorliegenden Studie ist die Evaluation des Projekts Brückenschlag, wobei das erkenntnisleitende wissenschaftliche Interesse in der Frage liegt, ob und in welcher Form durch das Projekt Brückenschlag gesellschaftliches Engagement von Unternehmen entsteht. Es wird untersucht, ob neben Auswirkungen auf der individuellen Ebene auch längerfristige Auswirkungen zu verzeichnen sind, dahingehend, dass Kooperationen zwischen Unternehmen und sozialen Institutionen entstehen.

Diese Voraussetzungen legen ein feld- und prozessorientiertes Vorgehen nahe, das den einzelnen Akteur sowie die Interaktion zwischen den Akteuren in gleicher Weise zum Gegenstand hat. Es ist somit notwendig, die Prozesse zwischen den beteiligten Unternehmern und Sozialinstitutionen, insbesondere die Interaktion zwischen den dort handelnden Personen, zu untersuchen. Nur über eine Beschreibung des tatsächlichen Geschehens und über die darauf bezogenen Deutungen der beteiligten Akteure kann es gelingen, zentrale Strukturen der Auseinandersetzung zu entschlüsseln. Durch Follow-up Interviews mit den Teilnehmern am Projekt Brückenschlag wird die Erfassung der tatsächlich entstandenen Kooperationen jenseits des intendierten Engagements gewährleistet. Mit Hilfe des methodischen Zugangs der psychoanalytisch orientierten Tiefenhermeneutik werden der Erlebniszusammenhang sowie die konkreten Sinnbezüge, in denen eine Äußerung steht, beibehalten. Die subjektiv erlebten Erfahrungsfelder der Akteure sowie die verdrängten Sinngehalte können dadurch rekonstruiert werden und liefern eine gänzlich neue Perspektive auf das Themenfeld „gesellschaftliches Engagement von Unternehmen". Durch die Rekonstruktion der Perspektiven der Subjekte wird ein Verstehen der komplexen Wirkungszusammenhänge angestrebt.

Die Arbeit folgt in der Konzeption dem theoretischen Konzept Sozialkapital. Anhand seiner wichtigsten Vertreter Bourdieu, Coleman und Putnam wird die theoretische Fundierung nachgezeichnet und anhand empirischer Befunde seine Relevanz für unterschiedliche Gesellschaftsbereiche dargestellt. Da die empirischen Ergebnisse darauf hindeuten, dass Sozialkapital ein entscheidender Faktor für das gesellschaftliche Zusammenleben darstellt und immer wieder vom Rückgang des sozialen Kapitals in der modernen Gesellschaft gesprochen wird,

wird in der Folge auf die Möglichkeiten eingegangen, wie Sozialkapital gefördert werden kann. Dabei wird der Fokus auf das bürgerschaftliche Engagement und seinen Wandel gerichtet. Daran schließt sich das theoretische Konzept des Corporate Citizenship an. Nach einer konzeptionellen Einordnung und Definition werden die damit verbundenen Motive und Nutzenerwartungen seitens der Unternehmen dargestellt und abschließend wird auf die verschiedenen Formen unternehmerischen Engagements eingegangen.

I THEORETISCHE GRUNDLAGEN

1. Sozialkapital

Sozialkapital ist ein komplexer und weitläufiger Begriff. Im weitesten Sinne bezieht er sich auf Formen gesellschaftlichen Zusammenhalts, die politischen, sozialen und wirtschaftlichen Nutzen bringen. Für Portes (1998) steht Sozialkapital für die Fähigkeit von Personen, sich aufgrund ihrer Mitgliedschaft in sozialen Netzwerken und anderen sozialen Strukturen Vorteile zu sichern. Er sieht darin den gemeinsamen Nenner der verschiedenen Konzepte zu sozialem Kapital in der Literatur. Auch Burt (2000, S.4) sieht seine Definition von Sozialkapital als Konsens, der sich in der Literatur herausgebildet hat: *„Social structure is a kind of capital that can create for certain individuals a competitive advantage in pursuing their ends."*

Im folgenden Kapitel wird zu Beginn der theoretische Hintergrund des Kapitalbegriffs beleuchtet und anschließend werden die Definitionen der wichtigsten Vertreter des Konzepts Sozialkapital dargestellt. In der Folge werden unterschiedliche Formen sozialen Kapitals beschrieben. Abschließend wird versucht, eine Synthese der unterschiedlichen Definitionen zu finden, und empirische Befunde werden diskutiert.

1.1. Theoretischer Hintergrund

Sozialkapital ist heute ein vielbeachteter Gegenstand sozialwissenschaftlicher Forschung. Der Grundgedanke, der hinter den verschiedenen Konzepten sozialen Kapitals steht, lässt sich bis hin zu den Anfängen der modernen Sozialwissenschaft zurückverfolgen. Die Idee, dass die Einbindung und Beteiligung eines Individuums in sozialen Gruppen positive Auswirkungen auf es selbst und die Gemeinschaft haben kann, wurde bereits von Durkheim (1893), Marx (1867) und De Toqueville (1835) thematisiert. Es finden sich in der Literatur immer wieder Autoren, die den Begriff Sozialkapital gebrauchen, jedoch eher in metaphorischer Art und Weise ohne theoretische Einbettung. Zum Durchbruch verhalfen dem Konzept des Sozialkapitals die Arbeiten von Pierre Bourdieu (1980) und James Coleman (1988), die soziales Kapital in einen größeren theoretischen Zusammenhang gestellt haben. Popularisiert wurde es schließlich durch die Arbeiten von Robert Putnam (2000).

Winter (2000) erfasste in seiner Auswertung internationaler Literatur über Sozialkapital vor 1981 nur 20 Veröffentlichungen, weitere 109 zwischen den Jahren 1991 und 1995 und 1003 zwischen

1996 und 1999. Die explosionsartig wachsende Literatur hat jedoch wenig zu einem einheitlichen Konzept und klaren Messgrößen beigetragen.

Neben der Soziologie ist der Begriff des Sozialkapitals auch in der Wirtschaftswissenschaft und Politikwissenschaft sehr populär. Die Popularität des Konzepts Sozialkapital in den unterschiedlichen Disziplinen liefert laut 2001 einen Beweis für seinen größten Nutzen: Es erleichtert die Kommunikation und das Verständnis zwischen Disziplinen.

Die unterschiedlichen Zugänge zum Konzept Sozialkapital sind eng verbunden mit den verschiedenen Ebenen von Sozialkapital. In der Literatur werden hauptsächlich zwei Ebenen differenziert. Die Mikroebene betont die individuelle, die Makroebene die kollektive Perspektive. Auf der Mikroebene stellt Sozialkapital eine individuelle Ressource dar, die es dem Individuum erleichtert, bestimmte Ziele zu erreichen. Vertreter dieser Richtung sind Bourdieu (1985), Coleman (1990) und Lin (2001). Auf der Makroebene wird soziales Kapital als eine kollektive Ressource betrachtet. In Form einer unabhängigen Variablen dient es zur Erklärung unterschiedlicher Entwicklungen sowohl in der Wirtschaft wie auch in der Politik (Putnam 1993; Ostrom 2002; Narayan 1999; Temple 2001; Knack & Keefer 1997; Knack 1999a; Knack 1999b). Coleman (1990) hat diese Perspektive in seinem Konzept zwar mitdiskutiert, Putnams empirische Arbeiten (1993, 1995a, 2000) sind dafür jedoch beispielhaft.

Die Tatsache, dass Sozialkapital auf unterschiedlichen Ebenen angesiedelt ist, sprich, sowohl als individuelles als auch als kollektives Gut gesehen werden kann, hat in der Literatur zu theoretischer und methodologischer Verwirrung geführt (Lin 2001).

1.2. Definitionen und Konzepte von Sozialkapital

Trotz der großen Aufmerksamkeit, die das Konzept Sozialkapital erfährt, ist die theoretische Fundierung noch dürftig. Dieser Abschnitt bezieht sich auf eher allgemeine Definitionen der wichtigsten Sozialkapital-Vertreter.

1.2.1. Pierre Bourdieu: Erweiterung des ökonomischen Kapitalbegriffs

Nach Bourdieu ist Kapital *„akkumulierte Arbeit, entweder in Form von Materie oder in verinnerlichter 'inkorporierter' Form"*, die sich einzelne Akteure oder Gruppen aneignen (Bourdieu 1983, S.184). Das Sozialkapitalkonzept von Bourdieu fußt auf der Überlegung, dass der

Kapitalbegriff in allen Erscheinungsformen verwendet werden sollte, nicht nur in der Ausprägung, die aus der Ökonomie allgemein bekannt ist.

„Die Wissenschaftstheorie hat sich [...] ihren Kapitalbegriff von einer ökonomischen Praxis aufzwingen lassen, die eine historische Erfindung des Kapitalismus ist. Dieser wirtschaftswissenschaftliche Kapitalbegriff reduziert die Gesamtheit der gesellschaftlichen Austauschverhältnisse auf den bloßen Warentausch, der objektiv und subjektiv auf Profitmaximierung ausgerichtet und vom (ökonomischen) Eigennutz geleitet ist. Damit erklärt die Wirtschaftstheorie implizit alle anderen Formen des Austausches zu nicht-ökonomischen, uneigennützigen Beziehungen. " (Bourdieu 1983, S.184)

Für Bourdieu ist es nur dann möglich, der Struktur und dem Funktionieren der Gesellschaft gerecht zu werden, wenn man den Begriff des Kapitals in allen seinen Erscheinungsformen einführt, nicht nur in der bekannten ökonomischen Form. Neben der ökonomischen Ausstattung und den individuellen Fähigkeiten ist der Erfolg menschlichen Handelns auch von der Struktur abhängig, in der das Individuum eingebettet ist. Dies wird ersichtlich, wenn Individuen mit einer gleichwertigen Ausstattung an ökonomischem und kulturellem Kapital sehr ungleiche Erträge erzielen, z.B. wenn es einem der Individuen gelingt, das Kapital einer Gruppe stellvertretend für sich zu mobilisieren. Die Beobachtung dieser sozialen Ungleichheit veranlasste Bourdieu dazu, den Begriff „soziales Kapital" einzuführen. Soziales Kapital ist für ihn *„die Gesamtheit der aktuellen und potentiellen Ressourcen, die mit dem Besitz eines dauerhaften Netzes von mehr oder weniger institutionalisierten Beziehungen gegenseitigen Kennens oder Anerkennens verbunden sind; oder anders ausgedrückt, es handelt sich dabei um Ressourcen, die auf der Zugehörigkeit zu einer Gruppe beruhen"* (Bourdieu 1983, S.190f).

Aus der Definition wird ersichtlich, dass das Sozialkapital einer Person einerseits davon abhängt, wie viele Beziehungen sie tatsächlich mobilisieren kann, andererseits auch von den Ressourcen der Personen abhängt, die Teil dieses Beziehungsnetzes sind. Sozialkapital stellt daher eine individuelle Ressource dar, die sich aus der Zugehörigkeit zu einer bestimmten Gruppe bzw. zu bestimmten Netzwerken ergibt. Es ist als individuelles Gut zu begreifen. Die Fähigkeit zur Ressourcenmobilisierung stellt den Kern des Sozialkapital-Konzepts von Bourdieu dar.

Da Bourdieu den Tausch von Gütern als nur eine mögliche Form sozialer Austauschbeziehungen sieht, unterscheidet er in seinem Konzept drei verschiedene Kapitalarten: Ökonomisches Kapital, kulturelles Kapital und soziales Kapital. Das kulturelle Kapital besteht für Bourdieu aus der

Bildung, das heißt aus den Fähigkeiten und Kenntnissen einer Person, die diese wiederum gewinnbringend einsetzen kann. Alle drei Formen des Kapitals finden ihren sichtbaren und anerkannten Ausdruck in der vierten Form: Im symbolischen Kapital. Dazu zählt Bourdieu Ehre, Prestige, Reputation und Renommee. Das symbolische Kapital wirkt wie ein Kredit, indem dem Träger bestimmte Eigenschaften und Fähigkeiten unterstellt werden.

Besonders der Kapitalcharakter wird bei Bourdieu sehr gut sichtbar. Sozialkapital kann akkumuliert werden, in anderes Kapital umgewandelt werden und instrumentell eingesetzt werden. Es steht einer Person folglich als zusätzliche Ressource bei der Verfolgung ihrer Ziele zur Verfügung.

1.2.2. James Coleman: Soziales Kapital als handlungsförderliche Aspekte der sozialen Struktur

Mit der Betrachtung von Sozialkapital als individuelle Ressource, die es einer Person erleichtert, bestimmte Ziele zu erreichen, ist das Konzept von Bourdieu auf der Mikroebene anzusiedeln. Coleman hat dieses Konzept weiterentwickelt und versucht mit seinem „strukturell individualistischen Erklärungsschema" einen Bezug zwischen Mikroebene und Makroebene herzustellen. Auf der Makroebene stellt Sozialkapital die Ressource eines Sozialsystems dar. Als unabhängige Variable dient Sozialkapital der Erklärung unterschiedlicher gesellschaftlicher Entwicklungen in der Wirtschaft wie in der Politik. Colemans Überlegungen haben ihren Fokus auf der Mikroebene, er stellt in seinen Beispielen jedoch immer wieder einen Bezug zur Makroebene her (Coleman 1988, 1990, 1991, 1992).

Weiters formulierte Coleman seinen Sozialkapitalansatz in Rahmen der Rational Choice Theorie. Dieser soziologische Ansatz geht davon aus, dass Individuen ihre Handlungsmöglichkeiten grundsätzlich nach rationalen Kriterien aussuchen, die einen vorteilhaften Nutzen für sie darstellen. In Abhängigkeit von den Informationen und den Fähigkeiten, die sie besitzen, bedeutet das die subjektive Nutzenmaximierung. Dennoch wird der Mensch nicht auf die Eigenschaften eines „homo oeconomicus" reduziert. Die Handlungsmöglichkeiten können trotz der rationalen Auswahl durch bestimmte Werte und Normen der Gesellschaft beeinflusst werden, so dass auch altruistisches Handeln erklärt werden kann (Voss & Abraham 2000; Coleman 1994; Coleman & Fararo 1992).

Coleman fokussiert die Beziehung zwischen Sozialkapital und Humankapital. In seinem Werk „Social Capital in the Creation of Human Capital" (1988) kommt er zu dem Ergebnis, dass sich die beiden ergänzen. In dieser umfangreichen, vergleichenden empirischen Studie untersuchte Coleman die Schulabbrecherraten in amerikanischen Grundschulen. Er gelangte zum Ergebnis, dass diese insbesondere an katholischen Schulen signifikant niedriger sind als an öffentlichen Schulen. Coleman sah diesen Sachverhalt nicht, wie vermutet, in dem höheren finanziellen Einkommen der Eltern begründet, sondern darin, dass die Schüler über mehr Sozialkapital verfügen. Dies besteht einerseits in einem intensiveren Kontakt zwischen Eltern und Kindern in den Familien und der dadurch möglichen Lernunterstützung durch die Eltern, andererseits beeinflusst die Integration in soziale Gruppen jenseits der Familie, in diesem Fall die Einbindung konfessioneller Schulen in eine aktive Gemeindestruktur, das Lernergebnis positiv. Das heißt, dem Netzwerk an Beziehungen, in das konfessionelle Schulen eingebettet sind, und der engen Anbindung an die Kirchengemeinde kommt eine entscheidende Rolle zu. Die engen Kontakte von Schülern, Eltern und Lehrern, die auch jenseits des Schulalltags in der Gemeinde zusammenkommen und sich austauschen, machen nach Coleman den entscheidenden Unterschied an katholischen Grundschulen aus.

Nach Coleman stellen die sozialstrukturellen Ressourcen eines Individuums sein Kapitalvermögen dar. Unter sozialstrukturellen Ressourcen versteht er die sozialen Netzwerke und Beziehungen einer Person. Wenn sich die interpersonellen Beziehungen derart verändern, dass bestimmte Handlungen erleichtert werden, entsteht Sozialkapital. Coleman definiert Sozialkapital folglich über seine Funktion: *„Ich werde diese sozialstrukturellen Ressourcen als Kapitalvermögen für das Individuum bzw. als soziales Kapital behandeln. Soziales Kapital wird über seine Funktion definiert. Es ist kein Einzelgebilde, sondern ist aus einer Vielzahl verschiedener Gebilde zusammengesetzt, die zwei Merkmale gemeinsam haben. Sie alle bestehen nämlich aus irgendeinem Aspekt der Sozialstruktur, und sie begünstigen bestimmte Handlungen von Individuen, die sich innerhalb der Struktur befinden. [...] Anders als andere Kapitalformen wohnt soziales Kapital den Beziehungsstrukturen zwischen zwei und mehr Personen inne."* (Coleman 1992, S.392f)

Hier ist auch die Verknüpfung mit der Makroebene zu finden. Coleman zeigt in seinen Analysen, wie durch soziales Kapital Probleme des Kollektivs überwunden werden können. Im Sinne seiner Sozialkapitaldefinition können sich aus dem fruchtbaren Handeln der Individuen positive Folgen für das Kollektiv ergeben. Dies ist jedoch nicht zwingend. Subjektiv fruchtbares Handeln kann auch negative Folgen für eine Gemeinschaft bedeuten. Diekmann (1993) erwähnt als Beispiel für eine negative Auswirkung die Mafia. Als Organisation besitzt sie sehr viel Sozialkapital, setzt dies jedoch zum Nachteil Außenstehender ein. Diekmann (1993, S.31) spricht in diesem Zusammenhang von „Sozialkapitalromantik".

Colemans Definition von Sozialkapital ist inhaltlich sehr unscharf. Zur Präzisierung nennt er sechs verschiedene Formen von Sozialkapital (Coleman 1988, 1991, 1992):

1. Verpflichtungen und Erwartungen

Die Leistung einer Person für eine Andere erfolgt im Vertrauen auf Reziprozität in Form einer zukünftigen Gegenleistung. Für die leistende Person entsteht eine Erwartung, für die Andere schafft es die Verpflichtung, das Vertrauen in eine Gegenleistung zu rechtfertigen. Die gegenseitig erbrachten Leistungen müssen nicht zwangsläufig vergleichbar sein, da der Wert der Leistung subjektiv unterschiedlich ist. Der produktive Aspekt von Sozialkapital wird hier besonders deutlich.

2. Normen und Sanktionen

Normen und Sanktionen gelten als eine wirksame, aber labile Form sozialen Kapitals, da sie gleichzeitig fruchtbare Handlungen einschränken oder ausschließen können. Sie können als Versuch verstanden werden, negative externe Effekte in einem sozialen System zu begrenzen oder positive anzustoßen.

3. Informationspotential

Informationen stellen eine wichtige Handlungsgrundlage dar. Eine Möglichkeit, effizient an Informationen zu kommen, ist die Nutzung von Informationskanälen über Sozialkontakte. Das heißt, soziale Beziehungen können Informationen liefern, die wiederum Handlungen begünstigen können. Das Sozialkapital liegt im Erwerb von Informationen durch den Rückgriff auf soziale Beziehungen.

4. Herrschaftsbeziehungen

Sozialkapital kann genutzt werden, indem bestimmte Kontrollrechte von einer Person auf eine andere Person mit besseren oder gerade erforderlichen Kompetenzen übertragen werden. Dadurch können nach Coleman gerade gemeinschaftliche Probleme gelöst werden, wenn die Akteure im Interesse des Sozialsystems handeln. Es kann allerdings auch zum Missbrauch von Sozialkapital zugunsten individueller Interessen führen.

5. Zielgerichtete Organisationen

Unter zielgerichteten Organisationen versteht Coleman gewerbliche wie auch freiwillige Organisationen, die ein bestimmtes Ziel verfolgen. Sozialkapital entsteht in solchen Organisationen sozusagen als Nebenprodukt, da sie unabhängig vom ursprünglichen Zweck in der Lage sind, Sozialkapital zu schaffen. Als Beispiel sei eine Organisation genannt, die ein öffentliches Gut zur

Verfügung stellt, von denen alle Interessierten profitieren, unabhängig ob sie in der Organisation mitwirken und an den Kosten beteiligt sind oder nicht.

6. Übereignungsfähige soziale Organisationen

Unter dieser Bezeichnung werden Organisationen zusammengefasst, die neben ihrem ursprünglichen Existenzzweck für andere Ziele einsetzbar sind. Oft haben Bürgerinitiativen bis zum Scheitern oder Erreichen ihres Ziels eine Organisation aufgebaut, die aufgrund der darüber hinaus bestehenden Kontakte für alle Ressourcen bereitstellt, die vorher nicht zugänglich gewesen sind.

Coleman nennt weiters zwei Grundbedingungen für die Entstehung von Sozialkapital, die allen von ihm beschriebenen Formen eigen sind: Vertrauen und die Norm der Reziprozität. Wichtiger Bestandteil produktiver Netzwerke ist das Vertrauen der Individuen ineinander. Erst durch das Vertrauen werden die sozialen Beziehungen stabilisiert und kooperative Beziehungen werden ermöglicht. Die Norm der Reziprozität beschreibt Coleman (1991, S.37) mit den Worten *„wie du mir, so ich dir“*. Er geht davon aus, dass einer erbrachten Leistung einer Person zumindest theoretisch eine Gegenleistung entgegensteht, die sie sich erwartet. Wenn in einer Beziehung erbrachte und empfangene Leistungen aus dem Gleichgewicht geraten, bricht diese Norm. Eine empfundene Nichtbeachtung dieser Norm führt in der Regel zur Auflösung der Beziehung, das innewohnende Sozialkapital zerbricht.

Die zwei Hauptkritikpunkte an Coleman´s Sozialkapitalkonzept werden bereits deutlich. Trotz der unterschiedlichen Formen von Sozialkapital bleibt seine Definition von Sozialkapital immer noch unscharf. Dadurch findet auch nur eine mangelhafte Trennung von Definition, Entstehungsbedingungen und Auswirkungen statt. Portes (1998) verweist in diesem Zusammenhang auf die Gefahr der tautologischen Aussagen.

1.2.3. Robert Putnam: Soziales Kapital als kollektive Ressource

Obwohl Putnam nicht der erste Autor ist, der sich mit Sozialkapital befasst, ist er doch der bekannteste Vertreter dieses Konzepts. Der amerikanische Politikwissenschaftler definiert im Gegensatz zu Coleman Sozialkapital nicht als individuelle, sondern als kollektive Ressource. Sozialkapital wird mit kollektivem Handeln in Verbindung gebracht, ebenso steht der kollektive Nutzen, der mit sozialem Kapital erwirtschaftet werden kann, im Vordergrund. Durch diese Erweiterung des Sozialkapitalbegriffs weckte er das Interesse in der ganzen Welt. Seine beiden

Werke „Making Democray Work. Civic Traditions in Modern Italy" (1993) und „Bowling alone" (2000) haben für viel Diskussion gesorgt, Anerkennung, aber auch Kritik erhalten.

In seiner 1993 erschienenen Studie „Making Democray Work. Civic Traditions in Modern Italy" untersucht er, warum sich nord- und süditalienische Regionen nach der Verwaltungsreform von 1970 so unterschiedlich entwickelten. Dem Norden ist es gelungen, wirtschaftlich zu prosperieren und eine gut funktionierende Bürgergesellschaft aufzubauen, während im Süden wirtschaftliche Stagnation und ein paternalistisches Honoratiorensystem das Bild prägen. Seine Studie ist sowohl auf der Makro- wie auch der Mesoebene angesiedelt, integriert folglich unterschiedliche theoretische Ansätze und verbindet qualitative mit quantitativen Analysemethoden.[1] Er belegte, dass die Unterschiede in der Leistung der Regierungstätigkeiten der verschiedenen Regionen Italiens durch Unterschiede in der Zivilkultur erklärt werden können. Er stellte fest, dass in den wirtschaftlich erfolgreicheren Regionen des Nordens eine ausgeprägtere Vereinskultur bestand und in der Bevölkerung ein besonders intensives Klima des Vertrauens und der gegenseitigen Verantwortung herrschte. Die ökonomisch weniger erfolgreichen Regionen des Südens waren dagegen durch das Dilemma nichtkollektiven Handelns infolge gegenseitigen Misstrauens gekennzeichnet. Er stellte im südlichen Teil Italiens eine abnehmende Bindungstendenz an Vereine, Nachbarschaft, Familie und betriebliche Gemeinschaften fest. Aus dem fehlenden Engagement resultieren für ihn erhebliche Probleme für das Gemeinwohl, das auf Formen der kollektiven Bindung und Unterstützung angewiesen ist. Putnam schlussfolgerte daraus, dass Sozialkapital als Fähigkeit zur Selbstorganisation, Gruppenbildung und Bürgerbeteiligung als eine grundlegende Voraussetzung für eine leistungsfähige Verwaltung und Regierung angesehen werden kann.

In seinem 1995 veröffentlichen Buch „Bowling alone" überträgt Putnam die Erkenntnisse aus Italien auf die USA, wo er einen drastischen Rückgang des sozialen Kapitals in den letzten 25 Jahren verzeichnete. Als Hauptursache nennt er die Verbreitung moderner Unterhaltungsmedien.

Die Erkenntnisse von Coleman und Putnam über den Einfluss von Sozialkapital auf die wirtschaftliche Leistungsfähigkeit haben intensive Diskussionen über die Bedeutung sozialer

---

[1] Das methodische Design seiner Studie bestand aus über 700 persönlichen Interviews mit regionalen Abgeordneten zu vier Zeitpunkten zwischen 1970 und 1989, über 400 persönlichen Interviews mit Gemeindevertretern zu drei Zeitpunkten zwischen 1976 und 1989, sechs nationalen Surveys zwischen 1968 und 1988, quantitativen Erhebungen verschiedener Indikatoren zur Beurteilung der Effektivität von Institutionen, einem Experiment zur Überprüfung des Regierungsverhaltens auf Bürgeranfragen, Fallstudien in Bezug auf die Politik von Institution und die Regionalplanung (Putnam 1993).

Beziehungen angeregt. Vor allem in Umfeld der Weltbank und der OECD findet seit Mitte der neunziger Jahre eine intensive Beschäftigung mit dem Thema statt.

Für Putnam ist die Entstehung von Kooperationen auf kollektiver Ebene von Bedeutung, folglich definiert er Sozialkapital wie folgt: *„By 'social capital' I mean features of social life – networks, norms and trust – that enable participants to act together more effectively to pursue shared objectives [...] social capital, in short, refers to social connections and the attendant norms and trust."* (Putnam 1995a, S.67)

Aus der Definition wird ersichtlich, dass die sozialen Interaktionen es den Individuen ermöglichen, zu kooperieren und so den Beteiligten einen Nutzen einzubringen, den sie allein nicht erreichen können. Damit hilft Sozialkapital die Dilemmata des kollektiven Handelns zu überwinden. Wenn nun das Sozialkapital nicht ausreicht diese Dilemmata aufzuheben, wie im Falle Süditaliens, ist gemeinschaftliches Handeln nicht möglich.

Vertrauen, Normen der Reziprozität und soziale Netzwerke sind laut Definition wichtige Quellen für die Entstehung von Sozialkapital. Den Zusammenhang erklärt Putnam (1993) folgendermaßen: Vermehrte Interaktionen zwischen einzelnen Mitgliedern eines Netzwerkes führen zu einem gegenseitigen Kennen lernen, was wiederum den Informationsfluss erhöht. Der Anreiz des Einzelnen, einen Anderen im Netzwerk zu betrügen, nimmt ab, da die Gefahr der Rufschädigung und die Kosten eines Vertrauensbruchs steigen. Dadurch können Normen der Gegenseitigkeit entstehen. Die Wahrscheinlichkeit steigt, dass geleistete Hilfe durch eine Gegenleistung abgegolten wird. Die dadurch gewonnene Erwartungssicherheit bezüglich des kooperativen Verhaltens der Interaktionspartner fördert das Vertrauen. Positive Erfahrungen, die in einem Netzwerk gemacht wurden, erhöhen die Wahrscheinlichkeit, sich auch in anderen Netzwerken zu engagieren.

Putnam wurde besonders für die Zirkularität seiner Definition stark kritisiert (Portes 1998). Durch Netzwerke, Normen und Vertrauen entsteht Sozialkapital, das wiederum Netzwerke, Normen und Vertrauen fördert. Es wird argumentiert, dass es schwierig ist, die kausalen Beziehungen zwischen den einzelnen Elementen zu ermitteln.

Weiters stellt sich bei Putnams Konzept die Frage nach der Aggregierbarkeit. Grundsätzlich spricht nichts dagegen, dass Putnam ein Makrokonzept des ursprünglich auf der Mikroebene angesiedelten Konzepts entwickelt. Auch Humankapital wird als aggregiertes Konzept auf der Makroebene verwendet. Doch wenn Kapitalvolumen einer Gesellschaft ermittelt werden kann, sollte auch das Kapitalvolumen eines einzelnen Individuums bestimmt werden können (Paxton 1999; Portes 1998).

Die stärkste Kritik betrifft jedoch den von ihm postulierten Zusammenhang zwischen sozialem Kapital, der Zivilgesellschaft und Demokratie. Wenn Vertrauen, Normen der Gegenseitigkeit und soziale Netzwerke der Kooperation förderlich sind, so sagt dies noch lange nichts über die Ziele aus, die durch die Kooperation verfolgt werden (Paxton 1999).[2]

Zusammenfassend kann gesagt werden, dass jeder der genannten Autoren Sozialkapital unterschiedlich definiert, indem unterschiedliche Aspekte betont werden. Gemeinsam ist ihnen jedoch, dass sie den Begriff Sozialkapital als eine Ressource verstehen, die in sozialen Beziehungen entsteht. Weiters gliedert sich der Begriff Sozialkapital in zwei Aspekte, strukturelle und emotionale, die sich um soziale Netzwerke, Normen der Reziprozität und Vertrauen drehen und von denen angenommen wird, dass sie Kooperationen erleichtern.

1.2.4. Synthese der unterschiedlichen theoretischen Zugänge

Aus den Definitionen und theoretischen Abhandlungen von Coleman, Bourdieu und Putnam wird ersichtlich, dass soziales Kapital mehrere Dimensionen beinhaltet. Haug (1997, 2000) fasst fünf Dimensionen sozialen Kapitals zusammen:

1. Soziales Kapital als Ressource
Die Entstehung von sozialem Kapital ist eine Folge von Tauschbeziehungen, die auf gegenseitiger Verpflichtung beruhen, und in der freiwillige Reziprozität eine wichtige Rolle spielt. Die so aufgebauten sozialen Beziehungen werden dann instrumentell verwendet, indem sie genutzt werden, um Zugriff auf bestimmt Ressourcen zu erhalten, die alleine nicht erreichbar wären. *„Der Ressourcencharakter ergibt sich daraus, dass einerseits direkter Nutzen aus dem Kennen anderer Akteure in Form sozialer Anerkennung gewonnen werden kann, andererseits durch den Zugriff auf interessante andere Ressourcen über die Aktivierung bilateraler Beziehungen oder durch die Zugehörigkeit zu einem Beziehungsnetzwerk."* (Haug 2000, S.96)

2. Soziales Kapital in sozialen Netzwerken
Fragestellungen über soziales Kapital können im Hinblick auf soziale Netzwerke aus zwei Perspektiven betrachtet werden - einer egozentrierten und einer soziozentrierten Perspektive. Die

---

[2] Bezüglich der Kritik an Putnam siehe weiterführend Haug 1997.

egozentrierte Perspektive bezieht sich auf die Ressourcen der Individuen, die abhängig sind von der Anzahl anderer Personen im sozialen Netzwerk, deren Ressourcen, deren Bereitschaft zu Kooperation sowie der Beziehungsstärke untereinander. Die soziozentrierte Perspektive bezieht sich hingegen auf die Gesamtstruktur des Netzwerkes, wie beispielsweise Größe, Dichte, Geschlossenheit oder Positionen der Akteure.

3. Soziales Kapital und Vertrauen

Laut Granovetter (1985) sind soziale Beziehungen eine notwendige, aber noch keine hinreichende Bedingung für Vertrauen und vertrauensvolles Verhalten. Soziale Beziehungsnetzwerke sind deshalb keine Garantie für dauerhaftes Vertrauen, da das Vertrauen in persönlichen Beziehungen auch zum eigenen Vorteil ausgenutzt werden kann. Auch bei dieser Dimension sozialen Kapitals sind wieder zwei Sichtweisen möglich. Auf der Mikroebene sind soziale Beziehungen zwischen Akteuren einerseits Voraussetzung für das Entstehen von Vertrauen, andererseits sind sie die Folge von Vertrauen zwischen den Akteuren (Coleman 1990, 1991). Auf der Makroebene bezieht sich das Vertrauen sowohl auf Institutionen als auch auf die Gesellschaft als Ganzes. Neben Putnam untersuchte vor allem Fukuyama (1995b, 1995c) soziales Kapital auf der Makroebene. Er verwendet Vertrauen synonym zu sozialem Kapital, wobei er zwischen Kulturen mit viel Vertrauen und wenig Vertrauen unterscheidet. Er postuliert, dass Kulturen mit viel Vertrauen mehr Sozialkapital haben und ein größeres wirtschaftliches Wachstum.

4. Soziales Kapital und soziale Normen

Normen bilden die Voraussetzung für Vertrauen, das wiederum soziales Kapital entstehen lässt. Besonders in den Konzepten von Coleman und Putnam spielen Normen eine entscheidende Rolle. Für Coleman (1990, 1991) stellen Normen eine wichtige Form sozialen Kapitals dar, da sie interpersonelle und kollektive Handlungen begünstigen. Aufrechterhalten werden sie durch innere oder äußere Sanktionen. Für Putnam (1993) erleichtern insbesondere Normen der Reziprozität die Kooperation, da sie Transaktionskosten senken. Sie stellen für Putnam (1993, S.172) eine *„hoch produktive Komponente"* von sozialem Kapital dar, das sie zu einer Stabilisierung von Vertrauensbeziehungen und so zu einer Erhöhung des sozialen Kapitals führen.

5. Soziales Kapital als kollektives Gut

Die Produktion von sozialem Kapital wird von den meisten Autoren als Kollektivgutproblem bezeichnet, da die Sozialstrukturen und Sozialbeziehungen, die das Funktionieren von Institutionen und Normen ermöglichen, allen Beteiligten einen Gewinn verschaffen, nicht nur denen, die sich dafür engagieren. In manchen Fällen trägt soziales Kapital von Akteuren aber auch zur Lösung von Kollektivgutproblemen bei.

1.3. Sozialkapital und seine unterschiedlichen Formen

Innerhalb des komplexen Konzepts Sozialkapital gibt es unterschiedliche Formen sozialer Netzwerke. Es ist wichtig, diese zu differenzieren, da sie unterschiedliche Auswirkungen auf die soziale Unterstützung, das Vertrauen und die Gemeinschaft haben. Viele der Unterschiede reflektieren die Variationen der zugrunde liegenden Netzwerke sozialer Beziehungen, die den Ursprung sozialen Kapitals bilden.

Die folgenden vier Differenzierungen, die aus der wissenschaftlichen Debatte abgeleitet werden können, schließen sich jedoch nicht gegenseitig aus. Sie stellen unterschiedliche, aber komplementäre Perspektiven dar, aus denen Sozialkapital betrachtet werden kann.

1.3.1. Horizontale und vertikale Netzwerke

Putnam (1993) unterscheidet zwischen horizontalen und vertikalen Netzwerken. Bei horizontalen Netzwerken handelt es sich um einen Zusammenschluss von Personen mit gleichem oder ähnlichem sozioökonomischen Status, ohne dass es zur Ausbildung hierarchischer Strukturen kommt. Horizontale Netzwerke erleichtern aufgrund der symmetrischen Beziehungen kooperatives Verhalten. Sie sind deshalb für eine Bürgergesellschaft wichtig, weil sie demokratische Umgangsformen kultivieren.

Vertikale Beziehungen sind dadurch gekennzeichnet, dass die Akteure in asymmetrischen Beziehungen zueinander stehen, die geprägt sind von Hierarchie und Abhängigkeit. Sozialkapital ist zwar vorhanden, aufgrund des hierarchischen Gefälles wird die Umsetzung demokratischer Verhaltensweisen von den Nutznießern dieser Konstellation jedoch verhindert. Als Beispiele nennt Putnam (1995a) die Kirche oder die Mafia.

Faust und Marx (2004) sehen in vertikalen Beziehungen eine Entwicklungsblockade vieler Länder des Südens. Aufgrund der Machtasymmetrien in vertikalen Beziehungen ist die Verteilung der Ressourcen wenig effizient, wodurch Ungleichverteilungen und sozioökonomische Fragmentierung begünstigt werden. „*[In] Gesellschaften, die durch solch personalistische und vertikal angelegte Organisationsstrukturen gekennzeichnet sind, kann allenfalls ein gewisses Maß an*

Personenvertrauen innerhalb von Patron-Klient-Beziehungen existieren, nicht jedoch Sozialkapital als Vertrauen in horizontale Netzwerke auf der gesamtgesellschaftlichen Ebene, welches die Erstellung gesamtgesellschaftlicher Kollektivgüter erleichtert." (Faust & Marx 2004, S.45)

Nach Putnam (1995a) ist die Zivilgesellschaft jedoch eher in horizontalen als in vertikalen Netzwerken organisiert. Putnam räumt allerdings ein, dass in der Realität praktisch in jedem horizontalen Netzwerk auch Hierarchien zu finden sind.

1.3.2. Strong Ties und Weak Ties

Granovetter (1973) betont in seinem Aufsatz „The Strength of Weak Ties" erstmals die Bedeutung schwacher Beziehungen - „weak ties" - als eine Möglichkeit für einen Akteur, Zugang zu neuen Ressourcen zu erlangen. Die Stärke einer Beziehung definiert Granovetter (1973) als eine Kombination aus aufgewendeter Zeit, emotionaler Intensität, Intimität einer Beziehung sowie Art und Anzahl einander entgegengebrachter Dienste. „Strong ties" - starke Beziehungen - sind folglich Beziehungen zu Personen, die einem emotional nahe stehen, wie beispielsweise Familienangehörige oder nahe Freunde. Es handelt sich dabei um vertraute Beziehungen, die vielfältig verknüpft sind und häufig gepflegt werden. „Weak ties" sind hingegen weniger vertraute Beziehungen zu Personen, die emotional entfernter sind. Diese Beziehungen werden auch weniger häufig gepflegt. Granovetter argumentiert, dass diese Form der Beziehungen in modernen Gesellschaften sehr häufig ist. Seine These lautet nun, dass vor allem „weak ties" - schwache Beziehungen - Zugang zu neuen Informationen und Ressourcen ermöglichen und so für den einzelnen Akteur von großem Nutzen sein können. Durch den Zugang zu anderen Akteuren aus anderen Netzen wird ein Informationsfluss zwischen unzusammenhängenden Teilen sozialer Netzwerke ermöglicht. „Weak ties" erfüllen somit eine Brückenfunktion. Granovetter (1973, 1974) fand in seinen Studien zur Arbeitsplatzsuche heraus, dass vor allem „weak ties" die Stellensuche oftmals erleichtern (These der günstigeren Platzierung über schwache Kontakte).

1.3.3. Structural Holes

Nach Burt (1992, 1998, 2000, 2001) hängt Sozialkapital weniger von der Stärke der sozialen Beziehungen ab, sondern von der Position, die ein Individuum innerhalb eines sozialen Netzwerkes hat. Die schwachen Verbindungen zwischen unterschiedlichen Gruppen sozialer Netzwerke stellen laut Burt (1992, S.208) *„holes in the social structure"* dar. *„These holes – or more simply, structural holes – create a competitive advantage for an individual whose network spans the* *holes."* Jener Akteur, der sich in einem solchen „structural hole" positioniert, profitiert von den Informationsquellen aller Netzwerke, die dadurch verbunden sind. Ein Akteur, der sich in mehreren „structural holes" positioniert, kann diese Beziehungen auch strategisch nützen. Burt (2001, S.46) spricht in diesem Zusammenhang vom *„tertius gaudens".* Aufgrund seiner Vermittlerposition entscheidet er, welche Informationen er an wen weiterleitet und erlangt damit Kontrolle über sämtliche Prozesse. Zusammenfassend ist nach Burt jener Akteur reich an Sozialkapital, der aufgrund seiner Position unterschiedliche Gruppen sozialer Netzwerke über schwache Beziehungen verbindet und somit über unterschiedliche, nicht redundante Quellen von Informationen verfügt.

Mit seiner Theorie der „structural holes" schließt Burt (2001) jedoch die Vorteile geschlossener Netzwerke nicht automatisch aus. Während geschlossene Netzwerke den Vorteil besitzen, aufgrund von Normen und wirkungsvollen Sanktionen (vgl. auch Coleman 1988, 1990) das Risiko einer Kooperation zu vermindern, haben „structural holes" den Vorteil, aufgrund der neuen Informationen den Wert einer Kooperation zu erhöhen. Burt unterscheidet zwischen den Funktionen eines Akteurs. In Netzwerken mit Akteuren derselben Funktion ist es von Vorteil, sich in „structural holes" zu positionieren. Als Beispiel nennt er Manager, die dadurch einen Informationsvorteil sowie einen Kontrollvorteil besitzen. Zusätzlich wird die Kreativität gesteigert, weil neue Ideen erst durch Kontakte außerhalb der unmittelbaren Umgebung entstehen. Netzwerke zwischen Akteuren verschiedener Funktionen sind dann erfolgreicher, wenn sie einen höheren Geschlossenheitsgrad aufweisen. Diese These ist jedoch nicht unumstritten, die Beobachtungen von Portes (1998) deuten auf nachteilige Effekte geschlossener Netzwerke hin.

1.3.4. Bonding Networks und Bridging Networks

Die Unterscheidung in „bonding" und „bridging social capital" geht auf Narayan (1999) zurück und ist dem Konzept der „strong ties" und „weak ties" von Granovetter (1973) sehr ähnlich. Unter „bonding social capital" – bindendes Sozialkapital – wird der soziale Zusammenhalt innerhalb einer einheitlich verbundenen sozialen Gruppe verstanden. „Bridging social capital" - brückenbildendes Sozialkapital - bezeichnet den toleranten, kooperativen Zusammenhalt zwischen ungleichen sozialen Gruppen (Narayan 1999). Hier wird der Unterschied zu Granovetters Differenzierung in „strong ties" und „weak ties" ersichtlich. Während sich „strong ties" und „weak ties" auf die emotionale Nähe zwischen den Akteuren beziehen, beziehen sich „bonding" und „bridging social capital" auf die Ähnlichkeit zwischen den Akteuren. „Bonding social capital" entsteht in homogenen Netzwerken basierend auf ähnlichen Merkmalen der Akteure. „Bridging social capital" hingegen entsteht in heterogenen Netzwerken, die auf unterschiedlichen Merkmalen der Akteure beruhen (Putnam 2000; Woolcook 1998).

Starke Verbundenheit innerhalb einer Gemeinschaft („bonding") geht oft mit geringer Toleranz gegenüber Außenstehenden einher. Durch die engen Anbindungen können auch Verpflichtungen entstehen, die Konflikte fördern und Entwicklung hemmen. Fortschritte sich nur dann möglich, wenn eine Diversifizierung sozialer Beziehungen erfolgt (Gehmacher 2003).

1.4. Empirische Befunde

Besonders in den letzen zehn bis fünfzehn Jahren haben Forscher unterschiedlicher Disziplinen begonnen, die Quellen und Auswirkungen von Sozialkapital zu untersuchen. Es ist nicht nur die explosionsartig wachsende Anzahl der Arbeiten erstaunlich, sondern besonders die Bandbreite an Bereichen, in denen Studien zu sozialem Kapital durchgeführt wurden und in denen sich das Konzept als nützlich erwies.

Es ist unmöglich, die ganze Bandbreite an sozialen, psychologischen, ökonomischen und politischen Ergebnissen, die mit Sozialkapital in Verbindung gebracht werden, darzustellen. Im folgenden Kapitel werden die wichtigsten Ergebnisse zu den Quellen und Auswirkungen sozialen Kapitals diskutiert. So unterschiedlich Konzeptualisierung und Operationalisierung sozialen Kapitals in den empirischen Studien auch sind, so wertvoll waren sie für die Weiterentwicklung in diesem Bereich. Einen interessanten Überblick über die einflussreichsten empirischen Studien liefern auch Rossing-Feldmann & Assaf (1999).

1.4.1. Soziales Kapital und seine Auswirkungen

Die empirischen Befunde, in denen soziales Kapital als unabhängige Variable verwendet wurde, sind vielzählig und thematisch breit gestreut. So hat soziales Kapital einen positiven Einfluss auf die Gesundheit und das subjektive Wohbefinden (Veenstra 2001; Easterlin 2003; Helliwell 2001, 2003; Boreham, Stafford & Taylor 2000; Hedryx et al. 2002) sowie auf das Ausmaß an Kriminalität und Gewalt (Sampson et al. 1997). Weiters gilt soziales Kapital als Hauptfaktor für die Steigerung humanen Kapitals (Coleman 1988; Teachman, Paasch & Carver 1997; Huang 2003; Schuller 2001). Die Auswirkungen sozialen Kapitals auf die wirtschaftliche und politische Entwicklung werden im Folgenden detaillierter dargestellt. Zum Abschluss werden die negativen Effekte sozialen Kapitals diskutiert.

1. Wachstum und wirtschaftliche Entwicklung

Auf der Makroebene beeinflusst ein hohes Maß an sozialem Kapital die wirtschaftliche Entwicklung eines Landes positiv. Mehrere Studien deuten auf einen Zusammenhang zwischen sozialem Kapital und wirtschaftlicher Leistungsfähigkeit sowie Wirtschaftswachstum hin (Grootaert & Bastelaer 2002; Johnson & Temple 1998; Knack 1999b; Temple 2001; Whiteley 2000).

Knack und Keefer (1997) kommen zum Ergebnis, dass Vertrauen und Kooperation die wirtschaftliche Leistungsfähigkeit stärken. Ihre Analysen basieren auf empirischen Daten des World Value Surveys für 29 Länder, im Speziellen auf zwei Indikatoren: Vertrauen und Normen ziviler Kooperation. In ihrer Studie widerlegen sie die These Putnams, dass ein Zusammenhang zwischen bürgerschaftlichem Engagement und wirtschaftlicher Leistungsfähigkeit besteht. Sie schießen daraus, dass der Rückgang an sozialem Kapital in Amerika und das daraus resultierende geringe Wirtschaftswachstum vom Verfall an Normen und Vertrauen herrührt und nicht – wie Putnam argumentiert – von einer Abnahme des bürgerschaftlichem Engagements.

Laut Fukuyama (1995b) bedingt das Ausmaß an Vertrauen in einer Gesellschaft Wohlstand, Demokratie und Wettbewerbsfähigkeit. Er operationalisiert soziales Kapital über das Vertrauen in einer Gesellschaft, indem er argumentiert, dass Vertrauen durch die Norm der Reziprozität und der erfolgreichen Zusammenarbeit in Netzwerken zivilen Engagements entsteht. *„Law, contract, and economic rationality provide a necessary but not sufficient basis for both the stability and prosperity of postindustrial societies; they must as well be leavened with reciprocity, moral obligation, duty toward community, and trust, which are based in habit rather than rational calculation."* (Fukuyama 1995b, S.11)

Beugelsdijk und Smulders (2003) entwickelten ein Modell zur Erklärung des Zusammenhangs zwischen sozialem Kapital und wirtschaftlichem Wachstum. Sie überprüften ihr Modell anhand von Daten des European Value Surveys für 54 Regionen. Sie fanden zwei Wirkungszusammenhänge: Ein höheres Ausmaß an „bonding social capital"" führt zu geringerem Wirtschaftswachstum, da die Zeit, die man mit Freunden und Familie verbringt, auf Kosten der Arbeits- und Lernzeit geht. „Bridging social capital" hingegen erweist sich in den empirischen Analysen als positiv für das Wirtschaftswachstum. Durch das Vertrauen, dass in Netzwerken mit unterschiedlichen sozialen Gruppen entsteht, wird korruptes Verhalten der Mitglieder verhindert, da diese ihre Reputation aufrechterhalten wollen.

Während das globale Wirtschaftssystem effizient arbeitet, zeigt die soziale Entwicklung keine befriedigenden Ergebnisse. Wirtschaftliches Wachstum geht weltweit einher mit zunehmender Armut und Ungleichheit. Die Harmonisierung wirtschaftlicher Strategien mit sozialen Entwicklungsstrategien stellt dabei eine Herausforderung dar. Es bedarf Maßnahmen, die ein vernünftiges Wirtschaftswachstum und gleichzeitig eine soziale Entwicklung ermöglichen. Soziales Kapital kann sowohl zu einer Verringerung der Armut und zu sozialer Stabilität beitragen, wie auch zu wirtschaftlichem Wachstum (Fournier 2002). Aus diesem Grund wurde das Konzept des sozialen Kapitals zunehmend interessant für die Weltbank und die UNESCO, die beide intensive Forschungsinitiativen starteten.

Ein Merkmal von Armut ist ein niedriges finanzielles und physisches Kapital sowie geringe Opportunitätskosten. Das heißt, soziales Kapital ist oft das einzige Kapital, das Arme haben (Collier 1998). *„For the poor, the only ressource they have is often each other."* (Fournier 2002, S.8) Wohlhabendere erzielen aus der Mitgliedschaft in Gruppen, die gegenseitige Hilfe, Gesundheitsdienste oder Ausbildung anbieten, weniger Gewinn als Arme, da diese sich diese Leistungen nicht kaufen können (Grootaert 1998a, 1998b).

In mehreren ländervergleichenden (Langzeit-)Studien wurde der Zusammenhang zwischen Einkommensverteilung (erhoben mit Hilfe des Gini-Indexes[3]) und sozialem Kapital untersucht. Es zeigte sich, dass soziales Kapital in Form von Vertrauen und sozialen Beziehungen eine wichtige Rolle in der Verringerung von Armut spielt (Grootaerd 1998a, 1998b; Grootaert & Narayan 2001; Narayan & Pritchett 1999).

Auch auf Unternehmensebene liegen Studien vor, die die positiven Auswirkungen sozialen Kapitals auf die Fluktuation (Krackhardt & Hanson 1993), auf die Produktivität (Greve & Benassi 2004; Cohen & Prusak 2001; Cooke & Clifton 2002; De Clercq & Arenius 2003) sowie auf die Innovationsfähigkeit (De Clerq & Dakhli 2004; Greve & Salaff 2001; Ahuja 2000; Tsai & Ghoshal 1998) belegen.

2. Demokratie und politische Entwicklung

Neben dem Einfluss auf die wirtschaftliche Entwicklung eines Landes wird soziales Kapital auch mit politischer Entwicklung und dem Funktionieren von Demokratien in Verbindung gebracht (Putnam 1993, 2002; Uslaner 1999). Allerdings sind die empirischen Befunde hierzu widersprüchlich.

---

[3] Der Gini-Index ist der international übliche Indikator zur Messung der Ungleichverteilung von Einkommen.

Knack (1999a) kommt in seiner Untersuchung „Social Capital and the Quality of Government" zum Ergebnis, dass ein hohes Maß an Sozialkapital die Funktionsfähigkeit einer Regierung verbessert. Soziales Kapital erhöht die Verantwortlichkeit der Regierung, und es wirkt sich unterstützend auf Vereinbarungen aus in Fällen, in denen die politischen Präferenzen divergieren. Die Ergebnisse der Studie zeigten, dass generalisierte Reziprozität, hohes soziales Vertrauen, ehrenamtliche Tätigkeit und ein hoher Antwortrücklauf bei Bevölkerungsumfragen mit einer verbesserten Regierungsleistung zusammenhängen.

Van Deth (2001) argumentiert, dass sich die Mitgliedschaft in Vereinen empirisch als einzig relevanter Faktor erwiesen hat zur Erklärung politischer Partizipation. Seiner Meinung nach kann der Aspekt Vertrauen diese Schlüsselfunktion nicht einnehmen, weder theoretisch noch empirisch.
Laut Newton (2001) hängt Vertrauen auf individueller Ebene nicht zusammen mit politischem Vertrauen bzw. Vertrauen in politische Institutionen. Mehrere ländervergleichende Studien kommen jedoch zu dem Ergebnis, dass ein statistisch hoch signifikanter Zusammenhang zwischen sozialem Vertrauen als Indikator für soziales Kapital und Vertrauen in politische Institutionen besteht. Ein hohes Ausmaß an sozialem Vertrauen, sprich soziales Kapital, hat somit geringe politische Unzufriedenheit und funktionierende demokratische Systeme zur Folge. Die politische Unzufriedenheit kann aber auch sehr schnell steigen, wenn Politiker oder politische Institutionen schlechte Leistungen erbringen. Newton (2001) nennt dafür einige Beispiele: Schweden, Finnland, Frankreich und Japan konnten ein hohes Maß an sozialem Kapital aufweisen, während sie gleichzeitig eine starke Zunahme der politischen Unzufriedenheit verzeichneten. Der Autor argumentiert, dass die Gründe hierfür nicht in den sozialen Faktoren Vertrauen und soziales Kapital liegen, sondern in der aktuellen politischen Geschichte, speziell der Leistung der politischen Systeme.

3. Negative Auswirkungen sozialen Kapitals
Die bisher genannten Forschungsarbeiten verweisen alle auf die positiven Auswirkungen sozialen Kapitals. Es wird jedoch immer häufiger kritisiert, dass ausschließlich die positiven Effekte sozialen Kapitals betont werden. Durlauf (1999), Portes und Landolt (1996), Portes (1998), Levi (1996) sowie Woolcook und Narayan (2000) weisen darauf hin, dass soziales Kapital ein zweischneidiges Schwert ist, das sehr wohl auch eine Reihe negativer Auswirkungen haben kann: Soziale Exklusion, Engstirnigkeit, Misstrauen gegenüber Fremden, Konformitätsdruck, Einschränkung persönlicher Freiheit.

Levi (1996) bezichtigt Putnam einer gewissen Sozialromantik. Sie argumentiert, dass soziale Netzwerke – insbesondere „strong ties" – engstirnige Einstellungen begünstigen können und so den Zugang für Außenstehende verhindern. *„Neighbourhoods are a source of trust and neighbourhoods are a source of distrust. They promote trust of those you know and distrust of those you do not, those not in the neighbourhood or outside the networks. Historically, there is a reason to believe that maintainance of close networks blocks innovation and reinforces traditionalism, generally in form of closed economies."* (Levi 1996, S.51)

Je dichter das soziale Netzwerk, desto größer ist das Risiko des sozialen Ausschlusses und des Misstrauens gegenüber Außenstehenden. Levi geht in ihrer Argumentation sogar so weit, dass sie soziales Kapital als die Ursache für Konflikte zwischen Personen innerhalb und außerhalb des Netzwerkes oder einer Gemeinschaft sieht.

Putnam (2000, S.358) bestätigt in einer späteren Arbeit dieses Risiko, indem er sagt: *„Social capital, particulary social capital that bonds us with others like us, therefore often reinforces social stratification."* Er betont, dass soziale Netzwerke und Normen der Reziprozität generell gut sind für diejenigen innerhalb des Netzwerkes, dass aber die Effekte sozialen Kapitals nach außen keinesfalls immer positive sind. Laut Putnam (2000) ist „bonding social capital" gut für die Entwicklung von Solidarität und Gemeinschaft. Durch die Fokussierung nach innen wird allerdings gleichzeitig sozialer Ausschluss gefördert.

Portes und Landolt (1996) argumentieren, dass soziales Kapital Konformität fördern kann, in der Folge aber den sozialen Druck innerhalb eines Netzwerkes verstärkt, Freiheiten einschränkt und den Zugang zu Ressourcen abtrennt. Hohes Maß an „bonding social capital" und „strong ties" reduziert somit die Verfügbarkeit von Informationen und schränkt die Möglichkeit für Innovationen ein. Adler und Kwon (2000) zeigten beispielsweise auf, dass soziales Kapital unter den eben beschriebenen Umständen innerhalb eines Unternehmens auch innovationshemmend wirken kann.

Fazit: Dieselben sozialen Beziehungen, die im Stande sind, Vorteile für das Kollektiv zu schaffen, können aber auch öffentliche Übel bewirken, wie beispielsweise die Mafia, Drogenkartelle oder kriminelle Jugendbanden. Es handelt sich dabei ebenfalls um soziale Netzwerke, die Zugang zu Ressourcen ermöglichen. Die Herausforderung besteht nun darin, die positiven Effekte zu verstärken und die negativen Effekte auszuschalten. Um speziell die positiven Effekte fördern zu können, benötigt es Wissen über die Quellen sozialen Kapitals.

1.4.2. Quellen sozialen Kapitals

Glaeser (2001) argumentiert, dass der Schwachpunkt in den theoretischen und empirischen Arbeiten der ist, dass die Aufmerksamkeit zu stark auf den Auswirkungen und zu wenig auf den Ursachen sozialen Kapitals liegt. Die empirischen Befunde, die zeigen, dass soziales Kapital einen positiven Wert hat, jedoch ungleich verteilt ist und teilweise sogar abnimmt, machen es notwendig, die Quellen und Ursachen sozialen Kapitals genauer zu untersuchen.

Laut Bourdieu (1985) entsteht soziales Kapital durch sozialen Austausch. Wenn Akteure kontinuierlich in soziale Beziehungen investieren, wird die gegenseitige Anerkennung gestärkt und es entsteht soziales Kapital. Für Putnam (2000) und Nahapiet und Ghoshal (2000) ist Kommunikation eine wesentliche Bedingung für die Bildung und Aufrechterhaltung sozialen Kapitals. Wenn es keine Kommunikation und damit Interaktion innerhalb sozialer Netzwerke gibt, gehen die sozialen Beziehungen zu Grunde. *„Unlike many other forms of capital, social capital increases rather than decreases with use."* (Nahapiet & Ghoshal 2000, S.143). Im Hinblick auf Pluralität und Vielfalt stellt die Förderung von Beziehungen zwischen unterschiedlichen Gruppen - „bridging social capital" - die größte Herausforderung für die Gesellschaft dar.

Brehm und Rahn (1997) entwickelten ein Modell sozialen Kapitals auf der Mikroebene, in dem die reziproke Beziehung zwischen zivilem Engagement und zwischenmenschlichem Vertrauen die Quelle für soziales Kapital darstellt.

Um soziales Kapital zu besitzen muss ein Akteur mit anderen in Beziehung stehen. Die Motivation eines Akteurs, für jene, mit denen er in Beziehung steht, Ressourcen verfügbar zu machen, kann unterschiedlich sein. Portes (1998) nennt vier Quellen sozialen Kapitals: Effektive Normen, Solidarität aufgrund gemeinsamen Bewusstseins, Verpflichtungen und Erwartungen sowie Sanktionen.

Zusammenfassend soll der von Portes (1998) entwickelte Bezugsrahmen dargestellt werden, der die Ursachen und Wirkungen sozialen Kapitals abbildet. Ausgehend von der Definition sozialen Kapitals als der Fähigkeit einer Person, sich durch die Mitgliedschaft in Netzwerken und sozialen Strukturen Vorteile zu sichern, beschreibt er die vier eben genannten Quellen sozialen Kapitals. Bezüglich der Wirkungen unterscheidet er positive und negative Wirkungen, die bereits im vorangegangenen Kapitel ausführlich diskutiert wurden.

Beispiele für effektive Normen sind Spenden an wohltätige Vereine, Erwiderung von Komplimenten oder Gefälligkeiten oder das Befolgen von sozialen Regeln. Akteure verhalten sich deshalb so, weil sie sich aufgrund der bestehenden Normen dazu verpflichtet fühlen. Diese internalisierten Normen, die ein solches Verhalten ermöglichen, können als Ressource betrachtet werden. Solidarität aufgrund gemeinsamen Bewusstseins bezieht sich auf den Prozess, bei dem Personen in gemeinsamen Situationen lernen, sich jeweils mit dem anderen zu identifizieren und Initiativen des jeweils anderen zu unterstützen. Portes (1998) erklärt, dass sich andere Personen der gleichen Gemeinschaft diese Eigenschaften aneignen können. Verpflichtungen und Erwartungen beziehen sich überwiegend auf die Norm der Reziprozität. Das heißt, ein Akteur bietet Zugang zu Ressourcen an mit der Erwartung einer zukünftigen Entschädigung. Sanktionen bieten Schutz vor Verstößen und gewährleistet Reziprozität innerhalb der Gemeinschaft.

1.5. Operationalisierung

Der Überblick über die verschiedenen Konzepte, Definitionen und empirischen Befunde zeigt die Breite des Spektrums an Phänomenen auf, welches durch den Begriff Sozialkapital abgedeckt wird: Beziehungen, Netzwerke, Verpflichtungen, Normen, Vertrauen, Vertrauenssysteme, Hierarchien, Institutionen und Organisationen sowie bestimme soziale Interaktionen oder die Fähigkeit, die Ressourcen anderer zu mobilisieren, sind alles Formen von Sozialkapital. Entsprechend der Vielzahl an Konzepten, Definitionen und Verwendungsweisen von Sozialkapital sind die methodischen Operationalisierungen sehr vielfältig. Es gibt eine Fülle an „ad hoc" Methoden, die nicht speziell zur Messung von Sozialkapital entwickelt wurden.
Grootaert (1998b) listete bereits über 50 verschiedene Indikatoren von sozialem Kapital auf, die in empirsichen Studien bereits Verwendung fanden – Tendenz steigend.

Es können drei Formen der Operationalisierung unterschieden werden. Erstens kann der gewählte Indikator per Definition mit dem theoretischen Konstrukt Sozialkapital gleichgesetzt werden. Fukuyama (1995b) und Whiteley (2000) tun dies, in dem sie Sozialkapital als Vertrauen definieren. Alle anderen in der Theorie als wichtig empfundenen Sozialkapitalformen bleiben dadurch aber unberücksichtigt. Zweitens kann das theoretische Konstrukt Sozialkapital über die ihm zugeschriebenen beobachtbaren Folgen (z.B. Wahlbeteiligung) gemessen werden. Dieser Ansatz wird am häufigsten verwendet. Es herrscht allerdings sowohl in der Theorie als auch in der Empirie Unklarheit darüber, inwieweit tatsächlich ein Zusammenhang zwischen diesen beobachtbaren Phänomenen und Sozialkapital besteht. Drittens kann durch die Kombination verschiedener Indikatoren eine Variable gebildet werden, die verschiedene Dimensionen des dahinter liegenden theoretischen Konstrukts Sozialkapital beinhalten. Paxton (1999) und Freitag (1999) entwickelten für ihre Studien mehrdimensionale Indikatoren für soziales Kapital. In der Operationalisierung von Paxton (1999) beinhaltet soziales Kapital sowohl eine objektive Verbindung zwischen Individuen, die sich in einer Netzwerkstruktur manifestiert, als auch eine subjektive Komponente. Allerdings liegt ihr Fokus eher auf dem kollektiven und weniger auf dem individuellen Nutzen. Freitag (1999) berücksichtigt in seiner Operationalisierung in Anlehnung an Paxton (1999) ebenfalls beide Komponenten, er bildet jedoch durch die Kombination der einzelnen Variablen einen einzigen mehrdimensionalen Sozialkapitalindikator. Weiters bestimmt er das soziale Kapital zuerst beim Individuum, bevor er es auf die Gesellschaftsebene aggregiert.

Im Folgenden sollen jedoch nicht die unterschiedlichen Operationalisierungsarten und Indikatoren von sozialem Kapital diskutiert werden, sondern in Anlehnung an Van der Gaag und Snijders (2003) generelle Überlegungen zur Messung von sozialem Kapital angestellt werden:

1. Soziales Kapital als individuelle Ressource oder Ressource eines Sozialsystems
Auf der Mikroebene ist Sozialkapital eine individuelle Ressource, die es den Individuen erleichtert, bestimmte Ziele zu erreichen. Auf der Makroebene wird Sozialkapital als die Ressource eines Sozialsystems betrachtet. Dieser Unterschied in der Verwendungsweise wirkt sich auch auf die Wahl der Indikatoren aus, die zur Messung von Sozialkapital verwendet werden. Denn Indikatoren, die Sozialkapital auf der Makroebene erfassen, verlieren ihre Aussagekraft, wenn sie als Maß für die individuelle Ressource verwendet werden.

2. Zugang zu sozialem Kapital oder Verwendung von sozialem Kapital
Laut Lin (1999, 2001) bedarf es der Unterscheidung zwischen dem reinen Zugang zu sozialem Kapital und der tatsächlichen Verwendung von sozialem Kapital. Der Zugang zu sozialen Ressourcen stellt ein Potential für Personen dar, das mobilisiert werden kann, wenn es die Situation erfordert. Das heißt, für die Erhebung sozialen Kapitals ist das Ausmaß an potentiellen Zugriffsmöglichkeiten auf Ressourcen über andere Mitglieder des Netzwerkes relevant. Die Verwendung sozialen Kapitals bezieht sich auf die tatsächliche Mobilisierung der verfügbaren Ressourcen. Hier fokussiert die Erhebung jene Handlungen und Auswirkungen, die eine Person mit Hilfe der Mitglieder des Netzwerkes tatsächlich erreicht hat. Weil jedoch jeweils nur ein Teil der verfügbaren Ressourcen mobilisiert wird und die ungenutzten Ressourcen nicht berücksichtigt werden, bezieht sich die Messung inhaltlich eher auf die Zielerreichung. Das heißt, die Messung sozialen Kapitals über die tatsächliche Verwendung ist aufwändiger, da ein komplexer Kontext (psychologische, psychosoziale und soziologische Faktoren) mitberücksichtigt werden muss. Van

der Gaag und Snijders (2003) empfehlen daher die Entwicklung von Methoden zur Messung von Sozialkapital über den individuellen Zugang zu Ressourcen.

3. Erfassung sozialen Kapitals mit Hilfe eindimensionaler oder mehrdimensionaler Messinstrumente

Es gibt unterschiedliche, nicht vergleichbare, individuelle Auswirkungen sozialen Kapitals wie beispielsweise Einkommen, Prestige oder Gesundheit, die jedoch auf jeweils unterschiedlichen Formen sozialen Kapitals beruhen. Aufgrund von Unterschieden im Bedarf und der Verfügbarkeit von Ressourcen, aber auch aufgrund von persönlichen Charakteristika, unterscheiden sich Personen hinsichtlich der Formen sozialen Kapitals, die für sie produktiv sind. Diese Tatsache spricht für die Entwicklung multidimensionaler Messinstrumente.

Wie bereits im vorherigen Kapitel beschrieben, wirkt sich soziales Kapital nicht immer nur positiv aus, das heißt, es ist nicht zwingend gleichzusetzen mit positiven Ressourcen. Van der Gaag und Snijders (2003) argumentieren, dass es im gegenwärtigen Stadium der Entwicklung von Messinstrumenten sehr schwierig und wahrscheinlich auch zu früh ist, negative Ressourcen zu integrieren. Dadurch, dass sie weniger häufig auftreten, sind sie auch schwieriger zu erfassen. *„Among all social interactions, the negative interactions (luckily) still form a minority. Occuring less frequently, their effects are harder to detect."* (Van der Gaag & Snijders 2003, S. 207)

Der bedeutendste Ansatz zur Erfassung von Sozialkapital als individuelle Ressource stellt die Netzwerkanalyse dar. Mit Hilfe von Namensgeneratoren (Burt 1998, 2000, 2001; Fischer 1982) werden jene Personen erhoben, die mit der interviewten Person in Beziehung stehen. Auf diese Weise können die Netzwerke von Personen exakt erhoben werden. Mit Hilfe eines Fragebogens werden die Befragten gebeten, die Namen von Personen aufzuschreiben, die ihnen beispielsweise bei ihrer Arbeit behilflich sind. Anhand weiterer Angaben beispielsweise zur Stärke der Beziehung zu diesen Personen können Größe, Dichte, Hierarchie und Beschränkung des Netzwerkes der befragten Person ermittelt werden. Mit Hilfe eines Positionsgenerators (Lin 2001) wird die strukturelle Erreichbarkeit von Netzwerkbereichen und -positionen gemessen. Dem Befragten wird eine Liste von Berufsgruppen, Organisationstypen oder gesellschaftlichen Sektoren vorgelegt, von denen er angeben soll, ob er jemand aus diesem Bereich persönlich kennt. Anders als der Namensgenerator ist dieses Instrument auch in der Lage, die „weak ties" zu erfassen. Der Ressourcengenerator von Van der Gaag und Snijders (2003) erfasst den individuellen Zugang zu sozialen Ressourcen, ohne nach den Personen im Netzwerke zu fragen, die diese Ressource zur Verfügung stellen.

1.6. Zusammenfassung

Die Übersicht über die verschiedenen Definitionen, Konzepte und Operationalisierungen lässt erkennen, dass es sich bei sozialem Kapital um einen schillernden Begriff handelt. Dadurch, dass sowohl in theoretischen Abhandlungen wie auch in empirischen Studien der Begriff soziales Kapital in ganz unterschiedlichen Kontexten verwendet wird, lässt sich kein einheitliches theoretisches Konzept formulieren. Putnam (2001, S.39) sieht aber auch einen Vorteil in der Heterogenität des Konzepts und hält diese kontroversen Debatten für produktiv, um *„diese unterschiedlichen Stimmen, so dissonant sie auch klingen mögen, zu ermutigen und nicht eine falsche theoretische Einheit herbeizwingen zu wollen."* Umso wichtiger ist es, dass gerade in empirischen Studien genau präzisiert wird, was unter sozialem Kapital verstanden wird.

Hinter dem komplexen Konzept steht jedoch ein sehr einfacher Gedanke: Soziale Netzwerke weisen für die ihnen angehörigen Personen einen Wert auf und rufen Wirkungen hervor (Putnam, 2001). Der Grund, wieso soziale Netzwerke eine Wirkung haben können, liegt darin, dass intensive soziale Interaktionen zur Entstehung von Normen der Gegenseitigkeit beitragen können und vertrauensvolles Verhalten begünstigen. Der Kapitalbegriff ist deshalb gerechtfertigt, weil sowohl ein individueller wie auch kollektiver Wert daraus entsteht und man in soziale Netzwerke auch investieren kann. Dass Sozialkapital auch negative Auswirkungen haben kann, unterscheidet es ebenfalls nicht grundlegend von anderen Kapitalformen.

Die beschriebenen Studien deuten darauf hin, dass Sozialkapital in unterschiedlichen Bereichen zur Wirkung kommt und in der Folge ein hohes Maß an Sozialkapital in einer Gesellschaft ein entscheidender Faktor für das Zusammenleben darstellt. Die Studien deuten aber auch darauf hin, dass Sozialkapital aufgrund der fortschreitenden Individualisierung abnimmt. Wenn Sozialkapital für eine Gesellschaft eine solche Relevanz besitzt, stellt sich die Frage, welche Möglichkeiten es gibt, Sozialkapital zu fördern.

Im folgenden Kapitel werden auf das bürgerschaftliche Engagement Bezug genommen und auf die veränderte Rolle des Staates im Hinblick auf eine Bürgergesellschaft. Das Konzept des aktivierenden Staates ist vor allem im Hinblick auf Sozialkapital ein hilfreiches Modell, das freiwilliges, bürgerschaftliches Engagement zu fördern versucht. Das Modell des aktivierenden Staates kann so verstanden werden, dass der Staat an jenen Stellen anknüpft, die offen sind für weiteres Engagement.

2. Bürgerschaftliches Engagement

Im vorherigen Kapitel wurden unter dem Begriff Sozialkapital vornehmlich drei Elemente subsumiert: Netzwerke zivilen Engagements, Normen der Reziprozität und soziales Vertrauen. Eine sozial integrierte Gesellschaft braucht Personen, die sich auf vielen Ebenen – beruflich und privat – engagieren und auch Unternehmen, die in der Lage sind, mit anderen Institutionen zu kooperieren. Bürgerschaftliches Engagement von Individuen wie von Unternehmen bewirkt folglich, dass unterschiedliche Personen miteinander verbunden und Gemeinsamkeiten gestiftet werden. *„Bürgerschaftliches Engagement ist eine unverzichtbare Bedingung für den Zusammenhalt der Gesellschaft."* (Enquete-Kommission 2002, S.7) Sozialkapital bildet sich somit in den Strukturen der Bürgergesellschaft.

Die Bürgergesellschaft bildet die gesellschaftliche Grundlage eines demokratischen Staates. Zum Grundprinzip der Bürgergesellschaft gehört, dass der Staat als Gesamtheit seiner Bürger auf der Grundlage eines gegenseitigen Vertrauensverhältnisses empfunden und gelebt wird. Je stärker die demokratischen Rechte der Bürger ausgeprägt sind, desto stärker wird ein Staat von seiner Bürgergesellschaft getragen. (Gohl 2001).

Der moderne demokratische Staat hat ein vitales Interesse an einer aktiven Bürgergesellschaft. Die Bürgergesellschaft leistet soziale Integration, versorgt ihn mit Ideen und Impulsen und entlastet ihn, indem sie wichtige Aufgaben in vielen gesellschaftlichen Bereichen übernimmt.

Laut OECD (2001) hat der Staat nicht die Kompetenz, Sozialkapital direkt zu erzeugen und der Gemeinschaft zur Verfügung zu stellen. Über die Förderung von Freiwilligen und bürgerschaftlichem Engagement kann der Staat jedoch sehr wohl Einfluss nehmen auf das Sozialkapital. Sozialkapital in Form von bürgerschaftlichem Engagement ist somit für einen modernen, demokratischen Staat von großer Bedeutung. Es stellt für den Staat eine unbezahlbar wertvolle Ressource dar, da die Bürger mit ihrem Engagement und der Übernahme von Mitverantwortung den Staat in materiell nicht bezifferbarer Größenordnung entlasten. Soziales Kapital in Form bürgerschaftlichen Engagements verringert folglich soziale Kosten.

2.1. Bürgerschaftliches Engagement im Wandel der Zeit

Im Verständnis der Enquete Kommission „Zukunft des bürgerschaftlichen Engagements" (2002, S.40) wird bürgerschaftliches Engagement wie folgt definiert: *„Bürgerschaftliches Engagement ist* *eine freiwillige, nicht auf das Erzielen eines persönlichen materiellen Gewinns gerichtete, auf das Gemeinwohl orientierte, kooperative Tätigkeit. Sie entfaltet sich in der Regel in Organisationen und Institutionen im öffentlichen Raum der Bürgergesellschaft. "*

Bürgerschaftliches Engagement erfuhr in den letzten 10 Jahren, aufgrund der empirischen Ergebnisse zur Rolle sozialen Kapitals im modernen Gemeinwesen, eine Wiederbelebung. Es erscheint nun nicht mehr nur als eine private Freizeitbeschäftigung, sondern erwies sich als bedeutungsvoll für das Funktionieren von Wirtschaft, Politik und Gesellschaft (Habisch 2003).

Bürgerschaftliches Engagement umfasst mehr als das vertraute Ehrenamt. Gemeint sind auch Aktivitäten in der Selbsthilfe, der Nachbarschaft und in Projekten aller Art, die das Zusammenleben und das Funktionieren in den Bereichen Politik, Wirtschaft und Soziales tangieren (Mutz 2001).

Die Vielfalt der Organisationsformen, in denen sich Bürgerengagement vollzieht, sowie die unterschiedlichen Rahmenbedingungen erschweren die systematische Beschreibung und empirische Erfassung bürgerschaftlichen Engagements. Der Begriff ist schillernd und bedeutungsoffen - es wird von ehrenamtlichem, zivilgesellschaftlichem, gemeinwohl-orientiertem, freiwilligem und bürgerschaftlichem Engagement sowie von Bürgerarbeit und Freiwilligenarbeit gesprochen. Roth (2000, S.30f) unterscheidet folgende sieben Erscheinungsformen bürgerschaftlichen Engagements: Politisches Engagement, soziales Engagement, Engagement in Vereinen und Verbänden, Engagement in öffentlichen Funktionen, Formen der Gegenseitigkeit, Selbsthilfe und bürgerschaftliches Engagement von Unternehmen.

Kirche und Partei waren bisher neben dem Sportverein die zentralen Institutionen, in denen bürgerschaftliches Engagement ausgeübt wurde. Aufgrund der steigenden Zahl der Kirchenaustritte und dem Rückgang der Mitgliederzahlen von Großverbänden, Parteien und Gewerkschaften wurde eine „Krise des Ehrenamts" befürchtet (Anheier & Toepler 2002). Es schien, als sei die Hilfs- und Verantwortungsbereitschaft im Abnehmen begriffen, und als seien immer weniger Menschen bereit, sich auf ein Ehrenamt einzulassen. Hacket und Mutz (2002, S.39) sprechen in diesem Zusammenhang jedoch von einem *„pessimistischen Beklagen abnehmender Menschlichkeit".*

2.1.1. Strukturwandel

In den wissenschaftlichen Diskussionen wurde jedoch von neuen Entwicklungen im bürgerschaftlichen Engagement gesprochen, die einerseits gekennzeichnet sind von einem

Strukturwandel, andererseits von einem Motivwandel. Beides hängt mit Individualisierungs-, Pluralisierungs- und Entgrenzungstendenzen zusammen, aber anders, als dies in den öffentlichen Klagen von der „Ich-Gesellschaft" und den „Ichlingen" zum Ausdruck gekommen ist (Hacket & Mutz 2002).

Der Freiwilligensurvey von 1999 (Picot 2000) stellt mit 15.000 telefonischen Interviews die umfangreichste Untersuchung zum freiwilligen Engagement in Deutschland dar. Der Vorteil dieser Untersuchung liegt in der wertneutralen Herangehensweise. Es wird ein viel breiteres Konzept freiwilliger Tätigkeiten benutzt, das sich auf Gemeinschaftsaktivitäten im persönlichen Lebensumfeld bezieht. Das Ergebnis lautet, dass 34% der über 14-jährigen Bevölkerung Deutschlands in irgendeinem Bereich und irgendeiner Form tätig sind. Vor dem Hintergrund der methodischen Herangehensweise und der Operationalisierung bürgerschaftlichen Engagements steht dieses Ergebnis nicht im Widerspruch zur Zeitbudget-Studie von 1992 (Ehling 2004), die ausschließlich ehrenamtliche Tätigkeiten fokussierte. Sie ermittelte einen Anteil von 17% Engagierten und wies damit im europäischen Durchschnitt ein geringes Engagement nach. Hacket und Mutz (2002) argumentieren, dass die Engagementquote vom jeweiligen methodischen Vorgehen abhängt und dass die Diskussion um das bürgerschaftliche Engagement nicht auf die quantitative Dimension verkürzt werden soll. Ob es einen steigenden oder sinkenden Trend zum Engagement gibt, lässt sich somit aufgrund der unterschiedlichen methodischen Konzeptionen des Freiwilligensurveys und vorangegangener Studien (vgl. Zeitbudgetstudie 1991/92 und 2001/02, Euro-Vol-Studie 1993-1995, Wertesurvey 1997, Sozioökonomische Panel SOEP 1985-1996) nicht bewerten.

Allerdings ist in den letzten Jahren ein Strukturwandel bürgerschaftlichen Engagements zu verzeichnen, der mit den Begriffen Pluralisierung und Individualisierung umschrieben werden kann. In ähnlicher Weise wie sich die Organisation gesellschaftlicher Arbeit wandelt, verändert sich parallel die Organisation anderer gesellschaftlicher Tätigkeiten wie das bürgerschaftliche Engagement. Pluralisierung deutet darauf hin, dass es neben der klassischen Form des Vereins zu anderen Formen sozialer Zusammenschlüsse gekommen ist. Es haben sich neue, informelle Formen der Organisation bürgerschaftlichen Engagements entwickelt, um aktuellen Interessen und Bedürfnissen gerecht zu werden. Die Personen greifen nicht auf bestehende Vereine und Verbände zurück, sondern schaffen sich eigene Strukturen, die ein hohes Maß an Beweglichkeit und Gestaltungsmöglichkeiten bieten. Ein Beispiel hierfür sind lokale Agenda-Prozesse. Die Pluralisierung der Engagementformen bewirkt aber auch Entgrenzungsprozesse. *„Einerseits finden Prozesse der Professionalisierung und Verberuflichung im Engagement statt, andererseits dringen* *neue Engagementformen, wie etwa das 'Corporate Volunteering', in die Erwerbsarbeit ein."* (Hacket & Mutz 2002, S.42). Das heißt, Erwerbsarbeit, Engagement und Eigenarbeit greifen immer mehr ineinander. Individualisierung bürgerschaftlichen Engagements bedeutet, dass sich Personen ihr Engagementfeld selbst gestalten. Mit diesen sporadischen, selbstorganisierten Engagementformen verändert sich aber auch die zeitliche Verbindlichkeit. Viele wollen sich nicht mehr für eine lang andauerndes Engagement verpflichten, sondern suchen nach projektbezogenen, zeitlich befristeten Engagementformen, die ihnen thematisch entgegenkommen. Die Folge ist eine geringere Bindung, jedoch keine geringere Zuverlässigkeit. Kennzeichen dieses Strukturwandels sind die Freiwilligenagenturen, die auf dieses individualisierte Engagement reagieren (Enquete-Kommission 2002; Mutz 2001; Hacket & Mutz 2002).

Waren laut Sozioökonomischen Panel 1995 ein Drittel aller ehrenamtlich Tätigen nur sporadisch engagiert, waren es 1999 fast die Hälfte.

2.1.2. Motivwandel

Verbunden mit dem eben skizzierten Strukturwandel wird aber auch von einem Motivwandel gesprochen. Die Motive für bürgerschaftliches Engagement zeigen eine deutliche Verschiebung von religiös-moralischen Vorstellungen, hin zu instrumentellen, individualistischen Motivlagen (Anheier & Toepler 2002).

Kühnlein und Bohle (2002) fassten die zentralen Erwartungen und Motive bürgerschaftlichen Engagements aus bestehenden Studien zusammen und gruppierten sie zu fünf übergreifenden Motivbündeln: Altruistische Motive (Pflichterfüllung und Gemeinwohlorientierung), gemeinschaftsbezogene Motive (Kommunikation und soziale Integration), gestaltungsorientierte Motive (aktive Partizipation und Mitbestimmung), problemorientierte Motive (Bewältigung eigener Probleme und Veränderung gesellschaftlicher Missstände) und entwicklungsbezogene Gründe (persönliche Entwicklung und Selbstverwirklichung).

Moschner (2002) geht der Frage nach, ob ehrenamtliche Tätigkeiten - als eine Form prosozialen Handelns - egoistisch oder altruistisch motiviert sind. Unter altruistische Motive subsumiert sie die Norm sozialer Verantwortung und religiös-caritative Verpflichtungen. Die Norm sozialer Verantwortung stellt eine normative Verpflichtung dar, Menschen in schwierigen Lebenslagen zu helfen und sich für die Gesellschaft nützlich zu machen. Bei den religiös-caritativen Verpflichtungen sind das christliche Selbstverständnis und das Gebot der Nächstenliebe handlungsleitend. Zu den egoistischen Motiven zählt Moschner (2002) die Sinnerfahrung, das Bedürfnis nach sozialer Eingebundenheit, den Erwerb, die Anwendung oder die Weiternutzung beruflicher Qualifikationen, die Suche nach Lerngelegenheiten, das Bedürfnis nach Anerkennung und Stärkung des Selbstwertgefühls, Spaß und Abenteuer sowie Reziprozität. Sie kommt zum Ergebnis, dass ehrenamtliches Engagement *„mutitmotiviert"* ist und eine primäre Motivation meist nicht bestimmt werden kann (Morschner 2002, S.33). Häufig wird sogar eine Kombination altruistischer und egoistischer Gründe als handlungsleitend beschrieben.

Der Umfang bürgerschaftlichen Engagements variiert in Europa. Er reicht von nur knapp 8% in Russland bis zu 50% in den Niederlanden und gar 56% in Schweden. Österreich liegt mit 30% etwas über dem europäischen Mittelwert von 28% (Europäischer Wertesurvey 2001).

Badelt und Hollweger (2001) führte in Zusammenarbeit mit dem österreichischen Spendeninstitut eine Studie zum Volumen ehrenamtlicher Arbeit in Österreich durch, wobei er sowohl die formelle Arbeit in Organisationen erfasst, wie auch die informelle Arbeit. Das Ergebnis lautete, dass jeder zweite Österreicher ehrenamtlich tätig ist. Männer und Frauen engagieren sich in unterschiedlichem Ausmaß und in unterschiedlichen Bereichen. So sind 55,5% der Männer und 47,2% der Frauen ehrenamtlich tätig. Erwartungsgemäß finden sich bei sozialen und religiösen Diensten mehr Frauen, im Bereich Kultur und Unterhaltung sowie Sport mehr Männer. In Bezug auf die Tätigkeitsfelder weist die Nachbarschaftshilfe den größten Beteiligungsgrad auf, gefolgt von sozialen Diensten, Kultur und Unterhaltung. Nach Altersgruppen differenziert ist bei Personen zwischen 20 und 24 Jahren der Partizipationsgrad am höchsten. 61,9% der Ehrenamtlichen sind zumindest in einem Aufgabenfeld in eine Organisation eingebunden und leisten daher formelle ehrenamtliche Arbeit. Die durchschnittliche Stundenanzahl ehrenamtlicher Tätigkeit pro Woche beträgt 5 Stunden.

Berndt (2001) ermittelte für Vorarlberg einen Anteil von 46% ehrenamtlich Tätiger, wobei tendenziell mehr Frauen ein Ehrenamt innehaben. Die Altersgruppe der 30- bis 44-jährigen weist den höchsten Beteiligungsgrad auf, die Gruppe der über 60-jährigen den geringsten. Je höher die Schulbildung, die berufliche Stellung und die soziale Schicht, desto größer ist das ehrenamtliche Engagement. Ausschlaggebende Faktoren, wieso kein Ehrenamt ausgeübt wird, sind Zeitmangel und fehlendes Interesse. Die Sozialkapitalstudie 2005 zeigt, dass Bedeutung von Pflicht und Solidarität als Begründung für ehrenamtliche Tätigkeiten gegenüber 2002 um 7% bzw. 6% zurückgegangen sind. Die Zusammenhänge mit dem Alter decken sich mit den Ergebnissen bereits angeführter Studien: Pflicht und Religiosität sind bei älteren Menschen wichtiger, Neues Lernen

(Selbsterfahrung) bei Jüngeren, Solidarität und gesellschaftliche Veränderung in den mittleren Altersstufen (Denz & Battisti, 2005).

2.1.3. Wandel in der Arbeitsgesellschaft

Digitalisierung und Globalisierung führten in den letzen zwei Jahrzehnten zu starken Veränderungen in der Arbeitswelt. Die Veränderungen beziehen sich einerseits auf die Pluralisierung der Erwerbsformen, andererseits auf die Dezentrierung der Erwerbsarbeit. Beide Trends wirken sich auf das bürgerschafltiche Engagement aus (Mutz 2001).

Unter Pluralisierung der Erwerbsformen ist zu verstehen, dass es heute mehrere Erwerbsmöglichkeiten gibt jenseits der Selbständigkeit und der abhängigen Beschäftigung gibt. Menschen sind nicht mehr ein Leben lang abhängig Beschäftigte, sie arbeiten zwischendurch in Projekten, freiberuflich, flexibel teilzeitbeschäftigt oder auch selbständig. Im Laufe des Erwerbslebens werden also unterschiedliche Tätigkeiten ausgeübt, nacheinander, aber auch nebeneinander. Es wird aber nicht nur häufiger zwischen unterschiedlichen Erwerbsformen gewechselt, sondern auch zwischen Beruf und Arbeitsstelle. Es verändert sich also die Charakteristik der Erwerbsarbeit im Gesamtgefüge der Gesellschaft und ihrer Tätigkeiten. Heute geht es mehr denn je darum, wie die Erwerbstätigkeit mit den Lebensperspektiven und Biographien von Menschen verknüpft werden kann. Soziales und berufliches Lernen sowie Zeit für andere private oder gesellschaftliche Tätigkeiten erlangen über den gesamten Lebenslauf hinweg Bedeutung (Enquete-Kommission 2002). Mutz (2001, S.15) beschreibt die Pluralisierung der Erwerbsformen wie folgt: *„Bereits heute gibt es nicht mehr nur einen 'sicheren' Beruf und eine 'feste' Arbeitsstelle, sondern vielfältige Arbeitszusammenhänge; man 'hat' keine Arbeit, sondern Fähigkeiten und Qualifikationen, um in unterschiedlichen Erwerbsfeldern tätig zu sein; man lernt nicht ein für alle Mal für den Beruf, sondern lebensbegleitend.“*

Es hat sich jedoch nicht nur die Organisation der Arbeit verändert, sondern auch die Einstellung der Menschen zur Arbeit. Aus instrumenteller Perspektive – Gelderwerb und Status – ist nach wie vor eine hohe Erwerbsorientierung zu beobachten. Allerdings hat sich der Sinngehalt der Arbeit dahingehend gewandelt, dass eine abnehmende Erwerbszentrierung zu beobachten ist. Das heißt, Phasen der Familien-, Sozial- und Eigenzeiten haben an Bedeutung gewonnen. *„Die Lebensführung der Menschen hat sich gewandelt, und eine stabile Erwerbsorientierung bei abnehmender Erwerbszentrierung ist keine Widerspruch.“* (Mutz 2001, S.15) Eine Dezentrierung der Erwerbsarbeit bedeutet gleichzeitig eine Ausweitung der „Arbeitsförmigkeit“ an Tätigkeiten. Man spricht bereits von Erziehungs-, Pflege-, Familien- oder Bürgerarbeit. Die Grenzen zwischen unterschiedlichen Tätigkeitssphären sind fließend geworden. Aus dieser Perspektive kann von einer zunehmenden Ausdehnung bzw. Entgrenzung der Arbeitsgesellschaft gesprochen werden.

Dieser beschriebene Wandel der Arbeitsgesellschaft kann sowohl gesellschaftlich als auch individuell positive und negative Auswirkungen haben. Auf der einen Seite haben Menschen mehr Möglichkeiten und Lebenschancen, die je nach individuellen Voraussetzungen und gesellschaftlichen Rahmenbedingungen in unterschiedlicher Weise genutzt werden können. Die pluralisierten Arbeitsformen ermöglichen eine zunehmend individuelle und flexible Tätigkeitsgestaltung, aus der sich auch Chancen für das bürgerschaftliche Engagement ergeben. Pluralisierung und Entgrenzung bergen aber auch Gefahren. Da Arbeitsverhältnisse von immer geringerer Dauer sind, kommt es zu häufigeren Wechseln der Beschäftigungsverhältnisse. Diese gelingen nicht immer in der gewünschten Weise und es kommt vermehrt zu Phasen unfreiwilliger Arbeitslosigkeit. Diskontinuierliche Erwerbsverläufe und somit eine größere Unstetigkeit in der Lebensplanung sind die Folge. Wenn schon der eigene Berufsweg nicht mehr gestaltbar und für die Zukunft planbar ist, dann wird es auch schwieriger, sich längerfristig bürgerschaftlich zu engagieren. Dies dürfte auch der Grund sein, wieso sich immer weniger Menschen auf ein zeitlich lang andauerndes Engagement einlassen. Eine optimale Tätigkeitsgestaltung gelingt vor allem den Menschen, die gut ausgebildet und im Erwerbsleben gut positioniert sind. Sie sind am ehesten in der Lage, unterschiedliche Erwerbsformen, Familienerfordernisse und bürgerschaftliches Engagement aufeinander abzustimmen und entsprechend zu organisieren (Enquete-Kommission 2002).

„Gestaltung ist der Schlüsselbegriff zur Charakterisierung der neuen pluralisierten und entgrenzten Arbeitsgesellschaft. Im Zentrum steht die Frage, ob Menschen sich in Lebensbedingungen befinden, die Gestaltung ermöglichen." (Enquete-Kommission 2002, S.194)

Bedingt durch den eben skizzierten Wandel in der Arbeitsgesellschaft und Modernisierungsprozesse in der Gesellschaft allgemein bedarf es eines *„neuen Gesellschaftsvertrags"* (Bürsch 2001, S.238). Staat und Gesellschaft müssen ihre Aufgaben und ihre Verantwortung unter veränderten gesellschaftlichen Bedingungen neu definieren. Das bisherige Sozialsystem, das sich zunächst einmal auf die Erwerbsarbeit, dann auf den stabilen Familienverbund und schließlich, wenn beide versagen, auf die Unterstützung des Staates baut, kann in dieser Form nicht fortbestehen. Der Versorgungsstaat gerät an die Grenzen seiner Handlungs- und Leistungsfähigkeit (Mutz 2000).

Die Vision von einem „neuen Gesellschaftsvertrag", in dessen Zentrum die aktive Bürgergesellschaft steht, hat zum Ziel, Bürger an der Gestaltung demokratischer und partizipativer Strukturen stärker zu beteiligen. Die Bürgergesellschaft ist dadurch gekennzeichnet, dass die Bürger Verantwortung für das Gemeinwohl übernehmen und damit zugleich Rechte zur Mitgestaltung und Beteiligung an gesellschaftlichen Prozessen erwerben (Bürsch 2003). Dies geschieht durch die unterschiedlichen Formen und Möglichkeiten bürgerschaftlichen Engagements, das eine unbezahlbar wertvolle Ressource darstellt. Mit ihrem Engagement leisten die Bürger soziale Integration und entlasten den Staat in materiell nicht bezifferbarer Größenordnung indem sie wichtige Aufgaben in vielen gesellschaftlichen Bereichen übernehmen. Das Verhältnis von Staat und Gemeinden, Bürgern sowie Unternehmen und gemeinnützigen Organisationen muss somit neu überdacht werden. In diesem Zusammenhang wird vor allem in Deutschland häufig vom „aktivierenden Staat" gesprochen (Enquete-Kommission 2002; Olk, 2003).

2.3. Zusammenfassung

Durch den beschriebenen Wandel in der Arbeitsgesellschaft und die Modernisierungsprozesse in der Gesellschaft gerät der bisherige Sozialstaat an die Grenzen seiner Unterstützungsleistung. Ins Zentrum der Diskussion rückte die Bürgergesellschaft, die das Ziel hat, Bürger stärker an der Gestaltung gesellschaftlicher Strukturen zu beteiligen. Für das zukünftige Funktionieren von Politik, Sozialem und Wirtschaft wird verstärkt bürgerschaftliches Engagement gefordert. Gemessen an den Mitgliedszahlen in Kirche, Partei und Vereinen wurde ein starker Rückgang des Engagements befürchtet. Es zeigte sich jedoch, dass sich das bürgerschaftliche Engagement hinsichtlich seiner Struktur und seiner Motivlage verändert hat. Personen engagieren sich stärker sporadisch, zeitlich befristet, greifen immer weniger auf bestehende Vereine und Institutionen zurück. Auch zeigte sich eine Verschiebung weg von religiös-moralischen Motiven hin zu instrumentell-individualistischen.

Die Bürgergesellschaft besteht jedoch nicht nur aus den Bürgern und gemeinnützigen Organisationen des dritten Sektors, sondern wird auch von Unternehmen mitgestaltet. So sind Unternehmen zunehmend auch über ihre wirtschaftlichen Aktivitäten hinaus als „Corporate Citizens", als „gute Bürger", gefragt, ihren Beitrag zur Schaffung und Erhaltung funktionierender Gemeinwesenstrukturen zu leisten. *„Unternehmen 'profitieren' von einem funktionierenden Gemeinwesen. Dabei geht es nicht darum, Unternehmen neue Verantwortung und Lasten aufzubürden, sondern in der Übernahme unternehmerischer Verantwortung für das Gemeinwohl* *liegen Chancen für neue Partnerschaften zwischen Profit- und Non-Profit-Bereich, die für alle Beteiligten von Nutzen sein können."* (Bürsch 2003, S.39)

Im folgenden Kapitel wird das bürgerschaftliche Engagement von Unternehmen im Rahmen des Konzepts Corporate Citizenship näher betrachtet.

3. Bürgerschaftliches Engagement von Unternehmen - Corporate Citizenship

Unternehmen, die international und global agieren, sind damit konfrontiert, dass eine Vielzahl von Aufgaben in unterschiedlichen geographischen und historischen Kontexten mit einer Vielzahl von Akteuren gemeinsam gelöst werden müssen. Die Komplexität ist in erster Linie eine Herausforderung an die Kooperationsfähigkeit von Unternehmen – im Bereich ihrer Kernkompetenz, aber auch darüber hinaus (Hartmann 2002). Der globale Wettbewerb bedeutet für Unternehmen aber auch, dass sie sich nur durch eine unverwechselbare Identität positionieren können. Aus diesem Grund beziehen immer mehr Unternehmen auch ökologische und soziale Belange in ihr unternehmerisches Handeln mit ein.

Um die zunehmend mehr und komplexer werdenden Informationen optimal zu bündeln und einzusetzen, bedarf es aber auch unternehmensintern Strukturen sozialen Zusammenhalts. Die Gestaltung eines dynamischen sozialen Gefüges ist dabei von großer Bedeutung. Auf Seiten der Mitarbeiter erfordert dies die Fähigkeit zur Perspektivenverschränkung. Diese Fähigkeit entsteht im beruflichen Alltag nicht von selbst, sondern durch soziales Lernen. Dies kann gefördert werden, indem Menschen aus der vertrauten Umgebung heraustreten und in die Fremde eintreten (Mutz & Korfmacher 2000). *„Praktische Lern- und Erfahrungsfelder dieser Art liegen gleichsam vor den Betriebstoren, in den vielfältigen Feldern des Bürgerengagements.“* (Mutz 2001, S.20)

Corporate Citizenship versucht diesen Anforderungen gerecht zu werden. Unternehmen, die sich bürgerschaftlich engagieren, können einerseits verantwortungs- und vertrauensvolle Beziehungen zu den Stakeholdern aufbauen, die stabiler sind als ein rein wirtschaftlich motivierter Zusammenhalt. Anderseits können Unternehmen, die das bürgerschaftliche Engagement ihrer Mitarbeiter fördern, gleichzeitig durch die daraus resultierenden Lern- und Erfahrungsfelder das soziale Lernen fördern (Mutz 2001).

Zuerst soll Corporate Citizenship definiert und von anderen Konzepten gesellschaftlichen Engagements und sozialer Verantwortung abgegrenzt werden.

3.1. Konzeptionelle Einordnung

Der Begriff des Corporate Citizenship und des unternehmerischen Bürgerengagements wird in der laufenden Diskussion sehr breit und uneinheitlich verwendet. Oft wird Corporate Citizenship mit Corporate Social Responsibilty, Corporate Philanthropy, Sustainability, Corporate Volunteering oder Corporate Giving gleichgesetzt. Weder im angelsächsischen noch im deutschen Sprachraum herrscht Einigkeit über die Definition und Abgrenzung von Corporate Citizenship zu oben genannten Begriffen. Die Gefahr inhaltsarmer Worthülsen ist groß.

Mutz und Korfmacher (2003) entwickelten ein Modell, mit dem sie versuchten, diese unterschiedlichen Begrifflichkeiten zu definieren und systematisch zueinander in Verbindung zu setzen. Anhand dieses Modells werden nun die zentralen Begriffe rund um Corporate Citizenship sowie deren Beziehung zueinander genauer beleuchtet.

Corporate Responsibility bildet im Modell von Mutz und Korfmacher (2003) die übergeordnete Idee – das Dach – der unternehmerischen Gestaltungsoptionen. Darunter verstehen die Autoren die globale Verantwortung von Unternehmen als Teil der Gesellschaft, die neben einer wirtschaftlichen Dimension auch eine soziale (Corporate Social Responsibilty) und eine ökologische Dimension (Corporate Environmental Responsibility) beinhaltet, und auf eine nachhaltigen Entwicklung abzielt. Ist in diesem Modell noch die begriffliche Trennung von Corporate Responsibility, Corporate Social Responsibility und Corporate Environmental Responsibility vorzufinden, hat sich in der aktuellen Diskussion der Begriff Corporate Social[4] Responsibility (CSR) - zu Deutsch soziale Verantwortung von Unternehmen - durchgesetzt. Der Begriff, der alle drei Dimensionen beinhaltet, steht für ein Konzept, *„das den Unternehmen als Grundlage dient, auf freiwilliger Basis soziale Belange und Umweltbelange in ihre Unternehmertätigkeit und in die Wechselbeziehungen mit den Stakeholdern zu integrieren.“* (EU-Kommission 2001, S.8)

CSR soll den Unternehmen aufzeigen, dass der Weg zu dauerhaftem wirtschaftlichem Erfolg und Shareholder Value nicht allein über eine kurzfristige Profitmaximierung führt, sondern über marktorientiertes, aber verantwortliches Handeln.

Beim Gipfeltreffen in Lissabon im März 2000 wurde das strategische Ziel vorgegeben, die Europäische Union bis zum Jahr 2010 *„zum wettbewerbsfähigsten und dynamischsten wissensbasierten Wirtschaftsraum der Welt zu machen – einem Wirtschaftsraum, der fähig ist, ein dauerhaftes Wirtschaftswachstum mit mehr und besseren Arbeitsplätzen und einem größeren sozialen Zusammenhang zu erzielen“* (EU-Kommission 2002, S.4). Es wurde erstmals die wichtige Rolle der Unternehmen bei der Verknüpfung ökonomischer und sozialer Leistungen anerkannt, ein

---

[4] „Sozial" bzw. „Social" ist in diesem Zusammenhang besser in enger Anlehnung an die ursprüngliche Wortbedeutung mit "das menschliche Zusammenleben betreffen" zu übersetzen und umfasst letztendlich jede Auswirkung unternehmerischen Handelns auf das gesellschaftliche Gesamtgefüge (Hartmann 2002, S.218)

Appell an das soziale Verantwortungsbewusstsein der Wirtschaft. CSR soll somit einen Beitrag zur Erreichung dieses strategischen Ziels leisten. Konkreter Ausdruck der Initiative der EU ist das Grünbuch der Europäischen Kommission (2001) „Europäische Rahmenbedingungen für die soziale Verantwortung der Unternehmen". Darin wird aufgezeigt, dass Unternehmen einen freiwilligen Beitrag zur Verwirklichung einer besseren Gesellschaft leisten und in ihrer Unternehmensstrategie auch soziale und ökologische Aspekte berücksichtigen sollten. Sozialer Zusammenhalt, Umweltschutz und Wirtschaftswachstum sollten sich zukünftig ergänzen.

Beim Terminus „Corporate Social Responsibility" handelt es sich folglich um einen stark moralischen bzw. ethischen Begriff, der für die inhaltliche Leitidee des Engagements steht und *„weltweite Gerechtigkeit, nachhaltige Entwicklung, schonenden Umgang mit Ressourcen und die Verbesserung der Lebensbedingungen zukünftiger Generationen anzielt"* (Habisch 2003, S.43).

Zurück zum „Haus" der unternehmerischen Gestaltungsoptionen von Mutz und Korfmacher (2003). Das Dach und somit die Leitidee stellt wie bereits erwähnt das Konzept Corporate Social Responsibility dar. Corporate Citizenship hingegen ist das Instrument, mit Hilfe dessen Unternehmen ihrer sozialen Verantwortung nachkommen können (Schubert et al. 2002). Dieses Konzept macht im Gegensatz zu Corporate Social Responsibility präziser den gesellschaftlichen Bezug der Aktivitäten und den mitbürgerlichen Partnerschaftscharakter des Engagements deutlich (Habisch 2003). Dabei können drei verschiedene Herangehensweisen unterschieden werden: Corporate Foundations, Corporate Giving und Corporate Volunteering. Nach Mutz und Korfmacher (2003) bilden sie sozusagen das Fundament des „Hauses" der unternehmerischen Gestaltungsoptionen. Unter Corporate Foundations wird die Gründung von gemeinnützigen Unternehmensstiftungen verstanden, deren Aufgabe nicht primär die finanzielle Unterstützung, sondern die Unterstützung und Förderung des sozialen Umfelds ist. Die klassische Zuwendung von Geldern in Form von Spenden und Sponsoring wird als Corporate Giving bezeichnet und stellt ein einseitiges Geben von Unternehmen dar. Als wichtigste Maßnahme gilt das Corporate Volunteering, auch betriebliche Freiwilligenarbeit genannt. Es handelt sich dabei um Maßnahmen, die ein langfristiges und kontinuierliches Engagement der Beschäftigten vorsehen.

Nach diesem Versuch der konzeptionellen Einordnung und Abgrenzung der unterschiedlichen Konzepte soll nun auf das Konzept Corporate Citizenship und der darunter subsumierten Herangehensweisen detailliert eingegangen werden.

3.2. Definition

Auch für den Terminus Corporate Citizenship gibt es unterschiedliche Übersetzungen, wobei sich folgende zwei Varianten durchgesetzt haben: Unternehmerisches Bürgerengagement oder gesellschaftliches Engagement von Unternehmen (Habisch 2003; Enquete-Kommission 2002; Mutz & Korfmacher 2000, 2003; Korfmacher & Mutz 2003). Damm und Lang (2002) sprechen nach ihren Erfahrungen mit Corporate Citizenship in Deutschland im Rahmen der Bundesinitiative UPJ[5] von partnerschaftlichen Kooperationen bzw. Unternehmenskooperationen.

Die Definition von Habisch (2003, S.58) ist die umfangreichste und präziseste Definition von Corporate Citizenship: *„Als unternehmerisches Bürgerengagement (Corporate Citizenship) bezeichnet man Aktivitäten, mit deren Hilfe Unternehmen selbst in ihr gesellschaftliches Umfeld investieren und ordnungspolitische Mitverantwortung übernehmen. Sie helfen mit, Strukturen bereichsübergreifender Zusammenarbeit und Soziales Kapital aufzubauen, um zusammen mit Partnern aus anderen gesellschaftlichen Bereichen (NGO´s, Verbände, Politik, anderen Unternehmen, etc.) konkrete Probleme ihres Gemeinwesens zu lösen. In diesen Prozessen bringen sie nicht nur Geld, sondern alle ihre Ressourcen – als Mitarbeiterengagement, fachliches Know-how und Organisationskompetenz, Informationen etc. – ein.“*

Habisch (2003) nennt weiters einige Beispiele, was nicht unter Corporate Citizenship fällt und präzisiert den Begriff auf diese Weise anhand der negativen Abgrenzung. Oftmals wird Corporate Citizenship als Synonym für Public Relation benutzt, wobei der traditionelle PR-Bericht eines Unternehmens schlicht in einen Corporate Citizenship Bericht umformuliert wird, ohne das zugrunde liegende Konzept zu verändern. Ein Beitrag als aktiver Bürger und gesellschaftlicher Akteur entsteht auf diesem Wege aber gerade nicht. Weiters wird die Herstellung von „umweltfreundlichen" Produkten oft bereits als Corporate Citizenship bezeichnet. Die Erweiterung der Produktpalette eines Unternehmens um solche Produkte ist durchaus ehrenvoll, trägt aber nicht für den Aufbau des Gemeinwesens bei. Auch darf Corporate Citizenship nicht verwechselt werden mit Unternehmensaktivitäten, die den gemeinnützigen Charakter betonen und wirtschaftliche Vorteile in den Hintergrund stellen. Finanzmittel, die von einem Unternehmen gespendet werden oder Arbeitsstunden, die ohne Bezahlung zur Verfügung gestellt werden, werden dem Gedanken des wechselseitigen Vorteils von Unternehmen, Unternehmenspartnern und gesellschaftlichem

---

[5] Die Bundesinitiative UPJ griff die Diskussion um Corporate Citizenship bereits 1994 auf und initiierte seither zahlreiche Kooperationsprojekte zwischen hauptsächlich kleinen und mittelständischen Unternehmen und Einrichtungen der Jugend- und Sozialarbeit auf lokaler und regionaler Ebene.

Umfeld nicht gerecht (Win-Win Charakter). Insbesondere auf europäischer Ebene wird Corporate Citizenship oder Corporate Social Responsibility auch im Zusammenhang mit verschiedenen Zertifizierungs- bzw. Reporting- und Auditingsystemen gesehen, die meist nur betriebswirtschaftlich bestimmte äußere Kennzahlen abfragen und somit als Kontroll- und Sanktionssysteme meist ausschließlich am (internen) Verhalten des Unternehmens selbst ansetzen. Corporate Citizenship betont hingegen die bereichsübergreifende Kooperationen zwischen Unternehmen und Partnern aus anderen gesellschaftlichen Bereichen, die auf die Lösung gesellschaftlicher Probleme bezogen sind.

Zusammenfassend ist Corporate Citizenship eine *„Antwort auf Herausforderungen, die letztlich aus der veränderten Weltlage und aus dem neuen gesellschaftlichen Umfeld des Unternehmens im 21. Jahrhundert heraus resultieren"* (Habisch 2003, S.60).

3.3. Entwicklungsgeschichte

Die Diskussionen um das Unternehmen als Bürger in der Gesellschaft stammen ursprünglich aus den USA. In den 80er-Jahren hatte die US-Wirtschaft in zentralen Bereichen ihre internationale Wettbewerbsfähigkeit verloren und steckte in einer tiefen Krise. Zahlreiche Arbeitsplätze gingen verloren. Und das in einer Gesellschaft, die durch eine geringe Präsenz des Staates und staatlicher Organisationen in Fragen sozialer Sicherheit gekennzeichnet ist. Die Abhängigkeit des langfristigen wirtschaftlichen Erfolgs der Unternehmen von der Qualität des gesellschaftlichen Umfelds wurde plötzlich deutlich. Partnerschaften zwischen Wirtschaft und Bürgergesellschaft sollten zur Lösung der Ordnungsprobleme beitragen (Habisch 2003).

Die Tatsache, dass mit Corporate Citizenship betriebliche Ziele erreicht werden sollten, ist in den USA folglich moralisch nicht negativ konnotiert. Diese Zielsetzung wird weder geleugnet noch gering geschätzt. *„Es ist die Gleichzeitigkeit wirtschaftlicher und sozialmoralischer Motive, die die spezifische Situation in den USA charakterisiert."* (Mutz & Korfmacher 2003, S.47)

Während in den USA für die individuelle soziale Sicherheit die Eigenverantwortung ausschlaggebend ist und Erwartungen an den Staat eher gering sind, wird in Europa das Problem individueller sozialer Sicherheit dem Staat und dem Sozialversicherungssystem überantwortet. Da durch den Staat ein hohes Niveau an sozialer Versorgung gewährleistet wird, ist die Einsicht in die Notwendigkeit weiterer Maßnahmen teils noch gering. Viele Unternehmer sehen ihre Verantwortung dem Gemeinwesen gegenüber aufgrund der steuerlichen Abgaben als bereits erfüllt an. Weiters herrscht eine gewisse Skepsis, ob Corporate Citizenship letztlich nicht zu sehr in die Privatsphäre der Mitarbeiter eingreift. Auch bei bereits aktiven Unternehmen steht weniger der Gedanke des Gleichgewichts zwischen wirtschaftlichen und sozialmoralischen Motiven im Vordergrund. Die meisten Unternehmen vermeiden es dezidiert, mit ihrem Engagement an die Öffentlichkeit zu treten (Rudolph 2001). *„Die Vorstellung, gute Taten im Stillen zu vollbringen, scheint immer noch leitend zu sein."* (Mutz & Korfmacher 2003, S.50)

Mutz (2002b) gelangt nach Analysen von Corporate Citizenship Prozessen in den USA und Deutschland zu der Ansicht, dass nur wenige Akteure in diesem Feld den eigentlichen Sinn des unternehmerischen Bürgerengagements verstanden haben. Entweder wird das amerikanische Modell des Corporate Citizenship auf das reduziert, was es ohnehin schon lange gibt – Sponsoring und Spenden – oder es wird genau jener Teil herausgegriffen, dessen Nutzen für die Unternehmer und deren Mitarbeiter unbestritten ist. Somit gibt es in Deutschland eine ausschließlich wirtschaftliche Sicht auf das Thema Corporate Citizenship, zivilgesellschaftliche Elemente spielen jedoch keine Rolle. Die Philosophie von Corporate Citizenship ist laut Mutz in Deutschland noch nicht angekommen.

Es wird jedoch nicht unterstellt, dass Unternehmen kein Interesse an der Gestaltung des gesellschaftlichen Geschehens hätten. Im Gegenteil: Viele gemeinwohlbezogene Aktivitäten der Wirtschaft gehören zum traditionellen Inventar der europäischen Wirtschafts- und Gesellschaftsordnung. *„Unternehmen haben schon immer eine zentrale Rolle für die Finanzierung, Organisation und Dynamik der Bürgergesellschaft gespielt – kleinere und mittlere Unternehmen sowie Großunternehmen je auf ihre Weise. Mehr als andere europäische und vor allem amerikanische Wirtschaftsverfassungen setzt das Institutionensystem der 'Sozialen Marktwirtschaft' auf den Unternehmer als selbst- und mitverantwortlichen Bürger."* (Habisch 2003, S.41) Womöglich gerade deshalb ist die Entwicklung in Europa selbstverständlicher und weniger spektakulär als in den USA. Dennoch versäumen es die Unternehmen bislang, die vielfältigen Möglichkeiten von Corporate Citizenship zu nutzen (Mutz & Korfmacher 2003).

Ammann (2001) stellt in seiner Studie zur Freiwilligkeit Schweizer Unternehmen fest, dass sich in der Schweiz viele Unternehmen traditionellerweise in hohem Umfang gesellschaftlich engagieren, ohne den Begriff Corporate Citizenship überhaupt zu kennen.

Einen Überblick über den aktuellen Diskussionsstand zu den Motiven und Nutzenerwartungen von Corporate Citizenship bietet das folgende Kapitel.

3.4. Motive und Nutzenerwartungen von Unternehmen

So wie das bürgerschaftliche Engagement von Individuen meist nicht aufgrund eines einzelnen, zentralen Motivs zustande kommt, herrscht auch bei Unternehmen meist ein „Motivbündel" vor. In der Literatur zu Corporate Citizenship gibt es unterschiedliche Klassifikationen der Motive und Nutzenerwartungen.

Bei Habisch (2003) erfolgt die Einteilung nach der Funktion, die Corporate Citizenship für ein Unternehmen hat. Er nennt Beziehungsmanagement, Informationen, Personalarbeit, Reputation, ausländische Direktinvestitionen, Gestaltung von Veränderungsprozessen sowie die Versicherungsfunktion. Aufgrund dieser Funktionen verhilft Corporate Citizenship einem Unternehmen zu Wettbewerbsvorteilen.

Damm und Lang (2002) nennen neben unternehmensbezogenen Motiven ergänzend noch personenbezogene Motive. Die unternehmensbezogenen Motive decken sich inhaltlich weitgehend mit den Funktionen von Corporate Citizenship von Habisch (2003), wobei Damm und Lang (2002) zusätzlich interne und externe Wirkungen differenzieren. Zu den personenbezogenen Motiven zählen persönliche Betroffenheit, Verankerung in örtlichen Vereinen, ethisch-moralische Werthaltungen, Sinn- und Identifikationssuche, Neugier- und Experimentierlust, eigene (frühere) Erfahrungen, Suche nach neuen Zugängen zur Region, gesellschaftspolitische Gestaltungswünsche und persönliche Profilierungswünsche.

Die Einteilung von Maaß und Clemens (2002) erfolgt nach dem Personenkreis, der mit dem Engagement erreicht werden soll. Er unterscheidet folglich in öffentlichkeitsbezogene Ziele, personalbezogene Ziele, Kunden- und absatzbezogene Ziele sowie Eigeninteresse des Unternehmers bzw. Geschäftsführers. Aber auch bei diesem Klassifikationsschema decken sich die Inhalte weitgehend mit den Inhalten von Habisch (2003) und Damm und Lang (2002).

Dresewski (2004) fasst die Nutzenerwartungen in einem Matrix-Modell zum Return-on-Investment zusammen. Auf der einen Achse der Matrix finden sich vier Bereiche, in denen Corporate Citizenship zu einem Investitionsertrag führt: Personalentwicklung, Marketing und Vertrieb, Unternehmenskommunikation, Standort- und Regionalentwicklung. Auf der zweiten Achse finden sich die unterschiedlichen Formen des Ertrags: Kostensenkung, Produktivitäts- und Absatzsteigerung.

Das in Abbildung 1 dargestellte Modell stellt eine Synthese der eben beschriebenen Klassifikationssysteme dar.

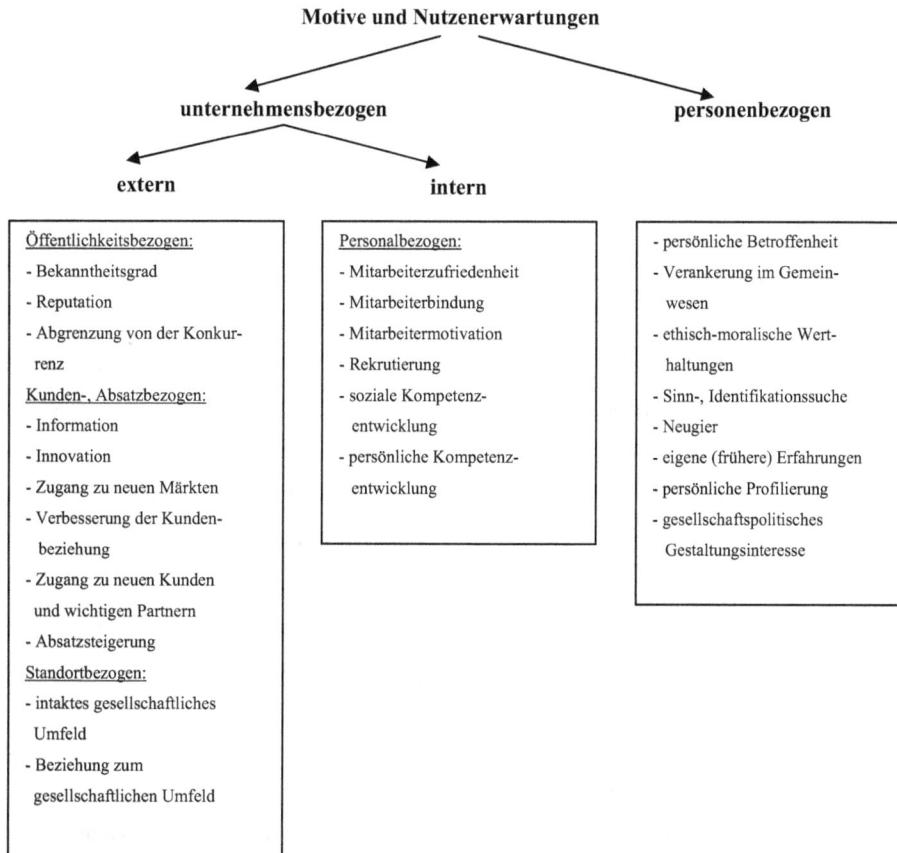

Motive und Nutzenerwartungen

unternehmensbezogen **personenbezogen**

extern **intern**

Öffentlichkeitsbezogen:
- Bekanntheitsgrad
- Reputation
- Abgrenzung von der Konkur-
  renz

Kunden-, Absatzbezogen:
- Information
- Innovation
- Zugang zu neuen Märkten
- Verbesserung der Kunden-
  beziehung
- Zugang zu neuen Kunden
  und wichtigen Partnern
- Absatzsteigerung

Standortbezogen:
- intaktes gesellschaftliches
  Umfeld
- Beziehung zum
  gesellschaftlichen Umfeld

Personalbezogen:
- Mitarbeiterzufriedenheit
- Mitarbeiterbindung
- Mitarbeitermotivation
- Rekrutierung
- soziale Kompetenz-
  entwicklung
- persönliche Kompetenz-
  entwicklung

- persönliche Betroffenheit
- Verankerung im Gemein-
  wesen
- ethisch-moralische Werthaltungen
- Sinn-, Identifikationssuche
- Neugier
- eigene (frühere) Erfahrungen
- persönliche Profilierung
- gesellschaftspolitisches
  Gestaltungsinteresse

Abbildung 1: Corporate Citizenship – Motive und Nutzenerwartungen

Durch die zunehmende Sättigung der Märkte und die zunehmende Ähnlichkeit von Produkten und Dienstleistungen konkurrierender Unternehmen kommt der Bekanntheit und Reputation eines Unternehmens für die Kaufentscheidung der Konsumenten eine gesteigerte Bedeutung zu. Die Dokumentation von gesellschaftlichem Engagement kann ein Unternehmen im Rahmen einer aktiven Öffentlichkeitsarbeit zur Produktdifferenzierung nutzen. Dies gilt insbesondere dort, wo ein Projekt eng an der Kernkompetenz des Unternehmens angesiedelt ist (Habisch 2003).

Eine Marktforschungsstudie von IPSOS Deutschland (2000) zeigte, dass 30% der Befragten aufgrund des gesellschaftlichen Engagements eines Unternehmens bereits den Hersteller gewechselt haben bzw. das Produkt eines anderen Herstellers ausprobiert haben. Der Anteil jener, denen das gesellschaftliche Engagement eines Unternehmens beim Kauf eines Produkts wichtig erscheint, ist von 1998 bis 2002 von 28% auf 44% gestiegen. So stimmten weiters 74% der Befragten zu, dass die Information über die gesellschaftlichen Aktivitäten eines Unternehmens ihre Kaufentscheidung beeinflusst. Demgegenüber sind 58% der Europäer der Meinung, dass Industrie und Handel dem Thema soziale Verantwortung derzeit noch zu wenig Bedeutung beimessen. Weitere 48% haben sogar nur wenig bis gar kein Vertrauen in große Unternehmen (CSR Europe 2000). Dieses Ergebnis verweist gleichzeitig auf die Bedeutung von Corporate Citizenship für Kunden- und absatzbezogene Ziele. Gesellschaftliches Engagement ermöglicht einem Unternehmen, Informationen zu seinem relevanten Umfeld zu erhalten. Aufgrund der unterschiedlichen Positionen, Erfahrungen, Wertesysteme und Kulturen der Partner erhält das Unternehmen Informationen aus unterschiedlichen Perspektiven und dadurch Zugang zu neuen Kunden und Märkten. Weiters gewinnt für ein Unternehmen und seine längerfristige Entwicklung ein intaktes Umfeld zunehmend an Bedeutung. Sei es durch die Stärke des Wirtschaftsstandorts, die Wettbewerbsfähigkeit und Innovation ermöglicht, die Qualität der Bildungs- und Ausbildungssituation, die qualifizierte, leistungsmotivierte Mitarbeiter hervorbringt oder einfach durch die Qualität des sozialen Zusammenhalts.

Gesellschaftliches Engagement birgt aber auch unternehmensintern Potentiale – im Rahmen der Personalentwicklung. Little 2003 (S.5) schreibt über die Bedeutung der Mitarbeiter für ein Unternehmen: *„It is not possible to separate employees from business, they are the business."* Engagement im Gemeinwesen gibt den Mitarbeitern die Möglichkeit, außerhalb der üblichen Arbeitsroutine neue Lernfelder zu erleben: *„Lernfelder, die ansonsten nur in teuren Seminaren und ohne realen Kontakt zur gesellschaftlichen Wirklichkeit simuliert werden können."* (Damm & Lang 2002, S.25) Insbesondere durch betriebliche Freiwilligenprogramme (siehe Kapitel 3.5.3) können soziale und persönliche Kompetenzen der Mitarbeiter gefördert werden. Neben der Qualifizierung von Mitarbeitern wirkt sich Corporate Citizenship auch auf die Identifikation der Mitarbeiter mit dem Unternehmen, deren Motivation und Zufriedenheit aus. Auch im viel zitierten „War for Talents" könnte das gesellschaftliche Engagement eines Unternehmens Bedeutung erlangen. So wünschen sich heute erfolgreiche Absolventen, verstärkt in einem Unternehmen zu arbeiten, das einen positiven Beitrag leistet für das gesellschaftliche Umfeld, in dem es agiert (ICM Research 2001).

Little (2003) benennt die Potentiale von Corporate Citizenship anhand des Fallbeispiels des British Gas´ National Sales Centres (NSC). NCS beschäftigt 2.700 Personen und startete im Jahr 2000 ein betriebliches Freiwilligenprogramm mit dem Ziel, die Fluktuation zu senken und sich von anderen

Unternehmen zu differenzieren. Nach 1.000 Stunden freiwilliger Arbeit der Mitarbeiter im Gemeinwesen erbrachte die Evaluation folgendes Ergebnis: Jene Mitarbeiter, die sich freiwillig engagierten, zeigten eine geringere Fluktuation, eine höhere Arbeitszufriedenheit und weniger Fehlzeiten. Sie bewerteten ihren Arbeitsplatz besser und zeigten eine stärkere Identifikation. Weiters konnte das Unternehmen eine verstärke positive Berichterstattung seitens der Medien verzeichnen sowie eine erhöhte Kundenzufriedenheit.

Nach Meinung von Habisch (2003) wird Corporate Citizenship häufig ausschließlich unter philanthropischen Gesichtspunkten diskutiert. Das heißt, der uneigennützige, wohltätige Charakter der Aktivitäten wird betont. Eventueller (wirtschaftlicher) Nutzen für das Unternehmen wird als Begleiterscheinung gesehen, wird aber nicht dezidiert angestrebt. Dadurch findet auch keine Anbindung an die strategischen Ziele des Unternehmens statt. Der Nachteil dieser philanthropischen Sichtweise liegt darin, dass gesellschaftliches Engagement von Unternehmen dadurch zum „Luxusgut" wird (Habisch 2003, S.60), das sich Unternehmen nur bei guter Konjunkturlage leisten. Corporate Citizenship kann jedoch zu konkreten Wettbewerbsvorteilen verhelfen.

In ihrer Studie zu Corporate Citizenship in mittelständischen Unternehmen Deutschlands zeigen Maaß und Clemens (2002) jedoch, dass die Unternehmen, die Corporate Citizenship betreiben, dies nicht aus wohltätigen, Gründen machen, sondern, dass diese Aktivitäten von Motiven geleitet sind, die von Eigennutz zeugen. Mit einem Anteil von 92% haben Ziele, die auf Öffentlichkeitsarbeit ausgerichtet sind - Imageverbesserung, Dokumentation gesellschaftlicher Verantwortung, Verbesserung des Unternehmerbildes - die größte Bedeutung. Die beiden anderen Zielkategorien wurden nahezu gleichwertig von rund der Hälfte der Unternehmen genannt.

In Österreich scheint bei den Unternehmen jedoch der Philantrophiegedanke ausschlaggebend zu sein. 75% der Befragten geben als Grund für Corporate Citizenship Aktivitäten die ethisch-moralische Überzeugung der Eigentümer an. Auf Wunsch der Mitarbeiter und für einen besseren Unternehmenserfolg gibt etwa ein Viertel der Befragten an. Nur 6% agieren aufgrund öffentlichen Drucks. Dies hat zur Folge, dass nur ein geringer Anteil (14%) österreichischer Unternehmen seine Corporate Citizenship Aktivitäten strategisch plant. Der Rest entscheidet nur von Fall zu Fall mit Bezug zur Unternehmenspolitik (54%) oder gar spontan (32%) je nach Anfrage (Deuerlein, Riedel & Pomper 2003).

Damm und Lang (2002) argumentieren, dass bei der erstmaligen Entscheidung eines Unternehmens, sich gesellschaftlich zu engagieren, persönliche Motive einzelner Führungskräfte tendenziell eine größere Rolle spielen. Erst nach den ersten praktischen Erfahrungen mit dem Engagement im Gemeinwesen werden Möglichkeiten eines unternehmerischen Nutzens entdeckt. Das heißt, unternehmensbezogene Motive können mit zunehmender Praxis als Ergebnis eines längerfristigen Entwicklungsprozesses gegenüber personenbezogenen Motiven an Bedeutung gewinnen. Damm und Lang (2002) betonen allerdings, dass personenbezogene Motive weder in großen Unternehmen noch in kleineren und mittleren Unternehmen in den Hintergrund treten werden. Das gesellschaftliche Engagement eines Unternehmens gelingt nur dann, wenn es von Personen getragen und *„mit Leben erfüllt"* wird (Seitz 2002, S.30). Das Engagement ist nicht nur Mittel zum Zweck, sondern immer auch mit persönlichen Überzeugungen und Werten verbunden, damit es gelingt. Besonders für kleinere und mittlere Unternehmen sind personenbezogene Motive spezifisch, da das Gemeinwesen für die Inhaber, deren Familien und Kinder die dominante Lebenswelt darstellt, in die sie auf vielfältige Art und Weise verwurzelt sind. Neben dem unternehmerischen Interesse besteht auch ein direktes privates Interesse an einem intakten Umfeld.

Corporate Citizenship wirft aber auch neue Kompetenzanforderungen auf. In bereichsübergreifenden Kooperationsprojekten hängt das Handlungsergebnis nicht mehr nur vom eigenen Handeln ab, sondern auch vom Handeln der Partner. Im Sinne der Spieltheorie[6] bedeutet dies, dass auch wenn ein Partner seine Vorleistung erbringt, die anderen aber nicht, so kommt das gemeinsam angestrebte Ergebnis nicht zustande. Es droht eine Ausbeutung einseitiger Vorleistungen in einer Kooperation. Da die Partner in Corporate Citizenship Projekten nicht weisungsgebunden sind, müssen erst Mechanismen der Selbstkontrolle und Selbstbindung aufgebaut werden. Dies erfordert in besonderem Maße eine Sensibilität für Interessen aber auch kulturelle Grundbefindlichkeiten und Sichtweisen der anderen (Habisch 2003, S.59).

---

[6] Im engeren Sinne ist die Spieltheorie ein Teilgebiet der Wirtschaftswissenschaften. Sie beschäftigt sich mit der Analyse von Handlungsstrategien in Systemen mit vorgegebenen Regeln ("Spielen"). Dazu untersucht die Spieltheorie vorhergesagtes und tatsächliches Verhalten von Akteuren in Spielen und leitet optimale Strategien her. Auch in den Sozialwissenschaften wird die Spieltheorie als Theorie der rationalen Entscheidung (Rational Choice Theory) für strategische Konflikte eingesetzt.

3.5. Engagementformen

Für die Konzipierung von Corporate Citizenship Programmen gibt es drei Herangehensweisen: Corporate Foundations, Corporate Giving und Corporate Volunteering. Sie können als die Stützpfeiler verstanden werden, die das Konzept des Corporate Citizenship tragen.

3.5.1. Corporate Giving

Corporate Giving bezeichnet die Zuwendung von Geldern in Form von Spenden und Sponsoring. Aber auch Sachzuwendungen wie eigene Produkte oder Betriebsmittel können als Unterstützungsleistung weitergegeben werden. Ebenfalls in den Bereich Corporate Giving fallen kostenlose Dienstleistungen bzw. Nutzungsgestattungen wie kostenlose Schulungen, Beratungsdienstleistungen oder Transportleistungen. Die Nutzung von Räumen, Fuhrpark, Werkstätten oder Büromaterial usw. ist ebenfalls zu nennen (Dresewski 2004; Mutz & Korfmacher 2003; Damm & Lang 2002). Laut Maaß und Clemens (2002) sind in Deutschland finanzielle Zuwendungen mit Abstand die häufigste genutzte Maßnahme, wenn sich Unternehmen gesellschaftlich engagieren (94%), gefolgt von Sachzuwendungen (83%) und kostenlosen Dienstleitungen (76%). Dieses Ergebnis steht im Einklang mit einer Studie der Initiative CSR Austria zum gesellschaftlichen Engagement von Unternehmen in Österreich (Deuerlein, Riedel & Pomper 2003). Der finanzielle Aufwand liegt dabei bei ungefähr der Hälfte der Unternehmen im Bereich bis 5.000€, bei einem Drittel zwischen 5.000€ und 50.000€. Wenig überraschend korreliert die Höhe der finanziellen Unterstützung mit der Größe des Unternehmens. Laut Mutz und Korfmacher (2003, S.54) stellt diese Art des gesellschaftlichen Engagements jedoch keine Innovation dar. *„Es ist ein einseitiges Geben von Unternehmen, bei dem es selten zu Partnerschaften mit zivilgesellschaftlichen Akteuren kommt."* Anders ist es bei so genannten „Matching Funds", bei denen das Unternehmen Spenden der Belegschaft honoriert, indem es jeden Spendenbetrag eines Mitarbeiters in gleicher Höhe aufstockt. Bei dieser Form wird das Engagement der Mitarbeiter mit einbezogen.

3.5.2. Corporate Foundations

Unter Corporate Foundation versteht man die Gründung einer Stiftung für gemeinnützige Zwecke. Die Zielsetzung der Stiftung kann dabei von der finanziellen Unterstützung sozialer, kultureller und ökologischer Projekte bis hin zur Initiierung eigener Programme, die auch die Mitarbeiter des Unternehmens mit einschließen, reichen (Mutz & Korfmacher 2003). Jedes siebte Unternehmen in

Deutschland trägt – teilweise in Zusammenarbeit mit anderen Unternehmen – zur Erhaltung einer Stiftung bei (Maaß & Clemens 2002). Aufgrund der Höhe des finanziellen Aufwands, den eine solche Maßnahme erfordert, und der Komplexität der Rechtsform findet sie seltener Anwendung. Mit zunehmendem Umsatz gründen Unternehmen deutlich häufiger eine Stiftung. Während 80% der Unternehmen mit weniger als einer Milliarde Euro Umsatz angeben, keine Stiftung gegründet zu haben, sinkt die entsprechende Zahl mit zunehmendem Umsatz auf 0% bei Unternehmen mit mehr als 40% Milliarden Euro Umsatz (Seitz 2002).

3.5.3. Corporate Volunteering

Corporate Volunteering bezeichnet betriebliche Freiwilligenprogramme und stellt den Kern des Corporate Citizenship Konzepts dar. Mutz (2002b) gibt einen Überblick über die unterschiedlichen Formen von Corporate Volunteering.

1. Unternehmen unterstützen das Engagement ihrer Mitarbeiter

Dies kann bereits in einfacher Form geschehen, indem Mitarbeitern erlaubt wird, die Geräte der Firma (z.B. Kopierer, Telefon, Adressprogramme, Internet) für ihr Bürgerengagement zu nutzen. Der Betrieb zeigt damit die Anerkennung für das Engagement des Mitarbeiters für die Gesellschaft.

2. Unternehmen aktivieren ihre Mitarbeiter

Die Aktivierung erfolgt meist an sogenannten Projekttagen (Days of Service). Sie finden einmal jährlich oder häufiger statt und einzelne Teams oder die gesamte Belegschaft führen konkrete Vorhaben durch. Beispielhaft seien genannt die Reparatur von Spielplatzgeräten oder eine kurzfristige Zusammenarbeit in einer Non-Profit-Einrichtung. Die Firmen übernehmen meist die Materialkosten und unterstützen zusätzlich die Organisation und Logistik. Die Mitarbeiter können an solchen Projekttagen sozusagen probeweise in ein Engagementfeld hineinschnupppern und dies kann der Anstoß sein, sich zukünftig häufiger oder regelmäßig zu engagieren. Je intensiver das Engagement erlebt wird, desto nachhaltiger entwickelt sich ein sozialer Zusammenhalt zwischen Engagierten und ihren Einrichtungen, und es können neue Partnerschaften entstehen.

Eine stärkere soziale Verbindlichkeit hat die Initiierung kontinuierlichen Engagements. Häufig handelt es sich dabei um einwöchige Programme, Halbjahres-Sabbaticals oder um mehrere Stunden im Monat. Im Bereich der Führungskräfteentwicklung werden solche Programme auch oft als Secondment bezeichnet. Dabei geht es um den zeitweisen externen Einsatz eines Mitarbeiters in einer Non-Profit-Organisation. Laut Mutz (2002b) besteht kein Zweifel, dass es auf Seiten der

Beschäftigten einen wichtigen Erfahrungs- und Kompetenzzuwachs gibt und dass sich solche Programme für die Personalentwicklung eignen. Es können sich darüber hinaus weitreichende Partnerschaften zwischen Unternehmen und den Non-Profit-Einrichtungen entwickeln. Solche Programme sind aber laut Habisch (2003) nur dann erfolgreich, wenn auch eine Orientierung an den Interessen der Non-Profit-Einrichtung stattfindet, also beide Seiten einen Vorteil haben und wechselseitige Lernprozesse resultieren können (Win-Win-Situation).

In Österreich stellen 58% der Unternehmen ihre Mitarbeiter für ehrenamtliche Tätigkeiten frei (Deuerlein, Riedel & Pomper 2003), in Deutschland liegt der Anteil bei 57% (Maaß & Clemens 2002). Es handelt sich dabei jedoch um anlassbezogene, informelle Freistellungen ohne personalpolitischen oder strategischen Hintergrund seitens des Unternehmens. Programme, in denen Mitarbeiter einen zeitlich begrenzten Einsatz in einer gemeinnützigen Organisation absolvieren, sind derzeit in Unternehmen noch selten zu finden.

3. Mitarbeiter mischen sich ein

In hohem Maße anspruchsvoll sind sogenannte Adopt- oder Mentorenprogramme, die bislang in Deutschland noch nicht durchgeführt werden. Zugrunde liegt ein Stipendienprogramm des Unternehmens für sozial benachteiligte Jugendliche, die herausragende Begabungen haben und denen damit ein weiterführender Schulbesuch ermöglicht werden soll. Das Stipendienprogramm ist nicht nur an eine materielle Unterstützung, sondern zusätzlich an eine soziale Unterstützung in Form von Mentorenschaft gekoppelt. Dazu werden Mitarbeiter der Firma angesprochen, ob sie bereit sind, für einen längeren Zeitraum ein Kind oder einen Jugendlichen zu „adoptieren".

Habisch (2003) ordnet das gesellschaftliche Engagement in eine zweidimensionale Matrix ein. Auf der einen Achse verläuft der Zeithorizont des Investments, auf der anderen Achse die Eingriffstiefe in das gesellschaftliche Umfeld. Je nach Ausmaß nimmt das Unternehmen die Funktion des Sponsors, des Partners oder des Bürgers ein. Auf der ersten Stufe des gesellschaftlichen Engagements von Unternehmen sind zunächst Maßnahmen des Corporate Givings zu finden – das Unternehmen als Sponsor. Es dient meist als Vorform einer wirklichen Interaktion zwischen einem Unternehmen und den externen Partnern, mit deren Hilfe das Unternehmen Bereitschaft zum Engagement mitteilt. Weitere Formen sind Unternehmensgrundsätze und ethische Standards sowie die Unternehmenskultur, die eine notwendige - im Sinne der Kommunikation und Identität - aber keine hinreichende Bedingung unternehmerischen Bürgerengagements sind. Auf der zweiten Stufe werden gemeinsam mit Partnerorganisationen konkrete Lösungsmodelle für gemeinsame Problemlagen der Region oder der Branche entwickelt und umgesetzt. Potenziale, Perspektiven,

Erfahrungshintergründe und Informationen der Partner fließen zusammen und es bilden sich Elemente sozialen Kapitals. Beispiel hierfür sind betriebliche Freiwilligenprogramme (Corporate Volunteering) – das Unternehmen wird zum Partner. Nach einer gewissen Zeit und durch das Wirksamwerden des Engagements stellen sich als dritter Schritt nachhaltige und gesamtgesellschaftlich wirksame Strukturveränderungen ein – das Unternehmen wird zum Bürger. Beispielhaft sei angeführt die Gründung neuer Bündnisse oder Vereinbarungen zwischen Unternehmen, Verbänden Nichtregierungsorganisationen und Politik mit dem Ziel der Änderung von Umweltauflagen, Finanzierungsmodalitäten im sozialen Sicherungssystem usw.

3.6. Corporate Citizenship aus Sicht der Psychologie

Beim Thema Corporate Citizenship handelt es sich um ein Thema, das von Seiten der Psychologie noch wenig beleuchtet wurde. Soziales Handeln, prosoziales Handeln und Kooperation wurden und werden zwar im Rahmen der Arbeits- und Organisationspsychologie thematisiert, aber bisher hauptsächlich innerhalb von Unternehmen oder Unternehmensnetzwerken der Wirtschaft.

Die Politische Psychologie setzt sich zunehmend mit dem Thema bürgerschaftliches Engagement und Psychologie auseinander und hier auch mit Corporate Citizenship. Für Bott-Bodenhausen, Kliche und Wahl (2002) birgt vor allem Corporate Volunteering Konfliktpotential, weil unterschiedliche Welten und Ansprüche zusammenprallen. Sie sehen insbesondere das Prinzip der Effizienzorientierung der Wirtschaft und die psychosozialen Prinzipien der Verantwortung und Empathie als gegenläufig an. Die genannten Autoren sehen daher im Eingreifen machtvoller Wirtschaftsunternehmen in die soziale Struktur der Gesellschaft auch Probleme. Empirische Begleitforschung und Qualitätsstandards bei der Implementierung und Durchführung von Corporate Volunteering Projekten erachten sie als unverzichtbar.

Die Gemeindepsychologie griff das Thema Corporate Citizenship beim 5. Europäischen Kongress für Gemeindepsychologie 2004 zum Thema „Soziale Verantwortung im Zeitalter der Globalisierung" auf. Dabei wurde hauptsächlich die Rolle der Gemeindepsychologie in der zukünftigen Bürgergesellschaft diskutiert.

Simon (1993), Vertreter der ökonomischen Psychologie, geht davon aus, dass es eine individuelle Disposition gibt, die bewirkt, dass bei der Verarbeitung von sozialen Informationen weniger der eigene Aufwand und Nutzen abgewogen wird, sondern das Interesse am Erhalt sozial relevanter Informationen von anderen im Vordergrund steht. Personen mit einer solchen Disposition handeln demzufolge entgegen entscheidungslogischen Annahmen prosozial, auch wenn sie dabei Nachteile erleiden. Nach Simons stark sozio-biologisch beeinflussten Modell stellt dies eine menschliche Fähigkeit dar, anderen zu vertrauen und von ihren Informationen zu profitieren. Aus dieser Fähigkeit zur Übernahme sozial relevanter Information mit der gleichzeitigen Bereitschaft, altruistisch zu handeln, ergibt sich ein Selektionsvorteil.

3.6.1. Soziale Handlungsorientierungen

Das Konzept der sozialen Handlungsorientierungen bezieht sich zwar auf das Handeln von Akteuren in Kooperationsbeziehungen innerhalb von Netzwerken der Wirtschaft, erscheint aber aufgrund der Operationalisierung und der Ergebnisse eines Forschungsprojekts auch im Zusammenhang mit Corporate Citizenship von Interesse.

Theoretisch lehnt sich das Konzept der sozialen Handlungsorientierung an sozialisationstheoretische und sozioökonomische Konzepte des sozialen Handelns an (Geulen 1982; Habermas 1983; Organ & Paine 1999, Selman 1984)

Weber, Ostendorp und Wehner (2003, S.4) definieren sozialen Handlungsorientierung *„als motiv- und kompetenzverbundene Bereitschaft zum zielgerichteten Handeln von Akteuren (als Organisationsrepräsentanten) in gegenstandsbezogenen Kooperationen zwischen Unternehmen bzw. sonstigen wirtschaftsrelevanten Organisationen oder Institutionen."*

Soziale Handlungsorientierungen beziehen sich auf soziale Interaktionen zwischen einzelnen Akteuren von Organisationen der Wirtschaft und erfüllen eine handlungsleitende Funktion. Das heißt, sie enthalten einerseits kontextspezifisches Wissen über Ziele, Handlungsprogramme und Bedingungen der Zusammenarbeit und beruhen andererseits auf Wertorientierungen, die die Interaktion beeinflussen. Soziale Handlungsorientierungen lassen sich durch drei Hauptmerkmale beschreiben: Soziale Perspektivenübernahme und -koordination, Interaktionsorientierung und Netzwerkevaluationsperspektive.

In einem Forschungsprojekt mit Repräsentanten von 13 Schweizer Unternehmen, die Teil eines interorganisationalen Netzwerks für Ideentausch sind, fanden Weber, Ostendorp und Wehner (2003) mit Hilfe fokussierter Interviews und anschließender qualitativer Inhaltsanalyse vier unterschiedliche Formen sozialer Handlungsorientierung:

1. Egozentrisch-utilitaristische Orientierung

Der Akteur tendiert aus einer Perspektive der Eigennutzenmaximierung dazu, die Kooperation im interorganisationalen Netzwerken entweder kurzfristig für seine Zwecke zu instrumentalisieren oder aber die Mitarbeit in solchen Netzwerken abzulehnen.

2. Betriebswirtschaftlich geprägte Austauschorientierung

Der Akteur stellt eine mittelfristige Nutzenkalkulation an, die ausschließlich im erwarteten betriebswirtschaftlichen Nutzen besteht. Es wird ein eigennütziges Reziprozitätsprinzip verfolgt, das heißt, der eigene Nutzen muss den geleisteten Aufwand übersteigen.

3. Sozial geprägte Austauschorientierung

Der Akteur verspricht sich soziale Erträge, die langfristig einen betriebswirtschaftlichen Ertrag liefern sollen. Es wird jedoch keine ausschließlich monetäre Aufrechnung angestrebt.

4. Mutualistisch-prosoziale Orientierung

Neben sozialen Erträgen erwartet sich der Akteur vom Netzwerk langfristig systemische, gegenseitige Hilfe und Synergieeffekte. Dementsprechend wird keine gegenseitige Aufrechenbarkeit der jeweiligen Beiträge gefordert.

Interessant erweist sich das Ergebnis vor allem in Bezug auf die gefundenen intraindividuellen Inkonsistenzen von Ausprägung in den Merkmalen sozialer Handlungsorientierung. Das heißt, es wurden Mischformen gefunden, die die Autoren zum einen auf ein Zweck-Mittelverhältnis zurückführen, in dem die Akteure einer Konkurrenzwirtschaft zueinander stehen, zum andern auf den angesprochenen Kontext. Je nach angesprochenem Kontext wurde vom selben Akteur eine unterschiedliche Haltung zur interorganisationalen Kooperation eingenommen.

3.7. Zusammenfassung

Das Konzept Corporate Citizenship steht für bereichsübergreifende Kooperationen zwischen Unternehmen und Partnern aus anderen gesellschaftlichen Bereichen, die auf die Lösung gesellschaftlicher Probleme bezogen sind. Basierend auf den drei Säulen Corporate Giving, Corporate Volunteering und Corporate Foundations bietet das Konzept des Corporate Citizenship Unternehmen vielseitige Möglichkeiten sich gesellschaftlich zu engagieren.

Seinen Ursprung hat Corporate Citizenship in den Vereinigten Staaten, wo individuelle soziale Sicherheit nur in geringem Ausmaß vom Staat gewährleistet wird. Im Zuge der Diskussionen um die Bedeutung der Bürgergesellschaft und des individuellen bürgerschaftlichen Engagements für die Herausforderungen des 21. Jahrhunderts werden auch in Europa Unternehmen zunehmend als „Bürger" gesehen. Es geht jedoch nicht darum, sozialstaatliche Leistungen durch bürgerschaftliches Engagement von Unternehmen zu ersetzen. Durch die jeweils spezifischen Ressourcen, die die Partner in die Kooperationsbeziehung einbringen, werden nicht alternative, sondern zusätzliche Möglichkeiten geschaffen, neue Lösungen für anstehende Probleme zu erproben. Der Staat sollte einen dafür förderlichen Rahmen anbieten, Impulse geben und helfen, Strukturen und Netzwerke zu entwickeln.

Solche Kooperationsbeziehungen zwischen Unternehmen und Organisationen des Gemeinwesens entstehen jedoch nicht von alleine, sie entstehen nur in der konkreten Praxis. Es stellt sich somit die Frage, wie solche Kooperationsbeziehungen auf regionaler Ebene initiiert werden können. Laut Damm und Lang (2002) spricht einiges dafür, dass die öffentliche Verwaltung dabei eine aktive Rolle einnimmt. So kann die Initiierung von Kooperationsbeziehungen als wesentliche Aufgabe der öffentlichen Verwaltung angesehen werden. Auf der Umsetzungsebene kann die öffentliche Verwaltung durch aktives Handeln politische Willensbildung anregen, Kooperationspartner vermitteln, Aktivitäten koordinieren, kommunizieren und vor Ort unterstützen. Besonders die für die Initiierung und Verselbständigung von Kooperationsbeziehungen in einer Region notwendigen Rahmenbedingungen und Ressourcen können durch die öffentliche Verwaltung bereitgestellt werden. Den Unternehmen kann mit einer aktiven Rolle der Verwaltung überdies signalisiert werden, dass ihre Beteiligung gewünscht wird und gesellschaftliches Engagement und bereichsübergreifende Kooperationen auch eine gesellschaftspolitische Bedeutung haben. *„Trotz der bislang noch relativ geringen praktischen Erfahrungen ist festzustellen, dass überall dort, wo die öffentliche Verwaltung bisher eine aktive Rolle spielte, auch die anderen Akteure nachhaltig motiviert wurden, Kooperationsaktivitäten zu entfalten."* (Damm & Lang 2002, S.78) Die Kooperation von Unternehmen und Gemeinweseninitiativen brauchen gemeinsame Anknüpfungspunkte, bei denen Interessen zusammenfließen und Handlungen umgesetzt werden können.

Das im nächsten Kapitel beschriebene Projekt Brückenschlag stellt einen Versuch der öffentlichen Verwaltung dar, gesellschaftliches Engagement von Unternehmen zu fördern, indem ein bereichsübergreifender Austausch von Unternehmen und Sozialinstitutionen initiiert wird.

4. Brückenschlag – Lernwelt Wirtschaft und Gesellschaft

Die Idee des Projekts Brückenschlag besteht darin, dass Führungskräfte aus Wirtschaftsunternehmen und sozialen Institutionen für eine Woche in den jeweils anderen Alltag wechseln und so eine Arbeitswelt jenseits des eigenen beruflichen Alltags kennen lernen. Drei Ziele werden dabei verfolgt:

1. Führungskräften aus Wirtschaftsunternehmen soll durch den Einsatz in einer sozialen Institution ein Lernfeld mit anderen Aufgaben und Anforderungen geboten werden, um auf diese Weise soziales Lernen und soziale Kompetenzen zu fördern.

2. Führungskräften aus sozialen Institutionen soll durch den Einsatz in einem Wirtschaftsunternehmen die Möglichkeit geboten werden, ihre unternehmerische Kompetenz zu verfeinern und im Hinblick auf die Anforderungen in ihrem Arbeitsbereich zu reflektieren.

3. Brückenschlag ist jedoch kein reines Weiterbildungsprogramm. Es soll den Austausch von zwei bisher getrennten Welten eröffnen und Türöffner für die Thematik Corporate Citizenship sein, ein erster Schritt zur verstärkten Verankerung von Unternehmen als „Bürger" unserer Gesellschaft. Das heißt, längerfristig soll durch das Projekt Brückenschlag das bürgerschaftliche Engagement von Unternehmen und deren Mitarbeitern initiiert und gefördert werden (Strele 2003; Büro für Zukunftsfragen 2004).

Ins Leben gerufen wurde das Projekt im Mai 2002 vom Büro für Zukunftsfragen im Amt der Vorarlberger Landesregierung. Das Büro für Zukunftsfragen sieht seine Aufgaben in der Förderung nachhaltiger Entwicklungsprozesse durch Bevölkerungsbeteiligung sowie im Vernetzen unterschiedlicher Akteure und Initiieren von Modellprojekten mit strategischen und methodischen Mitteln, Erfahrung, Moderation und Beratung. Das heißt, es wird versucht, Strukturen aufzubauen, die das freiwillige Engagement von Bürgern fördern. Grund für diese Förderung ist die fortschreitende Vereinzelung und Fragmentierung der Gesellschaft und der vermutete Rückgang des sozialen Kapitals, der nicht nur eine individuelle, sondern auch eine gesellschaftspolitische Herausforderung darstellt. Dadurch besteht auch ein großes Interesse, das bürgerschaftliche Engagement von Unternehmen zu fördern. Brückenschlag bietet die Möglichkeit Unternehmen in ein solches Engagement einzubinden. Denn wenn sich Unternehmen und ihre Mitarbeiter für soziale Probleme im Gemeinwesen interessieren und engagieren, erhofft sich das Büro für Zukunftsfragen eine positive Wirkung auf das soziale Kapital, individuell aber auch kollektiv (Strele 2003).

In Abbildung 2 ist die Organisationsstruktur des Projekts Brückenschlag ersichtlich: Das Büro für Zukunftsfragen nimmt die Rolle des Initiators und Finanzgebers ein. Für die Beratung und Unterstützung wurde ein fünfköpfiger Beirat gegründet mit erfahrenen Experten aus den Bereichen Politik, Soziales und Wirtschaft. Operativ umgesetzt wird das Projekt Brückenschlag durch eine Unternehmensberatung.

Büro für Zukunftsfragen
Amt der Vorarlberger Landesregierung:
Initiator und Finanzgeber

Projektbeirat:
Beratung und Unterstützung

Unternehmensberatung:
Umsetzung des Projekts, Projekt- und Prozessmanagement

Abbildung 2: Organisationsstruktur

Das Programm besteht aus drei Teilen – Vorbereitung, Einsatz und Abschluss. In einem vorbereitenden halbtägigen Workshop lernen sich die Teilnehmer aus der Wirtschaft und aus den sozialen Einrichtungen kennen. Nach einer allgemeinen Einführung und der Vorstellung der möglichen Einsatzorte haben die Teilnehmer die Möglichkeit, im Rahmen eines „Marktplatzes" die Einsatzorte genauer kennen zu lernen und einen ersten Kontakt mit den Betreuern der jeweiligen Einsatzorte herzustellen. Die Teilnehmer lernen dadurch die unterschiedlichen Arbeits- und Aufgabenfelder kennen und können in Gesprächen mit den Betreuern Erwartungen und Anforderungen abklären. Mit Hilfe eines moderierten Verfahrens wird ein Austausch- und Verständigungsprozess initiiert, um eine möglichst gute Übereinstimmung der Interessen zu gewährleisten. Sind die konkreten Einsatzorte geklärt, schließen beide Seiten individuelle inhaltliche und zeitliche Vereinbarungen über den genauen Ablauf des Einsatzes ab. Der zweite Teil besteht aus dem eigentlichen Einsatz in einer sozialen Institution oder einem Wirtschaftsunternehmen. Die Dauer beträgt fünf Tage und sollte sich mindestens über vier zusammenhängende Tage erstrecken. Während der ganzen Zeit des Einsatzes steht allen Teilnehmern eine Begleitperson aus der jeweiligen Institution oder dem jeweiligen Unternehmen zur Verfügung. Haben alle Teilnehmer ihren Einsatz absolviert, treffen sie sich zu einem gemeinsamen Abschluss-Workshop. Nach einem allgemeinen Seminarteil zu unterschiedlichen Transfermöglichkeiten werden die Erfahrungen und Erlebnisse der Teilnehmer und Begleiter ausgetauscht und reflektiert.

In den Jahren 2002 und 2003 nahmen jeweils acht Führungskräfte aus Unternehmen an diesem Programm teil und verbrachten einige Tage in einer sozialen Institution ihrer Wahl. Vertreter sozialer Institutionen haben erst seit 2004 die Möglichkeit in Wirtschaftsunternehmen zu wechseln. Dieses Angebot nahmen zehn Interessierte an.

4.1. Vergleichbare Initiativen

SeitenWechsel

Das wohl bekannteste vergleichbare Programm ist SeitenWechsel. Es ist 1995 in der Schweiz entstanden und seither wechselten über 1.300 Führungskräfte aus der Wirtschaft in soziale Institutionen. SeitenWechsel hat sich in einigen großen Schweizer Unternehmen als fester Bestandteil der Personalentwicklung etabliert. Im Jahr 2000 wurde das Programm auf Deutschland ausgeweitet, wo seither über 330 Führungskräfte teilgenommen haben. Das Grundmodell von SeitenWechsel sieht nur einen einseitigen Einsatz von Führungskräften in sozialen Institutionen vor. Aufgrund des immer stärker werdenden Wunsches nach einem Wechsel in die Gegenrichtung gibt es seit 2002 auch Einsatzmöglichkeiten in der Wirtschaft. SeitenWechsel distanziert sich jedoch ausdrücklich vom Konzept Corporate Citizenship und Corporate Volunteering und sieht sich ausschließlich als Weiterbildungsprogramm. Allerdings unter folgender Annahme: *„Wenn ein Mensch zielgerichtet für eine bestimmte Rolle lernt, im Falle des Seitenwechsels ist es die Rolle als Vorgesetzter, so wird er das Gelernte auch für andere soziale Rollen fruchtbar machen. Dieses Phänomen können wir beim SeitenWechsel beobachten und feststellen, dass Führungskräfte offensichtlich nicht nur die Rolle als Vorgesetzte im Unternehmen weiterentwickeln, sondern das auch auf die Rolle des Bürgers, der Bürgerin ausdehnen. Es ist daher zu erwarten, dass SeitenWechsler sich auch vermehrt für andere Fragen des Gemeinwesens interessieren werden."* (Ammann 2003, S.26) Es wurden insgesamt 660 Einsätze hinsichtlich des Nutzens aller Beteiligten evaluiert. Die Einschätzung des persönlichen Nutzens der Führungskräfte ist mit Abstand am höchsten, der Nutzen für das Wirtschaftsunternehmen und die Sozialinstitution fällt in der Bewertung deutlich geringer aus. Der größte persönliche Nutzen liegt laut Evaluation darin, einen „Einblick zu gewinnen". Interessant erscheint das Ergebnis in Bezug auf die Zielsetzung von SeitenWechsel. Die Beteiligten sehen SeitenWechsel als ein Instrument zur Förderung des sozialen Bewusstseins und der sozialen Verantwortung der Unternehmen. Erstaunlich wenig Wert wird auf den Wissenstransfer und den Aspekt Weiterbildung gelegt (Ettlin, Meier-Dallach & Walter 2003).

Switch

Switch wurde 1999 erstmals mit vier Führungskräften der Siemens AG München zusammen mit dem Sozialreferat der Landeshauptstadt München durchgeführt. Switch sieht sich als eine *„Antwort auf die komplexen Anforderungen sozialen Lernens und der aktiven Gestaltung des Berufslebens"* (Mutz & Korfmacher 2000, S.4). Es sieht sich nicht nur als reines Weiterbildungsprogramm, sondern ist eingebettet in ein umfassendes Corporate Social Responsibility Konzept. Das heißt, langfristig wird das Ziel verfolgt, das bürgerschaftliche Engagement der Mitarbeiter zu fördern. Der Wechsel ist jedoch nur in eine Richtung möglich – in soziale Institutionen. Die Evaluation bezieht sich ausschließlich auf die unmittelbaren Erfahrungen der Teilnehmer, allenfalls noch auf das weiterführende intendierte Engagement. Bis heute hat Switch in Deutschland keine allzu große Verbreitung gefunden.

Mehrwert – Agentur für soziales Lernen GmbH

Mehrwert ist eine gemeinnützige Agentur für soziales Lernen in Stuttgart. Sie sieht ihre Aufgabe darin, unterschiedliche Lernwelten zu verbinden und neue Lernpartnerschaften zu fördern. Im Rahmen von Modellprojekten wurden Lernarrangements zur gezielten Förderung sozialen Lernens entwickelt und in unterschiedlichen Settings - Schule, Betrieb, Jugendarbeit - implementiert. Mehrwert bietet unterschiedliche Angebote an, darunter „Key" und „Blickwechsel". „Key" bietet Lehrlingen die Möglichkeit, eine Woche in einer sozialen Institution zu arbeiten, um dort Schlüsselqualifikationen für die betriebliche Ausbildung zu erwerben. „Blickwechsel" bietet Führungskräften aus Wirtschaftsunternehmen die Möglichkeit eines Einsatzes in einer sozialen Institution. Die Agentur Mehrwert sieht speziell dieses Angebot eingebettet in das Konzept Corporate Citizenship. Soziale Institutionen haben keine Möglichkeit in die Wirtschaft zu wechseln. Sie erhalten allerdings von Seiten der Agentur Unterstützung durch begleitendes Projektmanagement und Coaching. Hinsichtlich der Evaluation wurden 408 Teilnehmer aus 21 Projekten mit Hilfe eines Fragebogens schriftlich befragt. Zusätzlich wurden Tagebücher und Praktikumsberichte ausgewertet. Bei der Zielgruppe handelt es sich jedoch ausschließlich um Jugendliche und junge Erwachsene bis 24 Jahre. Über die Hälfte der Befragten war zwischen 13 und 15 Jahre alt. Der inhaltliche Schwerpunkt der Evaluation liegt auf den persönlichen Erfahrungen der Teilnehmer und dem sozialen Lernen. Eine Frage griff das Thema weiterführendes Engagement auf. Rund die Hälfte der Jugendlichen zeigt Interesse an weiteren Treffen mit den Begleitern und Klienten der Sozialinstitution, auch nach Abschluss der Projekttage. Ob und wie dieses Interesse in konkretes gesellschaftliches Engagement umgesetzt wird, bleibt jedoch offen (Keppler, Leitmann & Ripplinger 1999). Ergebnisse zur Frage Corporate Citizenship liegen keine vor.

5. Zusammenfassung und Fragestellung der Untersuchung

Es bleibt die Frage, was denn ein Programm wie Brückenschlag über den individuellen Nutzen der Beteiligten hinaus für die die Institutionen, die Unternehmen und die Gesellschaft bewirkt. Darüber gibt es kein endgültiges Wissen. Die statistischen Trends liefern zwar Hinweise, aber die Einschätzungen dieser Wirkungen sind unterschiedlich.

In der Literatur werden Corporate Volunteering Programme wie Brückenschlag immer wieder als mögliche Türöffner für Corporate Citizenship Aktivitäten genannt (Ammann 2003; Habisch 2003; Keppler, Leitmann & Ripplinger 1999; Mutz 2002a; Mutz & Korfmacher 2003), wobei die Teilnehmer meist den Wunsch äußern, mit den sozialen Einrichtungen in Kontakt zu bleiben mit dem Vorsatz, sich weiter zu engagieren. Inwieweit aus diesen Vorsätzen allerdings tatsächlich gesellschaftliches Engagement seitens der Unternehmen erwächst, ist unklar.

Ziel der vorliegenden Studie ist die Evaluation des Projekts Brückenschlag, wobei das erkenntnisleitende wissenschaftliche Interesse in der Frage liegt, ob und in welcher Form durch das Projekt Brückenschlag gesellschaftliches Engagement von Unternehmen entsteht. Es wird untersucht, ob neben Auswirkungen auf der individuellen Ebene auch längerfristige Auswirkungen zu verzeichnen sind, dahingehend, dass Kooperationen zwischen Unternehmen und sozialen Institutionen entstehen.

„Wer diese Fragen beantwortet haben will, muss Abschied nehmen von naiven Einstufungen auf der Ja-Nein-Skala." (Meier-Dallach & Altorfer 2003, S.245)

Diese Voraussetzungen legen ein feld- und prozessorientiertes Vorgehen nahe, das den einzelnen Akteur sowie die Interaktion zwischen den Akteuren in gleicher Weise zum Gegenstand hat. Es ist somit notwendig, die Prozesse zwischen den beteiligten Unternehmern und Sozialinstitutionen, insbesondere die Interaktion zwischen den dort handelnden Personen, zu untersuchen. Nur über eine Beschreibung des tatsächlichen Geschehens und über die darauf bezogenen Deutungen der beteiligten Akteure kann es gelingen, zentrale Strukturen der Auseinandersetzung zu entschlüsseln. Auf vorgefasste Hypothesen über den zu untersuchenden Gegenstand wird aus folgendem Grund verzichtet: *„Da die Dynamik der Veränderungen gerade der Auslöser für das geteilte Erkenntnisinteresse ist, würde man sich durch ein Beharren auf vorgefassten Konzepten die Sicht auf die Realität im Wandel versperren."* (Dick 1996, S.60) Selbstverständlich sollte aber das theoretische Vorwissen genutzt werden, was in Form eines sensibilisierenden Konzepts (Blumer

1980) möglich ist. Es stellt ein Wahrnehmungsfilter dar, durch den der Forscher seine Aufmerksamkeit auf diejenigen Aspekte des sozialen Felds lenkt, in der er relevante Informationen vermutet. Das sensibilisierende Konzept der vorliegenden Studie ist in Abbildung 3 dargestellt.

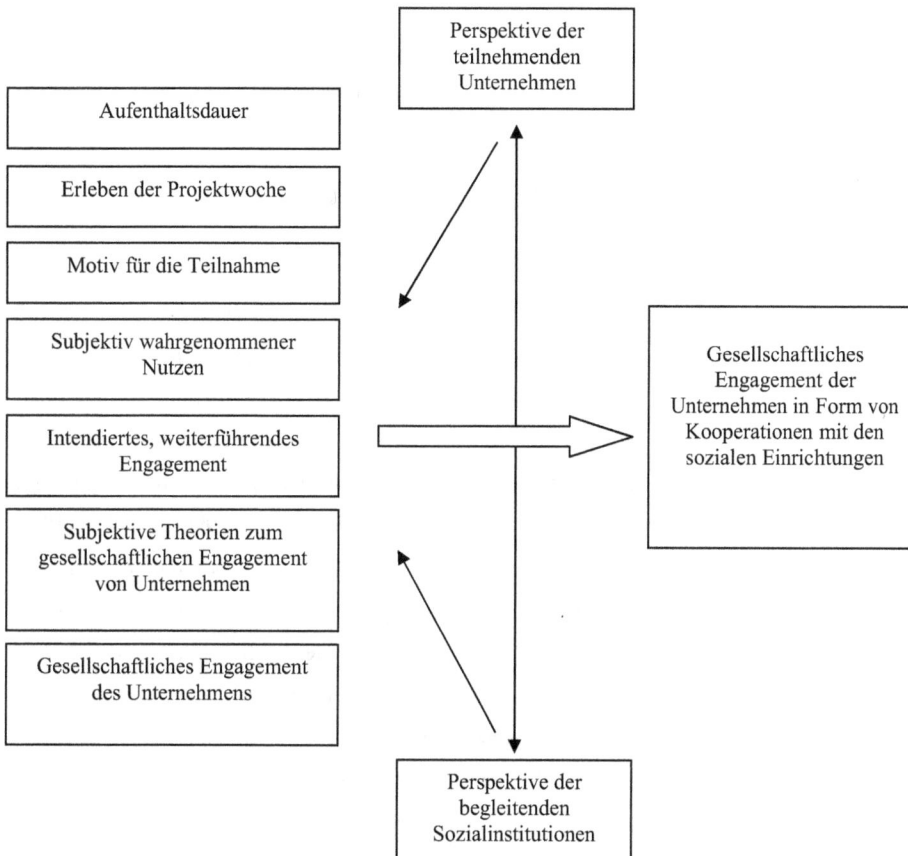

Abbildung 3: Sensibilisierendes Konzept

Es wird davon ausgegangen, dass es unterschiedliche Faktoren gibt, die das Entstehen von Kooperationsbeziehungen zwischen Unternehmen und Sozialinstitutionen beeinflussen. Diese Faktoren werden aber von den beteiligten Akteuren unterschiedlich wahrgenommen. Das heißt, neben der Sichtweise der teilnehmenden Unternehmen ist aber auch die Sichtweise der betreuenden Sozialinstitutionen für die Fragestellung zentral. Es wird versucht, über den Ansatz sozialer Repräsentationen die Gemeinsamkeiten und Unterschiede zwischen den Teilnehmern aus der Wirtschaft und dem Sozialbereich herauszuarbeiten. Soziale Repräsentationen umfassen das Wissen der Gesellschaft über soziale Sachverhalte in Form von Werten, Normen, Attitüden und Wissen. Sie entwickeln sich in geschichtlichen Prozessen und finden ihren Niederschlag in Handlungen. Für eine Gruppe übernehmen soziale Repräsentationen die Funktion der Abgrenzung von anderen Gruppen, der Konstruktion einer geteilten sozialen Realität und der Organisation von Gruppenhandeln durch gemeinsame Bezüge (Thommen et al. 1988).

Nun zu den Aspekten selber: Mit Bezug auf das Projekt Brückenschlag werden fünf Aspekte als relevant erachtet: Die Aufenthaltsdauer, das Erleben der Projektwoche, die Motive, die zur Teilnahme führten, der subjektiv wahrgenommene Nutzen sowie das zum Abschluss der Projektwoche bereits intendierte, weiterführende Engagement.

Weiters wird den subjektiven Theorien der Akteure zum Thema gesellschaftliches Engagement von Unternehmen eine zentrale Rolle beigemessen. Als subjektive Theorien werden *„relativ überdauernde (im Langzeitgedächtnis gespeicherte), d.h. nicht kurzfristigen Schwankungen unterworfene – wenngleich durchaus veränderbare – mentale Strukturen und Wissensbestände"* bezeichnet (Dann 1983, S.80) Diese komplexen Kognitionen über uns selbst und die Welt sind als subjektive Theorien Bestandteil unseres Wissens. Subjektive Theorien erfüllen als Konstruktion über Wirklichkeit analoge Funktionen wie wissenschaftliche Theorien (Dick 1996). Laucken (1974) und Groeben und Scheele (1977, S.22) verstehen den Menschen als *„Hypothesen generierendes und prüfendes Subjekt"*, das sich vom Bild des Wissenschaftlers nicht besonders unterscheidet. Die subjektiven Theorien der Teilnehmer spielen in der Konzeption der vorliegenden Studie deshalb eine Rolle, weil sie Einfluss auf die Wahrnehmung von Situationen nehmen, auf deren Bewertung und die weitere Handlungsplanung. Das heißt, subjektive Theorien werden auch handlungswirksam. Für die vorliegende Studie stellt sich somit die Frage, was die Akteure überhaupt unter dem Thema Corporate Citizenship verstehen und welche Bedeutung sie ihm beimessen.

Als letzter Aspekt wird das bereits stattfindende, gesellschaftliche Engagement der teilnehmenden Unternehmen als für die Fragestellung relevant erachtet. Das heißt, es geht um die Frage, in welcher Form und mit welchen Erwartungen sich Unternehmen bereits gesellschaftlich engagieren und welche Hindernisse damit verbunden sind.

Die Herausforderung besteht nun darin, neue Hypothesen und Erkenntnisse zu gewinnen, die Handlungsorientierungen geben und Strukturen im sozialen Feld angemessen gestalten helfen.

Aufgrund der eben skizzierten Fragestellung ergeben sich zwei methodische Implikationen, die die vorliegende Studie von anderen Evaluationsstudien zu diesem Thema abgrenzen. Zum einen ein

Follow-up Design, zum anderen die kombinierte Auswertungsstrategie aus psychoanalytisch orientierter Tiefenhermeneutik und inhaltsanalytischer Zusammenfassung. Durch das Follow-up Design wird die Erfassung der tatsächlich entstandenen Kooperationen jenseits des intendierten Engagements gewährleistet. Durch den Zugang der psychoanalytisch orientierten Tiefenhermeneutik werden der Erlebniszusammenhang sowie die konkreten Sinnbezüge, in denen eine Äußerung steht, beibehalten. Die subjektiv erlebten Erfahrungsfelder der Akteure, sowie die verdrängten Sinngehalte können dadurch rekonstruiert werden und liefern eine gänzlich neue Perspektive auf das Themenfeld „gesellschaftliches Engagement von Unternehmen". Durch die Rekonstruktion der Perspektiven der Subjekte wird ein Verstehen der komplexen Wirkungszusammenhänge angestrebt. Die Auswirkungen der Projektwoche Brückenschlag im Sinne des entstandenen gesellschaftlichen Engagements von Unternehmen werden inhaltsanalytisch zusammenfassend analysiert. Eine systematische Zusammenfassung, bei der das Material zwar reduziert wird, die wesentlichen Inhalte jedoch erhalten bleiben, erscheint in dieser Auswertungsphase der Fragestellung angemessen. Aber auch in dieser Analysephase werden einzelne Sequenzen, bei denen sich eine Diskrepanz zwischen inhaltlicher Äußerung und subjektivem Erleben zeigt, zusätzlich tiefenhermeneutisch ausgewertet, um neben der logischen Ebene eine zusätzliche Sinnebene des Verstehens einzubringen. Durch die kombinierte Auswertungsstrategie werden die Komplexität und der Kontext erhalten, zugleich kann das Material aber zusammengefasst werden.

Im folgenden Kapitel wird das methodische Vorgehen detailliert dargestellt.

II METHODIK

6. Methodologie

6.1. Qualitative Sozialforschung

Qualitative Forschung hat den Anspruch, Wirklichkeit nicht einfach abzubilden, sondern Lebenswelten aus Sicht der handelnden Menschen zu beschreiben. Dieser Anspruch entwickelte sich als eine Folge des sozialen Wandels, der zu einer neuen Vielfalt von Lebenswelten, sozialen Kontexten und Perspektiven führte (Flick 2002). Der quantitativen Forschung mit ihrer deduktiven Vorgehensweise waren hier Grenzen gesetzt. Vermehrt sind Forschungsstrategien gefragt, die zuerst eine genaue Beschreibung des Gegenstands, sprich der sozialen Zusammenhänge, liefern und dabei die Sichtweisen der beteiligten Subjekte berücksichtigt (Mayring 2002).

Unter dem Begriff qualitative Forschung lassen sich unterschiedliche Forschungsansätze, theoretische Annahmen sowie methodische Zugänge subsumieren. Flick et al. (1995, S.7) versucht in seiner Definition den „kleinsten gemeinsamen Nenner qualitativer Forschung" zu bestimmen: *„Der kleinste gemeinsame Nenner der qualitativen Forschungstradition lässt sich vielleicht wie folgt bestimmen: Qualitative Forschung hat ihren Ausgangspunkt im Versuch eines vorrangig deutenden und sinnverstehenden Zugangs zu der interaktiv 'hergestellt' und in sprachlichen wie nichtsprachlichen Symbolen repräsentiert gedachten sozialen Wirklichkeit. Sie bemüht sich dabei, ein möglichst detailliertes und vollständiges Bild der zu erschließenden Wirklichkeitsausschnitte zu liefern. Dabei vermeidet sie so weit wie möglich, bereits durch rein methodische Vorentscheidungen den Bereich möglicher Erfahrungen einzuschränken oder rationalistisch zu 'halbieren'. Die bewusste Wahrnehmung und Einbeziehung des Forschers und der Kommunikation mit den 'Beforschten' als konstitutives Element des Erkenntnisprozesses ist eine zusätzliche, allen qualitativen Ansätzen gemeinsame Eigenschaft. "*

Aus dieser Definition lassen sich die vier wesentlichsten Kennzeichen qualitativer Forschung ableiten:

1. Gegenstandsangemessenheit von Methoden und Theorien
Bedingt durch die hohe Komplexität und Differenziertheit lassen sich Phänomene der sozialen Realität oft nicht durch isolierte, eindeutige Ursache-Wirkungszusammenhänge erklären. In der qualitativen Forschung wird der zu untersuchende Gegenstand nicht danach beurteilt, ob er zu den

zur Verfügung stehenden Methoden passt, sondern der Forschungsprozess wird dem Gegenstand gegenüber so offen gehalten, dass Änderungen der Theorie, der Hypothesen und auch der Methoden möglich sind. Methoden werden so offen gestaltet, dass sie dem untersuchten Gegenstand gerecht werden (Flick 2002, Mayring 2003). Die Methoden und Theorien werden der Eigenart und Qualität des zu untersuchenden Gegenstands angepasst. In der qualitativen Forschung herrscht laut Lamnek (1995a, S.12) nicht das „Primat der Methode über die Sache", sondern der zu untersuchende Gegenstand sowie die Forschungsfragestellung bilden den Bezugspunkt für die Auswahl und Bewertung von Methoden (Flick, Kardoff & Steinke 2003). Trotz dieser Offenheit des Forschungsprozesses fordert Mayring (2003) die Methodenkontrolle. Das heißt, der Forschungsprozess muss methodisch kontrolliert ablaufen, die einzelnen Verfahrensschritte müssen expliziert und dokumentiert werden und nach begründeten Regeln ablaufen.

2. Perspektiven der Beteiligten und ihre Vielschichtigkeit

Qualitative Forschung verdeutlicht die Unterschiedlichkeit der Perspektiven auf den Gegenstand und setzt an den subjektiven und sozialen Bedeutungen, die mit ihm verknüpft sind, an (Flick 2002). Die Forscherperspektive darf laut Lamnek (1995a, S.16) nicht als *„Oktroy"* gesehen werden. *„[...] die Sicht der Wirklichkeit ist perspektivenabhängig und mit dem Wechsel der Perspektive ändert sich auch das, was als wirklich gilt."* (Lamnek 1995a, S.23)

3. Reflexivität des Forschers und der Forschung

Bei qualitativen Methoden wird die Kommunikation des Forschers mit dem jeweiligen Feld und den Beteiligten zum expliziten Bestandteil der Erkenntnis. Es wird nicht versucht, sie als Störvariable so weit wie möglich auszuschließen. Die Subjektivität von Untersuchten und Untersucher wird zum Bestandteil des Forschungsprozesses. Die Beziehung zwischen Forscher und Beforschtem ist nicht nur eine kommunikative, sondern auch eine reflexive. Die Reflexion des Forschers über seine Handlungen und Beobachtungen im Feld, seine Eindrücke, Irritationen, Einflüsse, Gefühle usw. werden zu Daten, die in die Interpretation einfließen (Flick, 2002). Diese reflektierte Einstellung des Forschers ist die Voraussetzung, um auf neue Konstellationen oder unerwartete Situationen im Forschungsprozess zu reagieren (Lamnek 1995a).

4. Spektrum der Ansätze und Methoden qualitativer Forschung

Qualitative Forschung zeichnet sich dadurch aus, dass es nicht die Methode gibt, sondern ein methodisches Spektrum, sowie unterschiedliche theoretische Ansätze, die je nach Forschungsfragestellung ausgewählt werden können (Flick, Kardoff & Steinke 2003).

Die wissenschaftstheoretischen Bezugspunkte qualitativer Forschung werden erstens in den Traditionen des symbolischen Interaktionismus und der Phänomenologie, die eher subjektiven Bedeutungen und individuellen Sinnzuschreibungen nachgehen, gesucht. Zum zentralen Ansatzpunkt dieser Forschung werden die unterschiedlichen Arten, mit denen Personen Ereignisse, Erfahrungen oder Gegenstände mit Bedeutung versehen. Die Rekonstruktion dieser subjektiven Sichtweisen wird zum Instrument der Analyse sozialer Welten. Zweitens in der Ethnomethodologie und im Konstruktivismus, die an den Routinen des Alltagshandelns interessiert sind, weniger an den bewusst wahrgenommenen und mit Bedeutung versehenen Ereignissen. Sie fragen nach der Art und Weise, wie Menschen in interaktiven Prozessen soziale Wirklichkeit herstellen. Einen dritten Bezugspunkt bilden die strukturalistischen oder psychoanalytischen Positionen, die von der Annahme latenter Konfigurationen sowie von unbewussten psychischen Strukturen und Mechanismen ausgehen (Flick, Kardoff & Steinke 2003; Flick 2002; Lamnek 1995a; Mayer 2002; Flick et al. 1995).

Diese Positionen lassen sich als unterschiedliche Zugangsweisen zum untersuchten Phänomen verstehen. Die einzelnen Positionen können Ausschnitte des Phänomens erschließen, gleichzeitig aber auch andere Ausschnitte ausschließen. Von diesem Verständnis ausgehend werden in der qualitativen Forschung unterschiedliche Forschungsperspektiven miteinander kombiniert und ergänzt.

Trotz der Heterogenität dieser unterschiedlichen Positionen lassen sich doch Gemeinsamkeiten festhalten, die vier weitere Kennzeichen qualitativer Forschung bilden.

1. Verstehen als Erkenntnisprinzip
Das Erkenntnisprinzip qualitativer Forschung ist das Verstehen von komplexen Zusammenhängen und nicht die Erklärung durch Isolierung einzelner Ursache-Wirkungs-Beziehungen. Verstehen gelingt erst durch den Nachvollzug der Perspektive des anderen, das heißt, die Sicht der Subjekte wird zum zentralen Element (Flick, Kardoff & Steinke 2003; Flick 2002).

2. Fallrekonstruktion als Ansatzpunkt
In der qualitativen Forschung wird am Einzelfall angesetzt, bevor zu vergleichenden bzw. verallgemeinernden Aussagen übergegangen wird (Mayring 2002).

3. Konstruktion von Wirklichkeit als Grundlage

Wirklichkeit ist in der qualitativen Forschung nicht vorgegeben, sondern wird von den Subjekten konstruiert. Durch ihre Sicht auf bestimmte Phänomene konstruieren sie einen Ausschnitt ihrer Wirklichkeit (Flick 2002).

4. Text als empirisches Material

Grundlage empirischer Analysen stellen Texte dar, die im Zuge der Rekonstruktion von Fällen produziert werden (Flick, Kardoff & Steinke 2003).

6.2. Qualitative Evaluationsforschung

„Qualitative Evaluationsforschung will Praxisveränderungen wissenschaftlich begleiten und auf ihre Wirksamkeit hin einschätzen, indem die ablaufenden Praxisprozesse offen, einzelfallintensiv und subjektorientiert beschrieben werden." (Mayring 2002, S.63)

Evaluation ist meist gebundene Auftragsforschung. Das heißt, die Fragestellung ist größtenteils bereits vorgegeben und der zeitliche Rahmen abgesteckt. Ihr Handlungsfeld ist von unterschiedlichen Interessenslagen und Machtansprüchen geprägt, sodass sie *„unvermeidlich mit gesellschaftlichen Problemlagen, Konjunkturen, Politiken und deren Auswirkungen konfrontiert und in sie verwickelt"* wird (Kardoff 2003, S.239). Damit ist Evaluation auch nur begrenzt offen. Sie ist von Zielen und Rahmenbedingung der Auftraggeber bestimmt, steht unter Ergebniszwang und Zeitdruck. Die Praxis zeichnet sich deshalb durch ein hohes Maß an Pragmatismus aus. Die Evaluation wird meist selbst zu einem Moment der Veränderung, sodass es passieren kann, dass die Tatsache und der Prozess der Evaluation häufig größeres Gewicht haben als die Ergebnisse selbst. Für Guba und Lincoln (1989) ist das Wirklichkeitsverständnis in der qualitativen Evaluationsforschung ein konstruktivistisches. Soziale Wirklichkeit ist das Ergebnis kommunikativ und interaktiv ausgehandelter Strukturen, die sich in Deutungsmustern, Diskursen, sozialen Repräsentationen und Handlungsmustern niederschlagen. Die soziale Wirklichkeit wird folglich in der qualitativen Evaluationsforschung aus Sicht der unterschiedlichen Rollen und Positionen der Beteiligten unter Einbeziehung deren subjektiver Theorien nachgezeichnet. Die Beteiligten werden als handelnde Subjekte und nicht als auf Interventionen reagierende Objekte verstanden. So verstanden folgt qualitative Evaluationforschung dem interpretativen Paradigma (Wilson 1973). Zur Überprüfung der Interpretationen ist die Kommunikation mit den Beteiligten von großer Bedeutung.

Als besonderes Merkmal nennt Kardoff (2003) zunächst die Spezifität qualitativer Evaluationsforschung. Das heißt, es geht um projektbezogene, meist lokal begrenzte, dennoch wissenschaftlich fundierte Aussagen und Stellungnahmen und nicht vorrangig um die Entwicklung genereller Theorien. Ein besonderes Problem dieser Forschungsmethode stellt die Präsentation der Forschungsergebnisse dar, die in der Auftragsforschung rechtlich Eigentum des Auftraggebers sind. Da die Ergebnisse gesellschaftlich und politisch umstrittene Themen berühren können, haben Auftraggeber teils Interesse an einer bestimmten Darstellung der Ergebnisse. Neben der Verpflichtung zur Wissenschaftlichkeit, zum Datenschutz und zur Verantwortung gegenüber den Untersuchten sieht Kardoff (2003, S.248) vor allem Fragen der Fairness, der Offenheit und die Verpflichtung zur Öffentlichkeit berührt, aber auch Aspekt der Parteilichkeit für nicht berücksichtigte Interessen. *„Damit wird die Rolle des Begleitforschers zu einem schwierigen Balanceakt, der bereits beim Einstieg ins Feld und dem oft schwierigen Aufbau eines akzeptierenden Vertrauensverhältnisses beginnt und erst mit Aushandlungsprozessen über Inhalte und Formen der Darstellung endet.“*

Bei der vorliegenden Studie handelt es sich um eine drittmittelfinanzierte Auftragsforschung. Auftraggeber ist das Büro für Zukunftsfragen im Amt der Vorarlberger Landesregierung. Es handelt sich dabei um den Initiator und Finanzgeber des Projekts Brückenschlag. Die Laufzeit erstreckte sich von Mai 2003 bis Dezember 2004.

Die eben genannten Merkmale und Besonderheiten der qualitativen Evaluationsforschung werden im Kapitel 7.5. für die vorliegende Studie reflektiert.

6.3. Gütekriterien qualitativer Sozialforschung

Gütekriterien stellen die Qualität wissenschaftlicher Erkenntnisgewinnung sicher. Anders als in der quantitativen Forschung gibt es in der qualitativen Forschung unterschiedliche Standpunkte zu den Qualitätskriterien. Neben der ursprünglichen Forderung, die Gütekriterien der quantitativen Forschung - Validität und Reliabilität - für die qualitative Forschung zu adaptieren, setzt sich zunehmend die Auffassung durch, dass quantitative Kriterien für die Bewertung qualitativer Forschung nicht geeignet sind (Lamnek 1995a; Mayring 2002). Steinke (1999) kommt in ihrer Arbeit zum Schluss, dass keines der Kriterien Objektivität, Reliabilität, Validität direkt auf qualitative Forschung transformierbar und für diese nutzbar ist.
„Da deren Grundannahmen kaum mit qualitativer Forschung vereinbar sind, ist es nicht gerechtfertigt, von ihr zu erwarten, dass sie den Kriterien quantitativer Forschung entsprechen

kann oder soll.“ (Steinke 2003, S.322) Flick (1999, S.239) merkt jedoch kritisch an, dass es nicht genügt, *„Interpretationen und Ergebnisse für den Leser dadurch transparent und nachvollziehbar zu machen, dass 'illustrative' Zitate aus Interviews [...] eingeflochten werden“.* Bedingt durch die unterschiedlichen wissenschaftstheoretischen und methodologischen Ansätze in der qualitativen Forschung gibt es auch keine allgemein verbindlichen Gütekriterien. Es gibt hierzu in der Literatur unterschiedlichste Vorschläge (Steinke 2003; Lamnek 1995a; Mayring 2002; Steinke 1999; Seale 1999; Flick 2002; Shaw 1999). Häufig diskutiert werden folgende drei:

1. Kommunikative Validierung

Bei der kommunikativen Validierung wird den Beforschten das Ergebnis nochmals vorgelegt und mit ihnen hinsichtlich seiner Gültigkeit diskutiert. Wenn sich die Beforschten in den Analyseergebnissen und Interpretationen wieder finden, kann dies ein wichtiges Argument zur Absicherung der Ergebnisse, vor allem der Rekonstruktion subjektiver Bedeutungen, sein.

2. Triangulation

„Wie bei einem Triangel erst die Verbindung der drei Seitenstäbe den Klang des Instruments ausmacht, so kann auch bei der qualitativen Forschung die Qualität der Forschung durch die Verbindung mehrerer Analysegänge vergrößert werden.“ (Mayring 2003, S.147) Bei der Triangulation handelt es sich um eine Validierungsstrategie, bei der der Forschungsgegenstand von mindestens zwei Punkten aus betrachtet wird. Durch den Einsatz komplementärer Methoden, Theorien, Daten oder Forscher in einer Untersuchung sollen Einseitigkeiten oder Verzerrungen, die einer Methode, Theorie, Datenbasis oder einem einzelnen Forscher anhaften, kompensiert werden (Banister 1994). Daraus abgeleitet lassen sich nach Denzin (2002) vier Formen der Triangulation unterscheiden:

- Daten-Triangulation

Diese Form der Triangulation betrifft sowohl Daten von unterschiedlichen Personen als auch Daten zu unterschiedlichen Zeitpunkten. Dadurch können die unterschiedlichen Positionen zum Untersuchungsgegenstand dargestellt, sowie eine Prozessentwicklung nachgezeichnet werden.

- Forscher-Triangulation

Bei dieser Form wird die Validität durch mehrere Forscher erhöht. Da dies aus finanziellen und zeitlichen Gründen oft nicht möglich ist, bleibt als Variante zumindest, den Forschungsverlauf und die Ergebnisse regelmäßig mit Forschungskollegen zu besprechen.

- Theorien-Triangulation

Den Ansatz verfolgend, dass verschiedene Realitäten existieren, geht der Forscher mit verschiedenen Theorien an ein Untersuchungsfeld heran.

- Methoden-Triangulation

Eine weitere Möglichkeit die Validität zu erhöhen, besteht darin, Informationen mit verschiedenen Methoden zu sammeln. Die Gefahr bei einer Untersuchung, die nur eine Methode verwendet, liegt darin, dass die Ergebnisse nur ein Artefakt der Methode sind (Banister 1994). Die Methoden-Triangulation sieht Denzin (2002) als zentrales Konzept an, sowohl „within-method" (innerhalb der Methode wie beispielsweise durch Variation des Abstraktionsgrades in einem Interview) als auch „between-method" (zwischen den Methoden wie beispielsweise die Kombination qualitativer und quantitativer Methoden).

Kritik an der Triangulation übt Flick (2003), indem er anmerkt, dass die Belastung für die Teilnehmer einer Untersuchung unzumutbar hoch wird, was die Gefahr von Ausfällen deutlich erhöht.

3. Intersubjektive Nachvollziehbarkeit durch Verfahrensdokumentation

Bei der quantitativen Forschung reicht meist der Hinweis auf die verwendeten Techniken und Messinstrumente aus, da diese ja standardisiert sind. In der qualitativ orientierten Forschung muss eine detaillierte Dokumentation des Forschungsprozesses erfolgen, um die Nachvollziehbarkeit für „Außenstehende" zu gewährleisten. Dies betrifft die Explikation des Vorverständnisses, Zusammenstellung des Analyseinstrumentariums, Durchführung und Auswertung der Datenerhebungen (Steinke 1999; Steinke 2003; Mayring 2002).

Steinke (1999, 2003) weist auf den scheinbaren Widerspruch zwischen allgemein verbindlichen Gütekriterien und qualitativer Forschung hin. *„Der gegenstands-, situations- und milieuabhängige Charakter qualitativer Forschung, die Vielzahl unterschiedlicher qualitativer Forschungsprogramme und die stark eingeschränkte Standardisierbarkeit methodischer Vorgehensweisen in diesem Bereich stehen eigentlich im Widerspruch zu der Idee, einen universellen, allgemein verbindlichen Kriterienkatalog zu formulieren."* (Steinke 2003, S.323) Gleichzeitig schlägt sie zur Minderung des Widerspruchs ein zweistufiges Verfahren vor. Sie formuliert im ersten Schritt breit angelegte Gütekriterien, so genannte Kernkriterien qualitativer Forschung, jedoch im Bewusstsein, dass diese Kernkriterien immer auch einen Bezug zur jeweiligen Fragestellung, Methode und Gegenstand aufweisen müssen. Folgende sieben Kernkriterien schlägt Steinke (2003) vor:

1. Intersubjektive Nachvollziehbarkeit

Der Anspruch nach intersubjektiver Überprüfbarkeit kann in der qualitativen Forschung nicht erhoben werden, sehr wohl aber nach intersubjektiver Nachvollziehbarkeit. Durch die schrittweise Dokumentation des Forschungsprozesses, die Interpretation in Gruppen sowie die Anwendung kodifizierter Verfahren kann sehr wohl eine Bewertung der Ergebnisse erfolgen.

2. Indikation des Forschungsprozesses

Abgeleitet vom Kennzeichen der Gegenstandangemessenheit qualitativer Forschung bedeutet Indikation die Beurteilung des gesamten Forschungsprozesses hinsichtlich seiner Angemessenheit. Diese bezieht sich auf das qualitative Vorgehen an sich, die Methodenwahl, die Transkriptionsregeln, die Samplingstrategie, die methodischen Einzelentscheidungen und die Bewertungskriterien.

3. Empirische Verankerung

Die Bildung und Überprüfung von Hypothesen bzw. Theorien sollte dicht an den Daten und auf der Basis systematischer Datenanalysen entwickelt werden. Die Theoriebildung ist so angelegt, dass die Möglichkeit besteht, Neues zu entdecken und theoretische Vorannahmen des Forschers in Frage zu stellen bzw. zu modifizieren.

4. Limitation

Diese Kriterium dient dazu, die Grenzen des Geltungsbereichs, sprich die Verallgemeinerbarkeit einer im Forschungsprozess entwickelten Theorie, herauszufinden und zu prüfen. Steinke (2003) schlägt hierfür die Technik der Fallkontrastierung sowie die Suche und Analyse abweichender, negativer und extremer Fälle vor.

5. Kohärenz

Die im Forschungsprozess entwickelte Theorie sollte in sich konsistent sein, Widersprüche sollten bearbeitet bzw. offen gelegt werden.

6. Relevanz

Dieses Kriterium bezieht sich auf die Beurteilung des pragmatischen Nutzens einer Theorie und ist für qualitative Forschung jenseits von Aktionsforschung und Evaluationsforschung wichtig.

7. Reflektierte Subjektivität

In der qualitativen Forschung ist der Forscher ein Teilelement der Forschung, seine Subjektivität wird integriert. Dies sollte jedoch methodisch reflektiert erfolgen. Reflektierte Subjektivität prüft, inwiefern die konstituierende Rolle des Forschers als Subjekt und als Teil der sozialen Welt, die er erforscht, möglichst weitgehend methodisch reflektiert in die Theoriebildung einbezogen wird.

Diese Kernkriterien sollten lediglich eine Orientierung in der qualitativen Forschung darstellen, die im zweiten Schritt untersuchungsspezifisch konkretisiert werden sollten. Das heißt, der Forscher prüft die Angemessenheit der Kernkriterien für jede Studie und modifiziert sie gegebenenfalls bzw. ergänzt sie durch weitere Kriterien. Abschließend sollte der Forscher die Kriterien, denen die Arbeit genügen soll, dokumentieren.

Legewie (1987) vertritt die Position, den logischen Grundgedanken der klassischen Gütekriterien sinngemäß auf qualitative Methoden anzuwenden. Darüber hinaus sollen aber auch eigenständige prozessorientierte Qualitätskriterien für qualitative Untersuchungen herangezogen werden. Für die Validierung von Interviewäußerungen hat Legewie (1987) auf der Basis der Theorie des kommunikativen Handelns von Habermas die Kriterien Verständlichkeit, Angemessenheit, Wahrheit und Aufrichtigkeit für die Beurteilung kommunikativer Äußerungen adaptiert. Die Beurteilung der Qualität qualitativer Methoden darf sich nicht allein auf die Ergebnisse einer Untersuchung beschränken, sondern muss den gesamten Prozess von der Planung über die Datenerhebung bis zur Dokumentation umfassen.

Die Gütekriterien, die für die vorliegende Studie definiert wurden, werden im folgenden Kapitel dokumentiert.

7. Methodisches Vorgehen

7.1. Auswahl und Beschreibung der Stichprobe

In der qualitativen Forschung interessiert sich der Forscher dafür, „dass" es bestimmte Prozesse gibt, „wie" diese verlaufen und „warum" sie so verlaufen (Hoff 1990, S.93). Die Größe der Stichprobe beschränkt sich durch das qualitative Vorgehen auf kleinere Untersuchungseinheiten, sie sollte jedoch groß genug sein, damit Vergleiche möglich sind und das Datenmaterial zu typischen Mustern verdichtet werden kann. (Lamnek 1995b). Nach Merkens (2003, S.291) *„muss gesichert werden, dass der Fall facettenreich erfasst wird"*. So sollten in die Stichprobe nicht nur günstige oder typische Fälle einbezogen werden, die den bisherigen Wissensstand bestätigen, sondern auch kritische oder extreme Fälle. Während im Rahmen einer quantitativen Studie wenige abweichende Fälle gleichsam untergehen oder statistisch als „Ausreißer" behandelt werden, können diese gerade innerhalb einer qualitativen Studie die Theorieentwicklung weiter vorantreiben. Glaser und Strauss (1998) entwickelten im Rahmen der Grounded Theory die Methode des theoretischen Samplings. Es handelt sich dabei um einen auf die Generierung von Theorien zielenden Prozess der Datenerhebung, das heißt, die Stichprobe kann auf der Basis des jeweils erreichten Erkenntnisstandes erweitert und ergänzt werden.

Die vorliegende Stichprobe besteht aus Beteiligten am Projekt Brückenschlag, vorrangig Teilnehmer aus der Wirtschaft sowie Begleiter aus Sozialinstitutionen.

Teilnehmer	2002	2003	Gesamt
Wirtschaft	8	8	16
Sozialinstitution	4	6	10

Tabelle 1: Anzahl der Teilnehmer am Projekt Brückenschlag in den Jahren 2002 und 2003

In den Jahren 2002 und 2003 nahmen insgesamt 16 Teilnehmer aus 14 Wirtschaftsunternehmen und 10 Begleiter aus Sozialinstitutionen teil. Es konnten alle am Projekt teilnehmenden 26 Personen mit Hilfe problemzentrierter Interviews befragt werden, das Interesse und die Bereitschaft zur Teilnahme waren somit durchwegs vorhanden.

Kategorie	Ausprägung	Wirtschaft	Sozialinstitution	Gesamt
Geschlecht	Männlich	14	7	21
	Weiblich	2	3	5
Alter	30 Jahre und jünger	1	1	2
	31 bis 40 Jahre	5	3	8
	41 bis 50 Jahre	6	5	11
	51 Jahre und älter	4	1	5
Leitende Funktion	Ja	16	8	24
	Nein	0	2	2

Tabelle 2: Deskriptive Beschreibung der Stichprobe „Problemzentrierte Interviews"

Von den insgesamt 26 Befragten sind nur 5 Frauen, zwei Teilnehmerinnen aus der Wirtschaft und drei Begleiterinnen aus Sozialinstitutionen. Von den Befragten aus der Wirtschaft haben alle eine leitende Funktion inne, 8 davon sind in der Geschäftsführung tätig. In den Sozialinstitutionen üben 8 der Befragten eine leitende Funktion aus in Form einer Stellenleitung. Aus der Wirtschaft waren folgende Branchen vertreten: 8 Unternehmen aus der Industrie, 3 Dienstleistungsunternehmen, jeweils ein Unternehmen aus den Branchen Baugewerbe, Handel sowie eine Interessensvertretung. Auf Seiten der Sozialinstitutionen waren folgenden Handlungsfelder vertreten: Außergerichtlicher Tatausgleich, Schuldenberatungsstelle, therapeutische Tageseinrichtung, niederschwellige Anlauf- und Beratungsstelle, Opferschutz, Arbeitsprojekt für Langzeitarbeitslose, Langzeittherapiestation für Drogenabhängige, Familienberatung, Beratungsstelle für Menschen mit Behinderung bzw. Beeinträchtigung, betreute Werkstätte für Menschen mit Behinderung.

Zusätzlich zu den 26 befragten Teilnehmern und Begleitern besteht die Stichprobe aus weiteren 6 Personen, die an einer Gruppendiskussion teilnahmen. Jede der 6 Personen kannte das Projekt, war aber nicht unmittelbar an der Umsetzung beteiligt. Bei der personellen Zusammensetzung der Diskussionsrunde wurde darauf geachtet, dass aus allen relevanten Bereichen – Wirtschaft, Sozialbereich, Politik – Vertreter anwesend sein konnten. Durch die Gruppendiskussion soll nochmals ein Blick von Außen auf die Ziele, Potentiale und Grenzen des Projekts Brückenschlag ermöglicht werden.

Wie in Tabelle 3 ersichtlich, nahmen aus jedem der Bereiche Wirtschaft, Sozialbereich und Politik zwei Personen an der Gruppendiskussion teil. Somit herrschte ein ausgewogenes Verhältnis zwischen den einzelnen Bereichen.

Kategorie	Ausprägung	Anzahl
Geschlecht	Männlich	5
	Weiblich	1
Alter	30 Jahre und jünger	0
	31 bis 40 Jahre	0
	41 bis 50 Jahre	3
	51 Jahre und älter	3
Bereich	Wirtschaft	2
	Sozialbereich	2
	Politik	2

Tabelle 3: Deskriptive Beschreibung der Stichprobe „Gruppendiskussion"

Allerdings nahm lediglich eine Frau aus dem Sozialbereich an der Diskussionsrunde teil. Bezogen auf die Funktionen der einzelnen Teilnehmer nahm der Auftraggeber und Finanzgeber des Projekts teil, drei Vertreter des Projektbeirats, die an der Initiierung und Entwicklung maßgeblich beteiligt waren, ein Vertreter aus dem Bereich Wirtschaftspolitik sowie ein Vertreter aus dem Bereich Weiterbildung Sozialmanagement.

Eingeladen, aber abgesagt haben ein Vertreter aus dem Bereich Sozialpolitik, der Projektleiter und ein Vertreter aus dem Projektbeirat.

Eine detaillierte Beschreibung der Teilnehmer ist aus Gründen der Anonymität nicht möglich. In Zusammenhang mit der Ergebnisdarstellung in Kapitel 8 wäre ein Rückschluss auf Einzelne möglich.

7.2. Datenerhebung

Aufgrund der komplexen Fragestellung wurde ein multimethodisches Forschungsdesign entwickelt, das qualitative problemzentrierte Interviews mit Kurzfragebögen sowie Gruppendiskussion mit Experten umfasst.

7.2.1. Problemzentrierte Interviews

Beim problemzentrierten Interview handelt es sich um eine offene, halbstrukturierte Befragung, die den Befragten möglichst frei zu Wort kommen lässt. Die Zentrierung erfolgt aber auf eine bestimmte Problemstellung, die der Interviewer einführt und auf die er immer wieder zurückkommmt. Die Problemstellung wird vom Interviewer bereits vorher analysiert und es werden bestimmte Aspekte erarbeitet, die in einem Interviewleitfaden zusammengestellt und im Gesprächsverlauf von ihm angesprochen werden (Witzel 1982, 1985). Ziel des problemzentrierten Interviews ist es, ein bestehendes wissenschaftliches Konzept durch die Äußerungen des Erzählenden zu modifizieren. Es handelt sich folglich um eine Kombination aus Deduktion und Induktion, mit der Möglichkeit, die Theorie jederzeit im Interview zu überprüfen und zu verändern. Problemzentrierte Interviews lassen sich für theoriegeleitete Forschung anwenden, wo spezifische Fragestellungen im Vordergrund stehen. Durch die teilweise Standardisierung des Leitfadens liegt der Vorteil in der Vergleichbarkeit mehrerer Interviews (Lamnek 1995b).

Nach Mayring (2002) liegen dem problemzentrierten Interview drei Gedanken zugrunde:

- Problemzentrierung:
Es wird an gesellschaftlichen Problemen angesetzt, deren wesentliche objektive Aspekte sich der Forscher vor der Interviewphase erarbeitet.
- Gegenstandsorientierung:
Die konkrete Gestaltung des Verfahrens muss auf den spezifischen Gegenstand bezogen sein und kann nicht in der Übernahme fertiger Instrumente bestehen.
- Prozessorientierung:
Die Analyse des wissenschaftlichen Problemfeldes erfolgt schrittweise durch Gewinnung und Prüfung von Daten, wobei sich der Zusammenhang und die Beschaffenheit der einzelnen Elemente prozesshaft ergeben.

Aufgrund der Fragestellung der vorliegenden Studie wurde ein Follow-up Design gewählt, das im Folgenden kurz skizziert wird. Insgesamt nahmen in den Jahren 2002 und 2003 16 Teilnehmer aus der Wirtschaft und 10 Begleiter aus Sozialinstitutionen am Projekt Brückenschlag teil. Pro Jahr waren es jeweils 8 Teilnehmer aus der Wirtschaft. Im Untersuchungsdesign sind zwei Befragungszeitpunkte beinhaltet: direkt nach Beendigung der Projektwoche sowie ein Jahr später. Bei den Teilnehmern und Begleitern aus dem Jahr 2003 konnte dieses Design realisiert werden. Lediglich ein Teilnehmer aus der Wirtschaft konnte beim zweiten Befragungszeitpunkt nicht mehr erreicht werden, der Ausfall ist somit als sehr gering zu bezeichnen. Aufgrund der Tatsache, dass der Evaluationsauftrag erst im Mai 2003 erfolgte, wurden die Teilnehmer und Begleiter aus dem Jahr 2002 nur zum zweiten Zeitpunkt – ein Jahr nach Beendigung der Projektwoche – befragt. Tabelle 4 gibt einen Überblick über die Aufteilung der Interviews:

		Befragungs-zeitpunkt 1	Befragungs-zeitpunkt 2	
Teilnehmer 2002	Wirtschaft	-	8	
	Sozialinstitution	-	4	
Teilnehmer 2003	Wirtschaft	8	7	
	Sozialinstitution	6	6	
Gesamtanzahl Interviews		14	25	39

Tabelle 4: Follow-up Design

Das Interview gliedert sich nach Lamnek (1995b) in vier Phasen: das Festlegen der Erzählstruktur und des Problembereichs, die allgemeine Sondierung durch Stimulierung des Gesprächs und Aufgreifen von Alltagselementen, die spezifische Sondierung des Gesprächs durch verständigungsgenerierendes Nachvollziehen und ad-hoc Fragen, in denen Themenbereiche angesprochen werden können, die von den Befragten nicht erwähnt wurden. Der Interviewleitfaden dient vor allem als *„Orientierungsrahmen und Gedächtnisstütze"* (Witzel 1985, S.236). Das heißt, es werden lediglich thematische Felder formuliert und mit Stichwörtern aufgefüllt.

Für die vorliegende Studie wurden zwei Interviewleitfäden entwickelt, für beide Befragungszeitpunkte unterschiedliche. Die inhaltliche Struktur wurde für beide Zielgruppen – Teilnehmer aus der Wirtschaft und Begleiter aus Sozialinstitutionen – gleich gestaltet, geringfügige Änderungen waren aus inhaltslogischer Sicht notwendig. Die Abweichungen sind in der Abbildung 4 kursiv gedruckt.

Befragungszeitpunkt 1 – direkt nach Beendigung der Projektwoche:

1. Einleitung

    Informationen zu Ziel und Inhalt des Interviews, Hinweis auf Anonymität, Erlaubnis zur Tonbandaufnahme

2. Reflexion der Projektwoche

    Motive, Nutzen

3. Intendiertes, zukünftiges Engagement

    Engagementformen, Ziele, Motive, notwendige Bedingungen von Seiten der Unternehmen und sozialer Institutionen, Hindernisse

4. Gesellschaftliches Engagement von Unternehmen

    Allgemein: Definition, Kriterien, Fallbeispiel

    Im befragten Unternehmen: Engagementformen, Ziele, Strategie

5. Beurteilung von Brückenschlag

    <u>Kurzfragebogen</u>: Dauerhaftigkeit, Wirkung, Zusammenarbeit, Kompetenz

    Brückenschlag zur Förderung des gesellschaftlichen Engagements von Unternehmen, Verbesserungsvorschläge

6. Rückmeldung in Bezug auf das Interview

Abbildung 4: Aufbau des Interviewleitfadens zum Befragungszeitpunkt 1

Der Interviewleitfaden gliedert sich in sechs Blöcke. In der Einleitung erhält der Befragte Informationen zum Ziel und Inhalt des Interviews. Fragen der Anonymisierung werden geklärt und die Erlaubnis zur Tonbandaufnahme eingeholt. Die Einstiegsfrage bezieht sich auf die Projektwoche Brückenschlag. Die Befragten werden aufgefordert, den Ablauf der Projektwoche zu schildern. Die Frage ist sehr offen formuliert mit dem Ziel, ins Thema zu finden. Die anschließenden Fragen beziehen sich auf die Motive zur Teilnahme sowie auf unterschiedliche Nutzenaspekte. Im dritten Block erfolgt der Übergang zum intendierten, zukünftigen Engagement. Es wird danach gefragt, ob die Befragten planen, sich weiterführend zu engagieren bzw. längerfristig eine Kooperation mit der Sozialeinrichtung einzugehen. In Form von ad-hoc Fragen wird auf die unterschiedlichen Engagementformen, die Motive und Erwartungen näher eingegangen. Weiters werden mögliche Hindernisse bzw. notwendige Bedingungen auf Seiten der Wirtschaft und Sozialinstitutionen für ein weiterführendes Engagement erfragt. Im vierten Block geht es um das Thema gesellschaftliches Engagement von Unternehmen. Den Befragten wird folgendes Fallbeispiel präsentiert: *„Ein Unternehmen wird von einem Fußballverein angefragt, ob es die bevorstehende Jugendmeisterschaft finanziell oder durch Sachspenden unterstützen würde. Das Unternehmen finanziert das Anliegen und spendet 2 Pokale und weitere Sachpreise."* Ausgehend von diesem Fallbeispiel werden die Befragten aufgefordert, gesellschaftliches Engagement von Unternehmen zu definieren sowie deren Kriterien zu benennen. Im Anschluss daran werden die Teilnehmer aus der Wirtschaft bezüglich des gesellschaftlichen Engagements im eigenen Unternehmen befragt. Der Fokus liegt neben den unterschiedlichen Engagementformen, den Zielen und Nutzenerwartungen auf strategischen Aspekten. Im fünften Block wird nochmals auf das Projekt Brückenschlag selbst eingegangen. Die Befragten werden gebeten, Brückenschlag anhand von vier Kriterien in Form eines Kurzfragebogens zu bewerten. Die Kriterien beziehen sich auf die von Habisch (2003) genannten vier Kriterien Dauerhaftigkeit, Wirkung, Zusammenarbeit und Kompetenz. Sie dienen als Leitkriterien zur Bewertung der Qualität eines Projekts im Bereich Corporate Citizenship. Die Befragten werden aufgefordert, den Ausprägungsgrad dieser vier Kriterien einzuschätzen. Die Einschätzung erfolgt anhand einer fünfstufigen Skala, die von ´gar nicht´ bis ´sehr stark´ reicht. Die Ergebnisse des Kurzfragebogens dienten der raschen Rückmeldung an den Auftraggeber und erlangen in der vorliegenden Arbeit keine Bedeutung.

Zum Abschluss des Interviews hat der Befragte nochmals die Möglichkeit, Themen aufzugreifen, die seiner Meinung nach nicht oder zu wenig zur Sprache gekommen sind. Der fünfte Block bezieht sich auf die Rückmeldung des Befragten, wie er das Interview erlebt hat.

Der Interviewleitfaden wurde auch beim zweiten Befragungszeitpunkt für beide Zielgruppen inhaltlich gleich strukturiert. Es ergaben sich allerdings geringfügige Änderungen, dahingehend, ob es sich dabei um ein Follow-up Interview handelte oder nicht. Die Änderungen sind in der folgenden Abbildung kursiv gedruckt. Der Interviewleitfaden gliedert sich beim zweiten Befragungszeitpunkt in sieben inhaltliche Blöcke, bei den Follow-up Interviews nur in sechs. Die Einstiegsfrage bezieht sich wie schon bei der ersten Befragung auf die Projektwoche Brückenschlag. Die Befragten werden aufgefordert, die Projektwoche nochmals Revue passieren zu lassen, um nach einem Jahr wieder einen Einstieg ins Thema zu finden. Bei den Follow-up Interviews bezieht sich die Reflexion hauptsächlich auf die wichtigsten Erfahrungen und Nutzenaspekte, bei den anderen Befragten wird zusätzlich nach den Motiven gefragt. Der dritte Block schließt inhaltlich direkt an, es geht es um die Umsetzung der im ersten Block genannten (Lern-)Erfahrungen im beruflichen und alltäglichen Handeln. Der vierte Block - das weiterführende gesellschaftliche Engagement - bildet das Kernstück des Interviewleitfadens. Es wird danach gefragt, ob sich aufgrund der Teilnahme an der Projektwoche Brückenschlag innerhalb des letzten

Jahres neue Engagementformen mit der sozialen Institution ergeben haben. Hier wird detailliert mit Hilfe von ad-hoc Fragen nach den Formen des Engagements, der Bedeutung, der Entstehung sowie nach Hindernissen gefragt. Wenn möglich wurde in diesem Fragenbereich Bezug genommen auf Aussagen der Befragten im ersten Interview.

Befragungszeitpunkt 2 – ein Jahr nach Beendigung der Projektwoche:

1. Einleitung

    Informationen zu Ziel und Inhalt des Interviews, Hinweis auf Anonymität, Erlaubnis zur Tonbandaufnahme

2. Reflexion der Projektwoche

    Wichtigste Erfahrungen, Nutzen, *Motive*

3. Umsetzung von (Lern-)Erfahrungen

4. Weiterführendes, gesellschaftliches Engagement

    Engagementformen, Bedeutung, Gründe, Initiative, Hindernisse

5. *Gesellschaftliches Engagement von Unternehmen*

    Allgemein: Definition, Kriterien, Fallbeispiel

    Im befragten Unternehmen: Engagementformen, Ziele, Strategie

6. Beurteilung von Brückenschlag

    <u>Kurzfragebogen</u>: Dauerhaftigkeit, Wirkung, Zusammenarbeit, Kompetenz

    Brückenschlag zur Förderung des gesellschaftlichen Engagements von Unternehmen, Verbesserungsvorschläge

7. Rückmeldung in Bezug auf das Interview

Abbildung 5: Aufbau des Interviewleitfadens zum Befragungszeitpunkt 2

Der fünfte Block betrifft nur jene Teilnehmer aus dem Jahr 2002, bei denen ein Interview direkt nach Beendigung der Projektwoche nicht möglich war. Sechster und siebter Block sind wieder identisch mit dem Interviewleitfaden zum ersten Befragungszeitpunkt.

Die Interviews zum ersten Befragungszeitpunkt dauerten im Durchschnitt 80 Minuten, zum zweiten Befragungszeitpunkt 40 Minuten. Die Interviews wurden mit Einwilligung der Befragten auf Tonband aufgezeichnet und transkribiert. Sprachlich wurden die Interviews vom Dialekt ins Hochdeutsche übertragen, wobei *„der Dialekt bereinigt wird, Satzbaufehler behoben werden und* *der Stil geglättet wird"* (Mayring 2002, S.91). Dabei wurde versucht, den Sinn der Aussagen nicht zu entstellen. Paraverbale Äußerungen und Pausen wurden festgehalten.

7.2.2. Gruppendiskussion

Bei der Gruppendiskussion handelt es sich um ein Gruppengespräch zur Erlangung von Informationen über Meinungen und Einstellungen der Gruppe als einer größeren sozialen Einheit. Es handelt sich dabei um eine ermittelnde Gruppendiskussion in Abgrenzung zur vermittelnden Gruppendiskussion, die der Inszenierung von Gruppenprozessen dient (Lamnek 1995b). Viele subjektive Bedeutungsstrukturen sind so stark in soziale Zusammenhänge eingebunden, dass sie nur in Gruppendiskussionen erhebbar sind. Rationalisierungen und psychische Sperren können durchbrochen werden und die Beteiligten können dann ihre Einstellungen offen legen, die auch im Alltag ihr Denken, Fühlen und Handeln bestimmen (Mayring 2002). Für Lamnek (1998) liegt die optimale Gruppengröße bei 5 bis 12 Teilnehmern, wobei die Auswahl der Teilnehmer in der Regel gezielt, nach der Methode des theoretischen Samplings, erfolgt. Diese gezielte Auswahl hat keinerlei Repräsentativitätsanspruch, eröffnet aber eine breite Variation der Perspektiven mit der Chance auf profunde Erkenntnisse.

Im Rahmen der vorliegenden Studie wurde eine Gruppendiskussion mit Teilnehmern aus den Bereichen Wirtschaft, Sozialbereich und Politik veranstaltet. Das Erkenntnisinteresse lag darin, zu erfahren, was Vertreter aus Wirtschaft, Sozialbereich und Politik als Kollektiv über das Thema gesellschaftliches Engagement von Unternehmen denken und welche Erwartungen sie an das Projekt Brückenschlag stellen. Es wurden 9 Personen aus den drei genannten Bereichen definiert und eingeladen. Die Einladung zur Diskussion nahmen 6 Personen an. Zur detaillierten Beschreibung der Stichprobe siehe Kapitel 7.1.

Ablauf der Gruppendiskussion:

1. Einleitung

      Begrüßung, Erlaubnis zur Tonbandaufnahme

2. Vorstellungsrunde

3. Diskussion

4. Metadiskussion

Abbildung 6: Ablauf der Gruppendiskussion

Die Moderation der Diskussion übernahm eine Forschungskollegin und erfahrene Moderatorin. Die Autorin nahm nach der Begrüßung und Einleitung die Rolle einer stillen Beobachterin ein, die die Gruppendynamik, auffällige Gesten und Mimik der Teilnehmer und sonstige Besonderheiten der Diskussion protokollierte. Nach der Vorstellungsrunde wurde den Teilnehmern eine These präsentiert, die aus den problemzentrierten Interviews abgeleitet wurde. Aus der Perspektive der Teilnehmer und Begleiter zeigte sich deutlich, dass das Projekt Brückenschlag in einem Spannungsfeld von Politik, Wirtschaft und Sozialem steht, wodurch unterschiedliche Zielsetzungen und Nutzenerwartungen an das Projekt herangetragen werden. Diese unterschiedlichen Perspektiven wurden dann inhaltlich offen diskutiert. Die übergeordnete Fragestellung, die von der Moderatorin eingebracht wurde, war: Welche Bedeutung hat das Projekt Brückenschlag im Themenfeld „gesellschaftliches Engagement von Unternehmen".

Um einschätzen zu können, ob der Diskussionsverlauf wirklich die Meinungen der Teilnehmer widerspiegelte, wurde im Anschluss an die Diskussion eine Metadiskussion geführt. Die Teilnehmer wurden gefragt, ob sie ihre Einstellungen und Meinungen formulieren konnten und wie sie sich während der Diskussion gefühlt haben. Diese Einschätzungen wurden zusätzlich optisch auf dem Flipchart festgehalten.

Im Anschluss an die Veranstaltung reflektierten die Moderatorin und die Autorin den Diskussionsverlauf.

Die Gruppendiskussion dauerte 60 Minuten und wurde mit Einverständnis aller Teilnehmer auf Tonband aufgezeichnet und anschließend transkribiert.

7.3. Datenauswertung

Die Auswertung der qualitativen Daten erfolgte anhand einer kombinierten Strategie aus induktivem, tiefenhermeneutischem Vorgehen und inhaltsanalytisch zusammenfassendem Vorgehen.

7.3.1. Psychoanalytisch orientierte Tiefenhermeneutik

Die tiefenhermeneutische Auswertung nach Leithäuser und Volmerg (1988) entwickelte sich aus der psychoanalytischen Textinterpretation. Dabei wird versucht, über das Material, den Text, die verborgenen, unbewussten Sinngehalte des Texts zu erschließen. Die tiefenhermeneutische

Auswertung erscheint in Zusammenhang mit der Forschungsfrage besonders interessant, da dadurch auch unbewusste Inhalte berücksichtigt werden können. Die tiefenhermeneutische Auswertung versucht, die Tiefe des Verständnisses und die Breite des Überblicks zu erhalten, indem sie die umfassende horizontale Hermeneutik und die vertikale Hermeneutik des Besonderen in ein *„sich wechselseitig kommentierendes Verhältnis setzt"* (Leithäuser & Volmerg 1988, S.244). Die psychoanalytisch orientierte Tiefenhermeneutik beansprucht, mehr zu verstehen als die im Text repräsentierten manifesten und latenten Sinngehalte. Sie will *„zu den aus der Sprache ausgeschlossenen, unbewussten Gehalten des Texts vordringen, zu den psychosozialen Strukturen und Mechanismen, die das sprachliche Geschehen gleichsam als ihre Unterwelt bewegen"* (Leithäuser & Volmerg 1988, S.253). Der Sinngehalt des Texts wird durch Fragen auf folgenden Ebenen zu erschließen versucht:

- Worüber wird gesprochen? (propositionaler Gehalt)
- Wie wird miteinander gesprochen? (metakommunikativer Gehalt)
- Wie wird worüber gesprochen? (pragmatischer Gehalt)
- Warum wird wie worüber gesprochen? (intentionaler Gehalt)

In der tiefenhermeneutischen Textinterpretation besteht das verschriftlichte Material aus fünf Sinnebenen des Verstehens. Die Analyse beginnt mit dem logischen Verstehen, bei dem der Text als sinnvolle Struktur mit seinen manifesten Inhalten erfasst wird. Bereits hier wird nach Inkonsistenzen gesucht wie beispielsweise grammatikalische Fehler als Hinweis auf verdrängte Sinngehalte. Im nächsten Schritt des psychologischen Verstehens erlangen Gestik, affektive Gehalte und das situative Erleben der Akteure Bedeutung. Von besonderem Interesse sind Divergenzen zwischen inhaltlich Gesagtem und emotional Erlebtem. Den dritten Schritt stellt das szenische Verstehen dar. Die sprachlichen Äußerungen werden nun in ihren umfassenden Interaktionszusammenhang gestellt. Es wird gefragt, welche lebenssprachliche Bedeutung die Interaktionen haben. Das Aufnehmen und Wiedererkennen struktureller Ähnlichkeiten in der Art und Weise, wie über ein Thema gesprochen wird, eröffnet den Zugang zu tieferem Verständnis der Funktion und Bedeutung, die das Thema im Text übernimmt. Im vierten Schritt des tiefenhermeneutischen Verstehens wird versucht, das Verdrängte herauszufinden. Die Analyse endet in der Rekonstruktion der Sinngehalte, die verdrängt worden sind, und in der Rekonstruktion des Sinns der Verdrängung. Es geht darum, was warum verdrängt wurde.

Die stärkste Kritik an solch einem induktiven Vorgehen bezieht sich auf die angeblich geringe oder fehlende Wissenschaftlichkeit, die an zwei Merkmalen festgemacht wird. Zum einen biete induktives Vorgehen keinerlei Gewähr, dass die für den Einzelfall gewonnenen Befunde auch für größere Gesamtheiten gelten (Lamnek 1995b). Dem wird entgegengesetzt, dass qualitativ gewonnene Ergebnisse zwar generalisiert werden, nicht aber durch Verallgemeinerung, sondern durch Typisierung. Ziel der Typisierung ist die Identifikation eines Sets von sozialen Handlungsmustern in einem Feld. Wie viele Personen sich gemäß einem Muster verhalten, ist dabei nicht von Belang (Leithäuser & Volmerg 1988). Zum anderen wird dem Verfahren vorgeworfen, es öffne interpretativer Beliebigkeit Tür und Tor und liefere keinerlei Handhabe, die intersubjektive Überprüfbarkeit der Interpretationsbefunde zu sichern (Mayring 2002). Dem wird entgegengesetzt, dass insbesondere in der Auswertungs- und Interpretationsphase immer Forschergruppen tätig sind, die sich gegenseitig kontrollieren (Leithäuser & Volmerg 1988).

7.3.2. Qualitative Inhaltsanalyse

Die qualitative Inhaltsanalyse nach Mayring (2002, 2003) ermöglicht es, auch größere Mengen von Texten systematisch zu analysieren. Die gewählte Technik der inhaltsanalytischen Zusammenfassung verfolgt das Ziel, *„das Material so zu reduzieren, dass die wesentlichen Inhalte erhalten bleiben, durch Abstraktion einen überschaubaren Corpus zu schaffen, der immer noch Abbild des Gesamtmaterials ist"* (Mayring 2002, S.115). Vor der Analyse werden die Kategorisierungsdimension und das Abstraktionsniveau definiert, sprich, es wird ein Selektionskriterium für die Kategorienbildung festgelegt. Diese Festlegung erfolgt deduktiv aufgrund theoretischer Annahmen über Gegenstand und Ziel der Analyse. Auf der Basis dieses Selektionskriteriums wird der Text dann Zeile für Zeile durchgearbeitet. Wird das erste Mal eine passende Textstelle gefunden, wird dafür eine Kategorie angelegt. Als Kategorienbezeichnung dient ein Begriff, der möglichst nahe am Material formuliert ist. Wird in der weiteren Analyse eine dazu passende Textstelle gefunden, so wird sie unter diese Kategorie subsumiert. Wird eine neue Textstelle gefunden, die zwar dem Selektionskriterium entspricht, aber zu keiner der bereits existierenden Kategorien passt, wird eine neue Kategorie formuliert. Nachdem das Material etwa bis zur Hälfte analysiert wurde, und so gut wie keine neuen Kategorien mehr gebildet werden konnten, wird das gesammelte Kategoriensystem überarbeitet, indem die Logik und der Abstraktionsgrad überprüft werden. Das Ergebnis dieser Analyse ist ein Set von Kategorien zu einer bestimmten Thematik, der spezifische Textstellen zugeordnet sind. Dieses kann nun in Bezug auf die Fragestellung und die dahinter liegende Theorie interpretiert werden. Zusätzlich können die Kategorien quantitativ ausgewertet werden, indem geprüft wird, welche Kategorien am häufigsten kodiert wurden.

7.4. Der Forschungsprozess im Überblick

In Abbildung 7 ist der gesamte Forschungsprozess im Detail ersichtlich.

Bei der Datenerhebung wurde den unterschiedlichen Perspektiven der Beteiligten Rechnung getragen, indem sowohl mit den Teilnehmern aus der Wirtschaft als auch mit den Begleitern aus den Sozialinstitutionen Interviews durchgeführt wurden. In der Gruppendiskussion wurden die Perspektiven der Vertreter aus den Bereichen Politik, Soziales und Wirtschaft und die unterschiedlichen Perspektiven der Funktionen innerhalb des Projekts Brückenschlag (Auftraggeber, Projektbeirat, Experte) berücksichtigt.

Die Datenauswertung erfolgte wie bereits erwähnt mit Hilfe einer kombinierten Strategie aus induktivem, tiefenhermeneutischem Vorgehen und inhaltsanalytisch zusammenfassendem Vorgehen. Im ersten Schritt erfolgte die Auswertung anhand der psychoanalytisch orientierten Tiefenhermeneutik (Leithäuser & Volmerg 1988). Es handelt sich dabei um jene Interviews, die zum Befragungszeitpunkt 1 – direkt nach Beendigung der Projektwoche – durchgeführt wurden, und um die Gruppendiskussion. Der Erlebniszusammenhang sowie die konkreten Sinnbezüge, in der eine Äußerung steht, wurden dadurch beibehalten. Die subjektiv erlebten Erfahrungsfelder der Akteure sowie die verdrängten Sinngehalte konnten dadurch rekonstruiert werden und lieferten eine gänzlich neue Perspektive auf das Themenfeld „gesellschaftliches Engagement von Unternehmen". Durch die Rekonstruktion der Perspektiven der Subjekte wurde ein Verstehen der komplexen Wirkungszusammenhänge angestrebt.

Die Interviews zum Befragungszeitpunkt 2 – ein Jahr nach Beendigung der Projektwoche – wurden anhand der qualitativen Inhaltsanalyse nach Mayring (2002, 2003) ausgewertet. Thematisch standen die Auswirkungen der Projektwoche in Form von weiterführendem Engagement der Akteure im Zentrum. Eine systematische Zusammenfassung, bei der das Material zwar reduziert wird, die wesentlichen Inhalte jedoch erhalten bleiben, erschien in dieser Auswertungsphase der Fragestellung angemessen. Nur einzelne Sequenzen, bei denen sich eine Diskrepanz zwischen inhaltlicher Äußerung und subjektivem Erleben zeigten, wurden zusätzlich tiefenhermeneutisch ausgewertet, um neben der logischen Ebene eine zusätzliche Sinnebene des Verstehens einzubringen.

Um die Daten zu kontrollieren, wurden zwei Zugänge gewählt – Explikation und kommunikative Validierung. Die Explikation des Forschungsverlaufs sowie der Ergebnisse erfolgte regelmäßig mit Forschungskollegen, die mit dem Datenmaterial vertraut waren. Die gemeinsame Explikation diente der Rekonstruktion der subjektiven Bedeutungszusammenhänge und der intersubjektiven Überprüfbarkeit der Ergebnisse. Die kommunikative Validierung erfolgte durch die Rückmeldung der Zwischenergebnisse an die Befragten im Rahmen des Projekts Brückenschlag und an den Auftraggeber. Eine kommunikative Validierung mit jedem Befragten individuell war einerseits aus Zeit- und Kostengründen nicht möglich, andererseits aus methodischen Überlegungen nicht sinnvoll. Die Konfrontation der Befragten mit ihren unbewussten und verdrängten Sinngehalten erscheint hinsichtlich der Gültigkeit der Ergebnisse nicht zielführend. Das Unbewusste bzw. Verdrängte entzieht sich der bewussten, sprachlichen Auseinandersetzung und somit der kommunikativen Validierung. Es wird angenommen, dass die Befragten auf diese Konfrontation erneut mit Abwehr reagieren.

Zusammenfassend zeigt der graphische Überblick, dass der Forschungsprozess methodisch kontrolliert und dokumentiert abgelaufen ist.

Abbildung 7: Der Forschungsprozess im Überblick

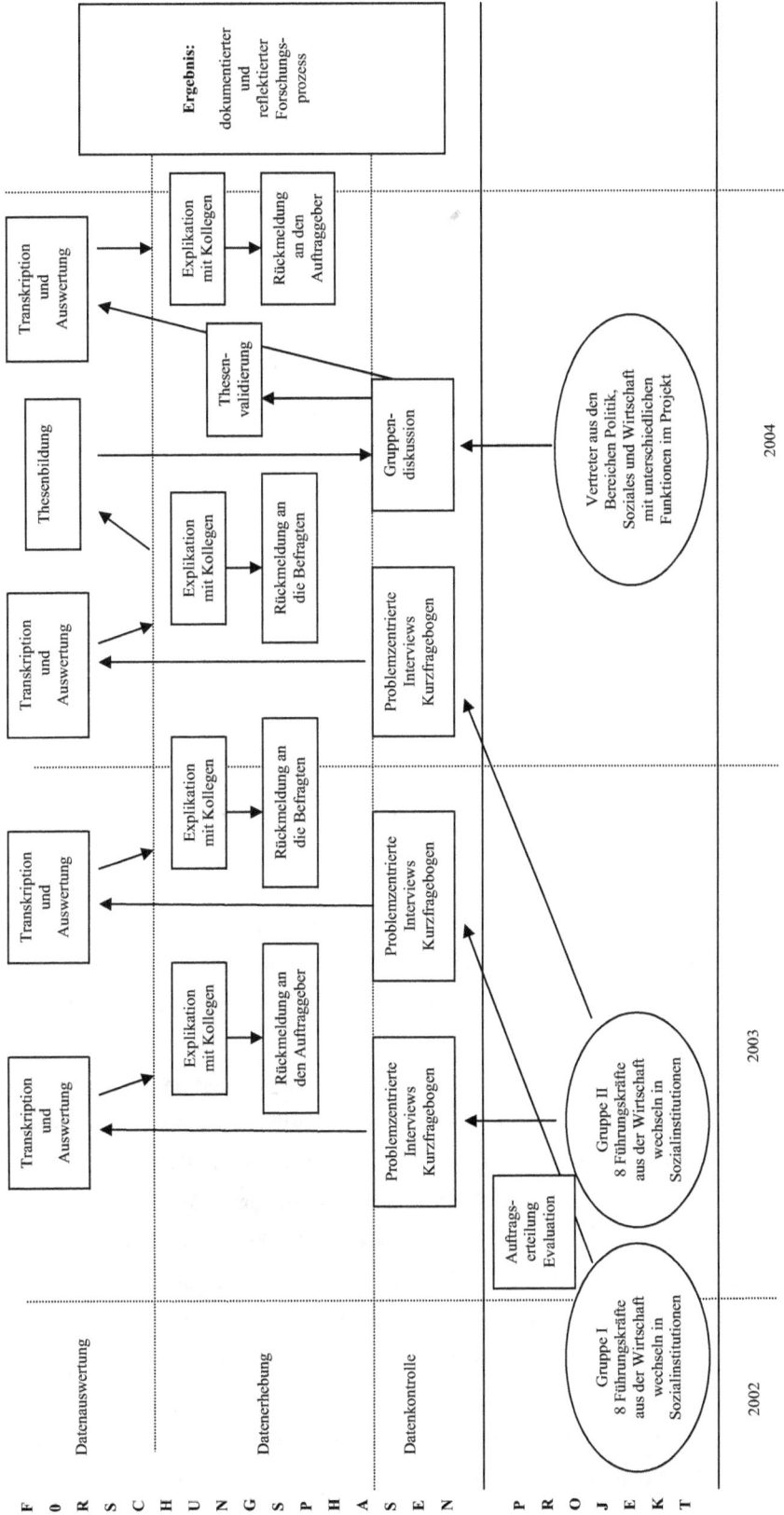

7.5. Reflexion des methodischen Vorgehens

Im Folgenden wird der Forschungsprozess methodisch reflektiert. Dabei wird der Fokus auf drei Themenbereiche gelegt, die relevant erscheinen.

Qualitative Evaluation in Form von Auftragsforschung:

Bezogen auf die Ausführungen von Kardoff (2003) über qualitative Evaluationsforschung kann seiner Sichtweise, dass die Praxis von einem hohen Maß an Pragmatismus gekennzeichnet ist, zugestimmt werden. Dadurch, dass die wesentlichen zeitlichen und organisatorischen Rahmenbedingungen durch das Projekt Brückenschlag selbst bestimmt waren, war der Zeitdruck phasenweise sehr hoch, verstärkt durch die doch aufwändige Auswertungsmethodik. Andererseits mussten vom idealtypischen Forschungsdesign Abstriche gemacht werden. Dadurch, dass der Forschungsauftrag erst eineinhalb Jahre nach Projektbeginn erfolgte, konnte beispielsweise bei einem Teil der Stichprobe kein Vorher-Nachher-Design realisiert werden. Dem Argument, dass qualitative Evaluationsforschung mit unterschiedlichen Interessenslagen und Machtansprüchen konfrontiert und in diese verwickelt ist, kann nur bedingt zugestimmt werden. Es besteht kein Zweifel daran, dass der Großteil der Projekte, die gesellschaftliche Problemlagen thematisieren, mit unterschiedliche Interessenslagen und Machtansprüche verbunden ist. Im vorliegenden Fall erwies sich dieses Spannungsfeld jedoch als besonders interessant. Die einzelnen Positionen und die Dynamik der Entstehung zu rekonstruieren, wurde als eine wichtige Quelle der Erkenntnis genutzt. Dass die Evaluation selbst zu einem Moment der Veränderung wird, zeigte sich in der vorliegenden Forschungsarbeit deutlich. So veränderten bereits die ersten Interviews das Interaktionsgeschehen zwischen Sozialinstitutionen und Projektleitung und auch die erste Zwischenpräsentation der Ergebnisse führte unweigerlich zu Auswirkungen auf Projektebene. Es entstand der Eindruck, dass das Interesse am Evaluationsprozess konstant hoch war, das Interesse an den Endergebnissen mit zunehmender Auftragsdauer jedoch sank. Die Überprüfung der Interpretation durch Kommunikation mit den Befragten im Sinne der kommunikativen Validierung erwies sich als schwierig. Dadurch, dass das Projekt Brückenschlag den beteiligten Akteuren bereits sehr viel an Zeit abverlangte und die zweimaligen Interviews pro Person einen zusätzlicher Zeitaufwand darstellten, wurde ein zusätzlicher Zeitaufwand für die kommunikative Validierung von den Beteiligten abgelehnt. Es entstand aber auch der Eindruck, dass die wissenschaftliche Bedeutung einer kommunikativen Validierung nicht ausreichend auf Verständnis traf. Aussagen wie „Sie sind ja die Psychologin, Sie werden das schon wissen. Da vertraue ich Ihnen" verdeutlichen das fehlende Verständnis und Interesse. So wurden Zwischenergebnisse zwei Mal bei Veranstaltungen im Rahmen des Projekts Brückenschlag, zu dem alle Befragten eingeladen wurden, präsentiert und diskutiert. Nur in Einzelfällen konnte auch in einem persönlichen Gespräch Interpretationsideen mit den Befragten diskutiert werden. Es zeigte sich jedoch deutlich, dass die Konfrontation der Befragten mit den unbewussten, verdrängten Sinngehalten ihrer Aussagen auf Widerstand und Abwehr stieß.

Psychoanalytisch   orientierte   Tiefenhermeneutik   im   Rahmen   einer   qualitativen Evaluationsforschung:

Um einen tatsächlichen Erkenntnisgewinn zu erzielen, ist es meines Erachtens notwendig, vertrautes und bekanntes Terrain zu verlassen. Aus diesem Grund wurde auch der Zugang der psychoanalytisch orientierten Tiefenhermeneutik zur Beantwortung der Forschungsfrage gewählt. Durch die Analyse latenter Sinnstrukturen und die Rekonstruktion subjektiv verdrängter Sinngehalte wurde ein Erkenntnisforschritt in der Thematik „gesellschaftliches Engagement von Unternehmen" erwartet. Gleichzeitig erwuchs daraus die Angst, dass die Analyse psychischer Strukturen und Mechanismen und die daraus abgeleiteten Interpretationen unbewussten Verdrängungsgeschehens nicht der alltagsweltlichen Erwartungshaltung von Projektevaluationen entsprechen. Fragen von Befragten nach Statistiken, Prozentsätzen und anderen quantitativen Evaluationsergebnissen verstärkten diese Angst zusätzlich. Beim vorliegenden Forschungsprojekt handelte es sich um den ersten „eigenen" Forschungsauftrag. Versagensängste und Respekt dem Auftraggeber - der Landesregierung - gegenüber erweckten immer wieder den Wunsch, in der Analyse an der vertrauen Oberfläche zu verbleiben, sprich, die Aussagen der Befragten zu sammeln und zusammenfassend, beschreibend wiederzugeben. Im Zuge der Analysen wurde mir bewusst, dass die Befragten mich auch nicht gebeten haben, sie zu analysieren. Das Spannungsfeld zwischen Evaluationsauftrag und dem methodischen Zugang über die psychoanalytische orientierte Tiefenhermeneutik führte bei mir zu Gegenübertragungsreaktionen, die es regelmäßig zu reflektieren galt. Überlegungen zu ethischen Anforderungen an qualitatives Forschungshandeln sollten an dieser Stelle angedeutet werden. Dem Prinzip der informierten Einwilligung (Hopf 2003) folgend, war die Teilnahme am Forschungsprojekt freiwillig und basierte auf einer ausführlichen Information über Ziele und Methoden des Forschungsvorhabens. Die Information über die Methodik ist jedoch nicht leicht umzusetzen, da sich diese dem Verständnis, aber auch dem Interesse der Befragten entzieht. Mit dem Prinzip der Nicht-Schädigung wird der Kreis zum Erkenntnisgewinn wieder zu schließen versucht. Erkenntnisgewinn geschah im Rahmen der vorliegenden Studie nicht auf Kosten einer Schädigung der Untersuchungsteilnehmer durch den Forschungsprozess oder die Forschungsergebnisse.

Gesprächsführung mit Managern

Mit den Teilnehmern aus der Wirtschaft – größtenteils im Topmanagement tätig – eine „diskursiv-argumentative Interviewsituation" herzustellen, erwies sich als schwierig (Trinczek 2002, S.218). Einerseits mag dies auf die Art der Beziehung zurückzuführen sein, die bedingt durch die Differenz bezüglich Alter, Geschlecht und Berufsfeld als ungleich erlebt wurde. Andererseits mag dies auch durch die alltägliche Arbeitserfahrung und die daraus entstandene Erwartungshaltung einer Interviewsituation gegenüber bedingt sein. Der Großteil der Befragten hat Erfahrung im Umgang mit Medien und im Geben von Interviews für mediale Zwecke. So bereiteten sich viele auf das Interview vor, indem sie für sich wesentliche Punkte in Zusammenhang mit dem Projekt Brückenschlag notierten. Diese erläuterten sie strukturiert und präzise. Fragen rund um das Thema gesellschaftliches Engagement hatten die Befragten nicht vorbereitet. Hier war deutlich Unsicherheit zu spüren, Nachfragen meinerseits blieben oft unberücksichtigt. Viele gaben auch an, sich diesbezüglich noch keine Gedanken gemacht zu haben und deshalb nichts dazu sagen können. Die Bereitschaft, sich auf einen Diskurs einzulassen, war im Gegensatz zu den Befragten aus den Sozialinstitutionen weniger vorhanden. Die Folge war, dass sich die befragten Manager in ein verwandtes Thema „flüchteten", bei dem sie subjektiv das Gefühlt hatten, überzeugender und kompetenter aufzutreten. Ein Rückführen auf das eigentliche Thema war meist erfolglos.

III ERGEBNISDARSTELLUNG

Im ersten Teil wird die Zielsetzung des Projekts Brückenschlag im Spannungsfeld von Politik, Soziales und Wirtschaft rekonstruiert. Es werden unterschiedliche Erwartungshaltungen und Nutzenerwartungen an das Projekt Brückenschlag herangetragen, was sich im Zielverständnis niederschlägt. Anhand einer Gruppendiskussion, an der Vertreter aus den Bereichen Politik, Soziales und Wirtschaft vertreten waren, die alle an der Konzeption des Projekts Brückenschlag beteiligt waren, wird die Entwicklung der Zielsetzung des Projekts Brückenschlag im Spannungsfeld dieser drei Bereiche nachgezeichnet.

Im zweiten Teil werden die Ergebnisse der Untersuchung dargestellt. Zuerst werden die unterschiedlichen Erfahrungsfelder der Akteure beschrieben, wobei das sensibilisierende Konzept, das in Kapitel 5 vorgestellt wurde, die Grundlage bildet. Es werden jeweils zwei Perspektiven eingenommen, die der Teilnehmer aus der Wirtschaft und die der Begleiter aus den Sozialinstitutionen. In der Zusammenfassung werden diese beiden Perspektiven aufeinander bezogen und Hypothesen für das weiterführende Engagement von Unternehmen abgeleitet.

Im dritten Teil der Ergebnisdarstellung werden die entstandenen weiterführenden Aktivitäten zwischen den Unternehmen und Sozialeinrichtungen beschrieben. Das heißt, es wird das gesellschaftliche Engagement der Unternehmen, das aus der Teilnahme am Projekt Brückenschlag erwachsen ist, fokussiert. Die Ergebnisdarstellung wird mit dem Versuch abgeschlossen, Wirkungszusammenhänge zwischen den einzelnen Erfahrungsfeldern der Akteure und den Auswirkungen der Projektwoche herzustellen. Es wird der Frage nachgegangen, wie die Erfahrungen der Akteure mit dem entstandenen gesellschaftlichen Engagement zusammenhängen, welche Erfahrungen sich als förderlich, welche als hinderlich erweisen.

8. Rekonstruktion der Zielsetzung des Projekts Brückenschlag im Spannungsfeld von Politik, Soziales und Wirtschaft

Die Ergebnisse dieses Kapitels beziehen sich auf die Daten der Gruppendiskussion mit Vertretern aus den Bereichen Politik, Soziales und Wirtschaft. Die Auswertung erfolgte anhand der psychoanalytisch orientierten Tiefenhermeneutik.

Betrachtet man die Frage nach der Zielstellung von Seiten des Projekts, so finden sich in den Projektdokumenten zwei Zielsetzungen: Die primäre Zielsetzung lautet: Brückenschlag ist ein Weiterbildungsprogramm für Führungskräfte aus Unternehmen und Sozialinstitutionen. Führungskräften aus Wirtschaftsunternehmen soll durch den Einsatz in einer sozialen Institution ein Lernfeld mit anderen Aufgaben und Anforderungen geboten werden, um auf diese Weise soziales Lernen und soziale Kompetenzen zu fördern. Führungskräften aus sozialen Institutionen soll durch den Einsatz in einem Wirtschaftsunternehmen die Möglichkeit geboten werden, ihre unternehmerische Kompetenz zu verfeinern und im Hinblick auf die Anforderungen in ihrem Arbeitsbereich zu reflektieren (Büro für Zukunftsfragen 2004). In der Projektbeschreibung findet sich aber noch eine Zielsetzung, die den gesellschaftspolitischen Aspekt betont. Es heißt, dass Brückenschlag kein reines Weiterbildungsprogramm ist. Längerfristig soll das gesellschaftliche Engagement von Unternehmen und deren Mitarbeitern initiiert und gefördert werden. Es wird der gesellschaftliche Nutzen des Projekts hervorgehoben, in dem Sinn, dass die Komplexität heutiger gesellschaftlicher Probleme nur durch eine ganzheitliche Sichtweise und durch die Vernetzung unterschiedlicher Interessensgruppen gelöst werden kann.

„Es soll den Austausch von bisher zwei getrennten Welten eröffnen und Türöffner für die Thematik Corporate Citizenship sein. Ein erster Schritt zur Verankerung von Unternehmen als Bürger unserer Gesellschaft." (Strele 2003, S.1)

Die Zielstellung des Projekts und die beteiligten Akteuren verdeutlichen, dass sich das Projekt Brückenschlag im Spannungsfeld der Bereiche Politik, Soziales und Wirtschaft befindet. Es werden unterschiedliche Erwartungshaltungen und Nutzenerwartungen an das Projekt herangetragen, was sich auch im Zielverständnis niederschlägt. Ausgehend von der Forschungsfrage, ob durch das Projekt Brückenschlag gesellschaftliches Engagement von Unternehmen in Form von Kooperationen mit Sozialinstitutionen gefördert werden kann, wird in diesem Kapitel der Fokus auf die Zielsetzung des Projekts gerichtet.

Es soll anhand einer Gruppendiskussion, an der Vertreter aus Politik, Soziales und Wirtschaft vertreten waren, die alle an der Konzeption des Projekts Brückenschlag beteiligt waren, die Entwicklung der Zielsetzung im Spannungsfeld von Politik, Wirtschaft und Gesellschaft nachgezeichnet werden. Ziel der Gruppendiskussion war die Inszenierung eines Gruppenprozesses, in der die Rekonstruktion der subjektiven Bedeutungsstrukturen in der gegenseitigen Auseinandersetzung erfolgen konnte. Diskussionsimpuls war die Frage: Welche Bedeutung hat das Projekt Brückenschlag im Themenfeld „gesellschaftliches Engagement von Unternehmen"?

Die Gruppendiskussion wurde eröffnet mit der Bitte sich vorzustellen und die eigene Sichtweise des Ziels des Projekts Brückenschlags kurz zu erläutern. Die Diskussion eröffnete Herr Rabe[7], Vertreter einer Sozialinstitution und Mitglied des Projektbeirats.

Herr Rabe (65-71): (hustet) Entschuldigung, [berufliche Funktion] der [Name der Arbeitsstelle] und war bei jener Kerngruppe dabei, die versucht hat zu überlegen: Gäbe es sinnvolle Brücken zwischen dem Bereich Soziales und dem Bereich Wirtschaft oder sind überhaupt solche Brücken notwendig? Und aus der Position heraus will ich da meine Beiträge auch einbringen, wie man im Betrieb soziale Themen eigentlich sieht und auch im Hinblick auf das Thema Bürgergesellschaft. Dieses Zwischenspiel und Zusammenspiel von unterschiedlichen Gesellschaftsbereichen, und dass sich da auch beim Brückenschlag vielleicht etwas bewegt haben könnte.

Herrn Rabe gehörte zu den Gründungsvätern des Projekts Brückenschlag. Gemeinsam haben sie zu Beginn darüber nachgedacht, ob das Herstellen von Verbindungen zwischen Sozialbereich und Wirtschaft Sinn macht und wie solche Verbindungen aussehen könnten. Für Herrn Rabe machen solche Verbindungen aus zwei Gründen Sinn. Als ersten Grund nennt er die Möglichkeit zu erfahren, wie Unternehmen mit sozialen Themen umgehen. Es kann davon ausgegangen werden, dass diese Erfahrungen für Herr Rabe wichtige Rückmeldungen für das eigene berufliche Handeln darstellen. Als zweiten Grund nennt er das Thema Bürgergesellschaft. Dass Herr Rabe das Thema Bürgergesellschaft aufgreift, deutet darauf hin, dass Brückenschlag für ihn auch ein gesellschaftspolitisches Ziel verfolgt. Die Bürgergesellschaft bildet die gesellschaftliche Grundlage eines demokratischen Staats. Zum Grundprinzip der Bürgergesellschaft gehört, dass der Staat als Gesamtheit seiner Bürger auf der Grundlage eines gegenseitigen Vertrauensverhältnisses empfunden und gelebt wird. Herr Rabe präzisiert Bürgergesellschaft als das „Zwischenspiel und Zusammenspiel von unterschiedlichen Gesellschaftsbereichen". Dies deutet darauf hin, dass Brückenschlag für Herrn Rabe eine Möglichkeit darstellt, wie Sozialbereich und Wirtschaft durch

---

[7] Die Namen aller Teilnehmer an der Gruppediskussion wurden aus Anonymitätsgründen geändert.

das verstärkte Miteinander in Kontakt treten und gegenseitiges Vertrauen aufbauen können, das dann wiederum im Sinne der Bürgergesellschaft Nutzen stiftet.

Sprachlich ist die Interviewpassage von Unsicherheit gekennzeichnet. Worte wie „versucht", „vielleicht", die Verwendung des Konjunktivs „gäbe", „könnte" und der Fragesatz hinsichtlich der Sinnhaftigkeit und Notwendigkeit von Brücken zwischen Sozialbereich und Wirtschaft verdeutlichen die Unsicherheit. Es stellt sich die Frage, worauf sich diese Unsicherheit bezieht?

Es kann davon ausgegangen werden, dass Herr Rabe auch in seinem beruflichen Kontext gesellschaftliche Veränderungen wahrnimmt, die neue Anforderungen an die soziale Arbeit stellen. Die zunehmende Komplexität der gesellschaftlichen Probleme, vor die auch der Sozialbereich gestellt wird, bedarf neuer Formen der Auseinandersetzung und des Austausches. Die Unsicherheit beruht darauf, dass bisherige Handlungsmuster oft nicht mehr ausreichen und ins Leere greifen. Die Relevanz des Austausches und der Verbindung unterschiedlicher Gesellschaftsbereiche zur Bewältigung der beschriebenen Herausforderungen scheint Herrn Rabe bewusst zu sein. Die genauen Antworten auf diese gesellschaftlichen Herausforderungen gibt es jedoch noch nicht. Ob das Projekt Brückenschlag eine Antwort auf die gesellschaftliche Anforderungen sein und einen Beitrag zum Austausch und zur Vernetzung leisten kann, ist für ihn jedoch unsicher. Es stellt einen Versuch dar, bei dem sich „vielleicht etwas bewegt haben könnte".

Der Wortmeldung von Herrn Rabe schließt sich Herr Adler an. Er ist Vertreter aus dem Bereich Politik und gehört ebenfalls zu den Gründern des Projekts Brückenschlag.

Herr Adler (73-77): Die Aufgabe unserer Stelle besteht darin, Engagement und nachhaltige Entwicklung zu fördern. In dem Zusammenhang ist es uns daher ein Anliegen, Menschen zusammenzubringen und Themen zusammenzubringen, aus verschiedenen Bereichen. Das Projekt Brückenschlag ist so ein Prototyp für ein Projekt, bei dem Grenzen überschritten werden und man Leute aus verschiedenen Bereichen zusammenbringen kann.

Herr Adler sieht seine berufliche Aufgabe darin, Menschen aus unterschiedlichen Bereichen zusammenzubringen und Engagement zu fördern. Brückenschlag stellt für ihn eine solche Möglichkeit dar, ein „Prototyp". Ein erster Entwurf zur praktischen Erprobung. Auch in dieser Wortmeldung steht die gesellschaftspolitische Bedeutung im Vordergrund. Auch bei Herrn Adler zeigt sich Unsicherheit, allerdings in anderer Form. Herr Adler äußerte vor Beginn der Vorstellungsrunde seine Bedenken, sich überhaupt einbringen zu können.

Herr Adler (54-56): [Name] hat ja die letzten zwei Jahre das Projekt betreut und begleitet und ich bin in einer ähnlichen distanzierten Rolle da. Das ist eines von mehreren Projekten, die wir machen, und ich kann da jetzt sicher kein Detailwissen einbringen.

Alle eingeladenen Teilnehmer hatten diesbezüglich dieselben Voraussetzungen. Es waren alles Personen, die in der Initiierung und Konzeptionsphase dabei waren, nicht jedoch bei der konkreten Umsetzung. Dieser Teilnehmer bringt jedoch gleich zu Beginn zum Ausdruck, dass er sich als distanziert erlebt. Diese Distanzierung kann ebenfalls als Unsicherheit interpretiert werde. Herr Adler ist sich auch nicht sicher, ob der „Prototyp" Brückenschlag die Antwort auf die gesellschaftlichen Herausforderungen unserer Zeit ist.

Als dritter schließt sich in der Vorstellungsrunde Herr Spatz an, ein Vertreter aus dem Bereich Wirtschaftspolitik.

Herr Spatz (80-84): Ich habe das aber mit Interesse verfolgt, weil wir in den letzten Jahren neben den wirtschaftlichen Fragen, der wirtschaftlichen Entwicklung des Landes auch zunehmend mit sozialen Fragen, insbesondere bei der Bewältigung der Probleme am Arbeitsmarkt zu tun haben und aus diesem Grund dem Projekt auch sehr viel Sympathie entgegenbringen.

Dieser Teilnehmer erlebt, dass auch im Bereich Wirtschaftspolitik neben wirtschaftlichen Fragen immer mehr soziale Fragen auftauchen. Es gibt für ihn komplexe, gesellschaftliche Problemstellungen, die ein Querschnittsthema darstellen und zu deren Lösung eine wirtschaftliche Sichtweise nicht mehr ausreicht. Die zunehmende Komplexität bedingt, dass einfache und insbesondere eindeutige Lösungen nicht mehr möglich sind. Herr Spatz erlebt die Unsicherheit im Bereich Arbeitsmarkt. Die „Sympathie" dem Projekt Brückenschlag gegenüber rührt also daher, Austausch und Vernetzung zwischen unterschiedlichen Lebenswelten zu fördern, um gesellschaftliche Problemstellungen auch zukünftig bewältigen zu können.

Der nächste Teilnehmer der Vorstellungsrunde ist Herr Meise aus dem Bereich Wirtschaft. Er gehört dem Projektbeirat Brückenschlag an und verweist erstmals auf die Ursprünge des Projekts Brückenschlag.

Herr Meise (85-91): Mein Name ist [Name des Teilnehmers]. Ich war bis zum Jahre [Jahreszahl] [berufliche Funktion] der [Name der Arbeitsstelle] und habe damals und anschließend dann noch einige Jahre jedes Jahr ein Seminar in [Ortsname] für Führungskräfte und Unternehmer veranstaltet und dort haben Herr Rabe, Herr Fink und meine Wenigkeit eigentlich erstmals diese Idee andiskutiert, aufgrund eines Zeitungsartikels in der Presse, als es dort um das Jahr des Ehrenamts ging. Da wurden Beispiele aus großen amerikanischen Unternehmen zitiert und man hat das für Österreich angeregt. Dann haben wir gesagt, es wäre eine Überlegung, so etwas einmal zu versuchen.

Ausgangspunkt für die Konzeption des Projekts Brückenschlag war somit das Thema Ehrenamt. Anhand von Corporate Citizenship Beispielen amerikanischer Unternehmen wurde in den Medien die Umsetzung für Österreich diskutiert. Herr Meise griff das Thema Corporate Citizenship gemeinsam mit den Herrn Rabe und Herrn Fink auf und sie überlegten, wie man sich dem in Vorarlberg nähern konnte. Auch aus dieser Wortmeldung wird deutlich, dass Brückenschlag einen Versuch darstellt, gesamtgesellschaftlichen Herausforderungen entgegenzutreten.

Bisher lassen sich alle Sichtweisen auf einen Nenner bringen. Vertreter aus den Bereichen Politik, Soziales und Wirtschaft erkennen einen gesellschaftlichen Wandel, der zu Problemen in allen drei genannten Bereichen führt. Die Probleme sind jedoch derart komplex, dass bisherige Handlungsstrategien ins Leere greifen. Die Veränderungen, verbunden mit fehlenden Bewältigungsmechanismen, erleben die Teilnehmer als eine Quelle der Unsicherheit. Brückenschlag stellt nun einen Versuch dar, auf gesellschaftliche Herausforderungen durch Austausch unterschiedlicher Gesellschaftsbereiche und deren Vernetzung zu reagieren. Die Teilnehmer betonen somit den gesellschaftspolitischen Aspekt des Projekts Brückenschlag. Ob Brückenschlag jedoch die richtige Antwort auf die Fragen des 21. Jahrhunderts ist, sind sich die Teilnehmer ebenfalls nicht sicher. Denn der gesellschaftliche Nutzen, den sich die Teilnehmer erwarten, ist nicht greifbar. Er kann nicht gemessen und in Zahlen ausgedrückt werden und er kann auch nicht objektiv erfragt oder beobachtet werden.

Den Abschluss der Vorstellungsrunde macht Herr Fink, ein Vertreter aus dem Bereich Wirtschaft und Mitglied des Projektbeirats.

Herr Fink (121-145): Und, wie gesagt, ich war in besagter Runde wie Herr Rabe und Herr Meise. Das heißt, das sind eigentlich die Initiatoren gewesen und dann haben sie mich gefischt und haben gesagt, ob ich da unter Umständen bereit wäre und ob ich Interesse habe. Ich habe Interesse gehabt, weil mich das immer schon interessiert hat, dieses Spannungsfeld zwischen hartem Management und möglichst eben auch etwas Anderem. Ich möchte aber auf eines ganz klar hinweisen, damit es keine Missverständnisse gibt. Ich habe euch zuerst nicht ganz verstanden.

Vielleicht bin ich zu wenig aufmerksam gewesen. Mir persönlich ist es immer darum gegangen: Nicht dass wir jetzt da eine Sensibilisierung in Richtung soziale Haltung wollen, sondern es ist ganz klar um einen Ausbildungsweg mit harter eigener Erfahrung gegangen und darum haben wir ... Also nicht, dass wir da irgendwo die Motivation sozial auch was zu tun ... Sondern da ist es ganz ganz egoistisch darum gegangen, an dieser Verbindung zwischen Management und sozialer Aufgabe. Im Grunde genommen, ohne dass man das immer so hart ausgedrückt hat, dass die Frau oder der Herr Manager am Beispiel der Arbeit, der praktischen Arbeit - nicht vom Reden - mit Behinderten lernt, sensibel zu sein. Und dann hat man auch unterstellt, in vielen Fällen sicher auch unberechtigt, dass es unter Umständen dem Mitarbeiter, dem leitenden Mitarbeiter oder überhaupt dem Mitarbeiter in der sozialen Organisation hilft. Wenn er von einem normalen Betriebsablauf und, sagen wir es ganz klar, den Härten, aber auch den Erfahrungen, dem Können vom Management in der Wirtschaft einen Nutzen ziehen kann. Weil dort auch immer wieder gewisse gegenseitige Vorbehalte herrschen. Dem einen hat man abgesprochen, dass er in der Lage ist, sensibel einzugehen. Dem anderen, dass er fachlich gut ist, um Methoden der Betriebswirtschaft und allem möglichen in die Sozialarbeit einzubringen. Und persönlich bestehe ich auch darauf, dass das so ist. Also ich ... wir brauchen da keinen neuen Sensibilisierungsprozess in diesem Sinn, sondern wirklich die Einsicht: Lernen, Lernen am Projekt durch praktisches Mitwirken, durch praktische Erfahrung. Damit wir da nicht einen falschen Touch hineinbekommen.

Auf der inhaltlichen Ebene distanziert sich dieser Teilnehmer von den bisherigen Wortmeldungen. Er gibt an, die Position der anderen nicht ganz verstanden zu haben. Er hält das bisher Gesagte folglich für ein Missverständnis, das er nun durch seine Position aufklären will. Sein Ziel war es nicht, bei Unternehmen soziale Verantwortung zu fördern und sie zu motivieren sich gesellschaftlich zu engagieren. Ihm ging es darum, eine Ausbildung für Manager zu konzipieren, bei der sie anhand „praktischer Arbeit" und „harter eigener Erfahrung" lernen sollen. Führungskräfte aus Unternehmen sollen lernen, sensibler mit den Mitarbeitern umzugehen, Führungskräfte aus Sozialinstitutionen sollen lernen, betriebswirtschaftliches Know-how anzuwenden. Für Herrn Fink geht es „ganz klar um einen Ausbildungsweg", gesellschaftspolitische Aspekte sind für ihn im Projekt Brückenschlag nicht relevant. Es wird jedoch vermutet, dass es sich dabei um eine Form der Abwehr von Unsicherheit handelt. Der Teilnehmer erlebt ein Spannungsfeld zwischen Wirtschaft und Sozialbereich. Den Wirtschaftsbereich erlebt Herr Fink als „hart", später spricht er nochmals von den „Härten" des Managements. Den Sozialbereich kann der Teilnehmer nicht benennen, es stellt für ihn etwas Fremdes und Unbekanntes, „etwas Anderes" dar. Er findet dafür keine Worte, nur Umschreibungen. Diese für Herrn Fink fremde Lebenswelt birgt subjektiv Unsicherheit. Das Projekt Brückenschlag selbst stellt, wie in der bisherigen Analyse zum

Ausdruck kam, auch eine Unsicherheitszone dar. Keiner der Teilnehmer weiß, ob Brückenschlag eine geeignete Methode ist, um gesellschaftlichen Entwicklungen entgegenzutreten. Die Unsicherheit im Umgang mit dem Sozialbereich wehrt Herr Fink dahingehend ab, dass er sprachlich die Härte der Wirtschaft betont. Sprachlich wie auch im Erleben reduziert Herr Fink dadurch die Unsicherheit, die von dem für ihn unbekannten Sozialbereich ausgeht. Die Unsicherheit bezogen auf den gesellschaftspolitischen Hintergrund des Projekts Brückenschlag wehrt er dadurch ab, dass er sich auf ein für ihn sicheres Terrain zurückzieht – die Wirtschaft. Er spricht immer wieder von einer „egoistischen" Zielsetzung des Projekts Brückenschlag, in dem Sinn, dass der Eigennutzen für die Führungskräfte und die Unternehmen im Vordergrund stehen müsse. Den wirtschaftlichen Nutzen in den Vordergrund zu stellen, gibt Herrn Fink subjektiv mehr Sicherheit. Der wirtschaftliche Nutzen des Projekts Brückenschlag ist einfacher und deutlicher zu kommunizieren als der gesellschaftliche Nutzen und er kann auch im Sinn der Zielerreichung besser gemessen werden. Das Ziel, Brückenschlag als Weiterbildung für Führungskräfte, ist über den subjektiv wahrgenommenen Lernerfolg weitaus einfacher zu operationalisieren als die gesellschaftlichen Auswirkungen.

Im Gegensatz zu den vorherigen Wortmeldungen zeigt Herr Fink sprachlich keinerlei Unsicherheit. Im Gegenteil, durch seine sprachliche Ausdrucksform lässt er keinerlei Zweifel über den Nutzen des Projekts Brückenschlag aufkommen.

Für Herrn Fink ist der Weiterbildungsaspekt im Projekt Brückenschlag die primäre Zielsetzung. Vom gesellschaftspolitischen Aspekt und dem Ziel, das gesellschaftliche Engagement von Unternehmen zu fördern und „sozial auch etwas zu tun", distanziert sich der Teilnehmer klar im Sinne der Abwehr. Möglicherweise handelt es sich dabei um eine Form unbewusster Bewältigung emotionaler Spannung. In der nächsten Wortmeldung weist Herr Fink auf einen zweiten Aspekt hin, weshalb der Weiterbildungsaspekt im Projekt Brückenschlag zentrale Bedeutung erlangt. Diesen zweiten Aspekt artikuliert Herr Fink im Gegensatz zu seiner ersten Wortmeldung bewusst.

Herr Fink (154-156): Und wir suchen nicht in erster Linie Identifikation mit Sozialeinrichtungen, damit man dann unter Umständen leichter spendiert oder ich weiß nicht was. Ich hoffe, ich drücke mich da klar aus. Weil in dem Moment vermute ich oder haben wir vermutet, dass es eher tot wäre.

Herr Fink vermutet also, dass, wenn das Ziel gesellschaftliches Engagement von Unternehmen zu fördern, offen im Vordergrund steht, dies das Ende für das Projekt Brückenschlag bedeuten würde. Nimmt eine Führungskraft keinen Nutzen für sich oder das Unternehmen wahr, engagiert sie sich entweder gar nicht oder nur aus philanthropischen Gründen. Das Ziel, Austausch und Vernetzung zwischen unterschiedlichen Gesellschaftsbereichen zu fördern und so die Auseinandersetzung mit gesellschaftlichen Problemstellungen anzuregen, könnte verfehlt werden. Es wäre „tot".

Herr Fink beendet seine Wortmeldung folgendermaßen:

Herr Fink (161-162): Bitte schreit Ihr, die Ihr am Anfang dabei gewesen seid, wenn ich vielleicht etwas Falsches sage.

Herr Fink fordert die anderen Diskussionsteilnehmer auf, ihn zu korrigieren, wenn er „etwas Falsches sage". Nachdem Herr Fink nun so vehement seinen Standpunkt dargelegt hat und die Frage nach der Zielsetzung des Projekts Brückenschlag nun im Spannungsfeld wirtschaftlicher vs. gesellschaftlicher Nutzen steht, erhofft sich Herr Fink nun Unterstützung von den anderen Teilnehmern. Seine Aussagen kann als eine Verkehrung ins Gegenteil interpretiert werden. Indem Herr Fink die anderen auffordert, sich ihm zu widersetzen, versucht er das Gegenteil zu bewirken – Unterstützung.

Die Moderatorin greift diese Wortmeldung auf und fordert die Diskussionsteilnehmer auf sich zu positionieren.

Moderatorin (163): Wie sehen das die anderen? Würden Sie das unterschreiben?

Herr Rabe aus dem Sozialbereich meldet sich als erster zu Wort, geht allerdings nicht auf die Frage ein. Er vermeidet es, mit Herrn Fink in Diskussion zu treten und seine ursprüngliche Position zu verteidigen. Stattdessen bringt er einen neuen Aspekt ein, bei dem sich alle Teilnehmer bei der Konzeption des Projekts Brückenschlag einig waren. Brückenschlag soll das Top-Management ansprechen. Er versucht, die entstandene Spannung zu reduzieren, indem er auf ein Thema schwenkt, bei dem er Einigkeit erwartet.

Herr Rabe (164-165): Also, was uns noch wichtig war: Dass es möglichst hoch angesiedelte Manager sind, die in diesen Lernprozess einsteigen.

Am Ende seiner Wortmeldung betont Herr Rabe ebenfalls die Bedeutung des Lerncharakters des Projekts Brückenschlag im Sinne der Weiterbildung. Herr Rabe, bei dem die Unsicherheit in seiner ersten Wortmeldung am deutlichsten war, schließt sich als erster der Position von Herrn Fink an.

Indem er sich der wirtschaftlichen Zielsetzung anschließt, nimmt er das Angebot, die Unsicherheitszone zu reduzieren, an.

Als Nächstes versucht Herr Meise nochmals auf das Thema „Förderung des gesellschaftlichen Engagements von Unternehmen" zurückzuführen.

Herr Meise (193-199): Ja. Wenn wir die Thematik unserer heutigen Diskussion uns kurz vor Augen führen, da heißt es ja: Förderung gesellschaftlichen Engagements von Unternehmen. Und Sie haben ja auch erwähnt, dass Sie in [Bundesland] CSR[8] auch als Rahmen für unsere Initiative sehen. Dann hat Herr Fink, glaube ich, jetzt schon klar gesagt, dass wir also dieses gesellschaftliche Engagement ... Das war für uns eigentlich eher ein Ergebnis... Das primäre ist, glaube ich... Es ist wichtig, dass wir uns eben abgrenzen. Das primäre war bei uns schon, dass der unmittelbare Nutzen für den einzelnen als Führungskraft und fürs Unternehmen ... Also sehr, fast egoistisch.

Bei Herrn Meise handelt es sich um jenen Teilnehmer, der zu Beginn erwähnte, Ausgangspunkt für die Konzeption des Projekts sei das Thema Ehrenamt und Corporate Citizenship gewesen. Er versucht nun nochmals die Verbindung zum Thema CSR zu schaffen, indem er auf eine Wortmeldung von Frau Vogel aus dem Bereich Soziales verweist. Im Folgenden sucht er aber auch die Allianz mit Herrn Fink, indem er einen Kompromiss versucht. Das gesellschaftliche Engagement von Unternehmen stelle das Ergebnis des Projekts Brückenschlag dar. „Primär" geht es darum, einen Nutzen aus der Teilnahme am Projekt für die Führungskraft und das Unternehmen aufzuzeigen. Der Nutzen für das Unternehmen soll folglich im Vordergrund stehen. Aus Sicht der Wirtschaft „sehr, fast egoistisch". Dieser Aspekt der egoistischen Nutzenerwartung wird von Herrn Fink umgehend bekräftigt, indem er sagt *(183) „Ja ... egoistisch. (185) Bewusst egoistisch"*. Herrn Meise ist es zusätzlich wichtig, *„dass wir uns eben abgrenzen"*. Die Frage, die sich stellt, ist, gegenüber wem oder was, soll sich das Projekt Brückenschlag abgrenzen. Es wird vermutet, dass Herr Meise auf die bereits erwähnte Gefahr vor ausschließlich philanthropischem Engagement hinweist.

Herr Fink verdeutlicht nochmals die Bedeutung des Eigennutzens.

Herr Fink (322-323): Und darum ist es ja auch so wichtig gewesen, nicht irgendeine sozialromantische Seite aufkommen zu lassen, sondern einfach Eigennutz.

---

[8] Corporate Social Responsibility

Herr Fink sieht eine Gefahr darin, den gesellschaftlichen Nutzen in den Vordergrund zu stellen – „Sozialromantik". Wenn Führungskräfte in dem Projekt Brückenschlag keinen konkreten unternehmerischen Nutzen erkennen, machen sie nur aus philanthropischen Gründen mit. Das Ziel, Auseinandersetzung mit gesellschaftlichen Problemstellungen und Engagement zu fördern, könnte verfehlt werden. Durch die Betonung des Weiterbildungscharakters will Herr Fink das Projekt Brückenschlag von herkömmlichen wohltätigen Spenden- und Sponsoringleistungen abgrenzen. Um Unternehmen zu gesellschaftlichem Engagement zu motivieren, das dauerhafter und tiefer im gesellschaftlichen Umfeld verankert ist wie einmalige finanzielle Unterstützungsleistungen, muss der wirtschaftliche, unternehmerische Nutzen des Engagements in den Vordergrund gestellt werden.

Im Anschluss an die gegenseitige Bekräftigung der beiden Herren Fink und Meise aus der Wirtschaft, es ginge um eine egoistische Sichtweise, meldete sich Herr Adler aus der Politik zu Wort.

Herr Adler (203-204): Es gibt da natürlich auch noch eine dritte Sicht und die würde ich da jetzt noch gerne (lacht) einbringen wollen, so sehr ich das unterschreiben kann, was bisher gesagt worden ist. Unsere Motivation war aber doch noch um Nuancen eine andere. (224-232) Also dass diese Manager zum Beispiel Sozialkompetenz gewinnen, dass sie Verständnis entwickeln für andere Lebenswelten. Teilweise zu Botschaftern werden, weil sie einfach das aus erster Hand erlebt haben und sehen, was es da auch für Schicksale gibt. Vielleicht gehen die dann wieder zufriedener an den eigenen Arbeitsplatz und kommen drauf, dass es nicht nur Zahlen, Effizienz und betriebswirtschaftliche Faktoren gibt, sondern eben wichtige menschliche Faktoren. Das sie einen Beitrag leisten können, den Zusammenhalt in der Gesellschaft zu unterstützen. Also das war eine wesentliche Motivation für uns, jetzt im Sinne von diesem mir selber nicht sehr angenehmen Begriff der Nachhaltigkeit, aber ein Versuch, da verschiedene Lebenswelten zusammenzubringen.

Herr Adler versucht in seiner Wortmeldung wieder den gesellschaftspolitischen Aspekt zu betonen. Er stimmt den Herren Fink und Meise aus der Wirtschaft zwar hinsichtlich des egoistischen Motivs zu, verdeutlich aber gleichzeitig, dass es auch noch eine andere Perspektive gibt. Herr Adler nimmt das Angebot von Herrn Fink, sich durch eine wirtschaftliche Argumentation Sicherheit zu verschaffen, nicht an und verbleibt in der Unsicherheitszone. Durch das Lachen versucht Herr Adler die entstandene Spannung abzubauen. Für Herrn Adler aus der Politik verfolgt Brückenschlag das Ziel, den gesellschaftlichen Zusammenhalt zu fördern, indem sich die „Lebenswelten" Soziales und Wirtschaft annähern und austauschen.

An dieser Stelle der Gruppendiskussion wird das Spannungsfeld hinsichtlich der Zielsetzung deutlich. Es geht um die Frage, welches Ziel mit dem Projekt Brückenschlag primär kommuniziert werden soll. Ausgehend vom gesellschaftlichen Wandel und den damit einhergehenden komplexen Problemstellungen für Politik, Soziales und Wirtschaft, ist allen Teilnehmern der Diskussionsrunde klar, dass es neue Strategien im Umgang mit diesen Herausforderungen benötigt. Dabei wird als mögliche Strategie immer öfters bürgerschaftliches Engagement unterschiedlicher Zielgruppen diskutiert. Durch die Förderung von Bürgerengagement soll der Austausch bisher getrennter Lebenswelten angeregt werden und gegenseitiges Vertrauen und Zusammenhalt sollen aufgebaut werden als Grundlage für die Bewältigung komplexer gesellschaftlicher Problemstellungen.

Das theoretische Konzept des Corporate Citizenship fokussiert dabei auf das gesellschaftliche Engagement von Unternehmen. Über die Kooperationen von Unternehmen mit Sozialinstitutionen soll ein gesellschaftlicher Nutzen gestiftet werden. Das Problem ist, dass die Komplexität der Problemstellungen und die fehlenden Strategien, darauf zu reagieren, bei Akteuren der unterschiedlichen Gesellschaftsbereiche – Politik, Soziales und Wirtschaft – zu Unsicherheit führen. Das Projekt Brückenschlag stellt einen Versuch dar, bürgerschaftliches Engagement von Unternehmen zu fördern und auf diese Weise gesellschaftlichen Herausforderungen entgegenzutreten. Ob dieser Versuch erfolgreich ist, ist unklar, da der erwartete gesellschaftliche Nutzen schwer messbar ist.

Wie in der bisherigen Analyse deutlich wurde, ist die Folge Unsicherheit bei den Akteuren. Aufgrund dieser Unsicherheit ist es sehr schwierig, das Projekt Brückenschlag mit dem eigentlich intendierten Ziel und der eigentlich intendierten Nutzenerwartung zu kommunizieren. Sprachlich sind die Wortmeldungen zu Beginn der Diskussion von Unsicherheit gekennzeichnet. Alle Teilnehmer, die den gesellschaftlichen Nutzen in den Vordergrund stellen, können diesen jedoch nur vage und zögerlich kommunizieren.

Ein Ausweg bietet die Zielsetzung Weiterbildung für Führungskräfte. Diese Zielsetzung ist eindeutig, kann klar kommuniziert werden und der erwartete Nutzen für die Teilnehmer kann definiert und gemessen werden. Herr Fink aus der Wirtschaft propagiert die Zielsetzung Weiterbildung für Führungskräfte. In seinen Wortmeldungen ist keinerlei Unsicherheit bemerkbar. Er bringt Zielsetzung und Nutzenerwartung klar auf den Punkt. Die Zielsetzung Weiterbildung für Führungskräfte verleiht Sicherheit in der Kommunikation und reduziert die subjektiv erlebte Spannung.

Ein weiterer Grund, der für die Zielsetzung Weiterbildung für Führungskräfte spricht, ist der, dass dadurch ein persönlicher und in der Folge ein wirtschaftlicher Nutzen fürs Unternehmen aufgezeigt werden können. Die beiden Herren Fink und Meise aus der Wirtschaft befürchten, dass gesellschaftliches Engagement von Unternehmen nur gefördert werden kann, wenn die Unternehmen einen Eigennutzen darin erkennen.

Allerdings entspricht die Zielsetzung Weiterbildung für Führungskräfte nicht dem eigentlich intendierten Ziel, sondern dient nur der vereinfachten Kommunikation und dem Marketing. In diesem Spannungsfeld, ob der gesellschaftlichem Nutzen oder der wirtschaftliche Nutzen primär kommuniziert werden soll, verläuft die bisherige Diskussion.

Frau Vogel aus dem Sozialbereich greift dieses Spannungsfeld in der Zielsetzung im weiteren Diskussionsverlauf auf und benennt es.

Frau Vogel (437-442): Und es scheint mir auch kein Zufall, dass da jetzt Männer sind, die zwar schon sagen, es sind egoistische Motive gewesen, aber das klingt für mich schon so, dass da noch ein wenig mehr dabei gewesen ist (lacht) wie egoistische Motive. Da ist schon auch eine Lebenserfahrung dabei gewesen und auch, ich weiß nicht, ob das Überinterpretation ist, aber ich höre so zwischen den Zeilen durch, wir haben alle mehr davon, wenn wir nicht nur egoistisch sind, wenn man über den eigenen Tellerrand hinaus sich informiert, Kontakt sucht, sich konfrontiert mit anderen Realitäten.

Frau Vogel spricht in ihrer Wortmeldung die Vertreter der Wirtschaft an, indem sie sagt, sie glaube, dass es auch ihnen beim Projekt Brückenschlag auch nicht nur um egoistische – sprich unternehmerische Motive geht. Die Vertreter der Wirtschaft reagieren auf diese Wortmeldung jedoch nicht. Dies verdeutlicht nochmals die Unsicherheit, die mit der Zielsetzung gesellschaftliches Engagement verbunden ist, sowie die unbewussten Anteile und verdeckten Sinngehalte. Für die Vertreter der Wirtschaft scheint es besonders schwierig zu sein, diese gesellschaftspolitischen Aspekte bewusst zu artikulieren.

Die Teilnehmer der Diskussionsrunde einigen sich in der Folge darauf, dass das Projekt Brückenschlag das Ziel Weiterbildung für Führungskräfte verfolgt und ein Lernprozess angeregt werden soll. Das Ergebnis dieses Lernprozesses könne ein verstärktes gesellschaftliches Engagement von Seiten der Unternehmen sein, müsse jedoch nicht. Sprachlich ist im Erleben der Teilnehmer keine Unsicherheit mehr zu spüren. Die Einigung auf die Zielsetzung Weiterbildung für

Führungskräfte brachte subjektiv Sicherheit im Erleben und in der Kommunikation. Der weitere Verlauf der Diskussion kann als sehr harmonisch und wenig kontrovers beurteilt werden.

Gegen Ende der Diskussion ergreift die Autorin nochmals das Wort, indem er die Diskussion auf das Thema Corporate Citizenship zurückführt. Dabei wird explizit der Begriff Corporate Citizenship verwendet. Es wird die Frage aufgeworfen, welche Bedeutung dem Projekt Brückenschlag in der Förderung gesellschaftlichen Engagements von Unternehmen zufällt.

Die erste Wortmeldung kommt von Herrn Rabe aus dem Sozialbereich, der sich nun entgegen seiner Position zu Beginn der Diskussion vom Thema Corporate Citizenship distanziert.

Herr Rabe (644-647): Ich würde es nicht zu stark in dieser Brückenschlaggeschichte sehen, wo Menschen stärker versuchen, bestimmte Kompetenzen zu erhalten und bei dieser Bürgergesellschaft doch auch das Stiften von einem Nutzen für andere eine große Rolle spielt. (649-650) Von meiner Intention her würde ich für mich Brückenschlag nach wie vor als eine Lerneinrichtung sehe.

Herr Adler, Vertreter aus der Politik, schließt sich der Wortmeldung von Herrn Rabe an.

Herr Adler (670-672): Ich habe immer ein wenig Mühe mit diesem Begriff Corporate Citizenship, ich habe es da mit Ihnen ... Also das sozial agierende Unternehmen finde ich jetzt eher einen Witz und das ist eine Illusion. Das ist eine Sozialromantik.

Bezogen auf den Begriff Corporate Citizenship meint Herr Fink aus der Wirtschaft abschließend:

Herr Fink (702): Wieder einmal ein bunter Hund, der mit anderem Namen über die Straße rennt.

Danach leitet Herr Fink auf das Thema Lehrlingsausbildung über und die Diskussion schweift thematisch ab.

Durch das nochmalige Aufgreifen und konkrete Ansprechen des Konzepts Corporate Citizenship, löst die Moderatorin nochmals Unsicherheit aus - in einer Phase des Diskussionsverlaufs, der von Einigkeit gekennzeichnet ist. Auf diese Störung reagieren die Teilnehmer mit Widerstand. Herr Rabe zieht sich als erster wieder auf die sichere Position Weiterbildung für Führungskräfte zurück. Die beiden anderen Herren Fink und Adler reagieren mit Abwertung des Konzepts Corporate Citizenship als Illusion, Sozialromantik und Modeerscheinung.

Corporate Citizenship scheint ebenfalls eine Quelle subjektiv erlebter Unsicherheit zu sein. Die Tatsache, dass es sich dabei um ein amerikanisches Konzept handelt, worüber in letzter Zeit auch in Europa verstärkt diskutiert wird, erzeugt Unsicherheit. Corporate Citizenship wird als etwas Neues und Unbekanntes erlebt, worüber immer wieder geredet wird, die eigentliche Bedeutung aber oft unklar bleibt. Zusätzlich liegen bei keinem der Teilnehmer eigene Erfahrungen in der Umsetzung von Corporate Citizenship vor. Vermutlich löst das Konzept Corporate Citizenship auch die Angst aus, sich als Unternehmen verbindlich engagieren zu müssen.

Der Begriff Corporate Citizenship wird von den Teilnehmern, egal ob aus dem Bereich Politik, Soziales oder Wirtschaft, negativ assoziiert. Er wird als Modethema abgewertet. Die Teilnehmer distanzieren sich und das Projekt Brückenschlag vom Begriff Corporate Citizenship. Die Reaktion auf diese negative Assoziation ist die nochmalige Betonung des Weiterbildungsaspekts. Die Diskussion darüber wird von Seiten der Teilnehmer abgebrochen.

Zusammenfassung

Wie bereits zu Beginn des Kapitels erwähnt, befindet sich das Projekt Brückenschlag im Spannungsfeld der Bereiche Politik, Soziales und Wirtschaft. Dieses Spannungsfeld setzt sich in der Zielsetzung des Projekts fort. Es wird versucht gesellschaftlichen Nutzen mit wirtschaftlichem Nutzen zu verbinden. In diesem Spannungsfeld manifestiert sich die unbewusst erlebte Unsicherheit der Akteure. Diese Unsicherheit kann auf zwei Ebenen interpretiert werden: auf gesellschaftlicher Ebene als Ausdruck des Wandels und Umbruchs, auf Projektebene als Ausdruck der fehlenden Erfahrung im Umgang mit anderen Lebenswelten.

Die Teilnehmer reduzieren ihre Unsicherheit dadurch, dass sie sich auf ihnen bekanntes Terrain zurückziehen – Weiterbildung für Führungskräfte. Mit dem Aspekt der Weiterbildung im Vordergrund können für das Projekt Brückenschlag Ziele definiert werden, die eindeutig, nachvollziehbar und überprüfbar sind. Bei diesen Zielsetzungen werden der individuelle Nutzen für die Führungskräfte und der wirtschaftliche Nutzen für die Unternehmen hervorgehoben.

Einem potentiellen Teilnehmer zu erklären, dass Brückenschlag für ihn und fürs Unternehmen Wirkungen, in Form von sozialem Lernen und sozialer Kompetenz erzielt, ist einfacher, als ihm zu erklären, dass er durch seine Teilnahme am Projekt Brückenschlag einen gesellschaftlichen Nutzen stiftet, der nicht konkret erläutert werden kann.

Im folgenden Teil wird die Sichtweise der am Projekt Brückenschlag direkt beteiligten Akteure dargestellt. Es werden die Erfahrungsfelder der Teilnehmer aus den Unternehmen und den Begleitern aus den Sozialinstitutionen aus den Interviewdaten rekonstruiert.

9. Erfahrungsfelder der Akteure

Die Ergebnisse dieses Kapitels beziehen sich einerseits auf die problemzentrierten Interviews mit Teilnehmern aus dem Jahr 2003. Es handelt sich dabei um acht Interviews mit Teilnehmern aus der Wirtschaft und sechs Interviews mit Begleitern aus Sozialinstitutionen, direkt nach Beendigung der Projektwoche. Die Auswertung dieser Daten erfolgte anhand der psychoanalytisch orientierten Tiefenhermeneutik. Zusätzlich beziehen sich die Ergebnisse auf Daten der problemzentrierten Interviews mit acht Teilnehmern aus der Wirtschaft und vier Begleitern aus Sozialinstitutionen aus dem Jahr 2002. Dabei wurden die mit Hilfe der psychoanalytisch orientierten Tiefenhermeneutik abgeleiteten Erlebnisdimensionen als Kategorisierungsdimensionen für die inhaltsanalytische Zusammenfassung verwendet. Einerseits zeigte sich nach dem ersten Teil der Interviewdaten eine inhaltliche Sättigung, andererseits war dadurch die Analyse größerer Datenmengen möglich.

9.1. Motiv für die Teilnahme

In diesem Kapitel werden die unterschiedlichen Beweggründe, am Projekt Brückenschlag teilzunehmen, dargestellt. Dabei werden im ersten Teil die Motive der Teilnehmer aus der Wirtschaft betrachtet, im zweiten Teil die Motive der Begleiter aus den Sozialinstitutionen. In der Zusammenfassung wird die Motivstruktur beider Akteursgruppen gegenübergestellt und Hypothesen für das weiterführende Engagement werden abgeleitet.

Da der erste Befragungszeitpunkt erst nach Beendigung der Projektwoche Brückenschlag war, konnte diese Frage nach den Motiven zur Teilnahme von den Befragten nur retrospektiv beantwortet werden.

<u>Teilnehmer aus der Wirtschaft</u>
Im Zuge der Analyse der Interviewdaten konnten vier Motive herausgearbeitet werden, weshalb Vertreter aus Wirtschaftsunternehmen am Projekt Brückenschlag teilnehmen: Neugier, Vorreiterrolle, Verpflichtung und beruflicher Leidensdruck.

Das Hauptmotiv ist zweifelsfrei die Neugier. Die Teilnehmer erleben den Sozialbereich als einen Bereich, der wenige Berührungspunkte mit dem eigenen Handlungsfeld aufweist. Er stellt etwas Unbekanntes dar, über den öffentlich zwar viel geredet wird, viele der Teilnehmer selbst noch keine direkten Erfahrungen gemacht haben. Diese fehlende Erfahrung wird von den Teilnehmern betont. Sie führen diese darauf zurück, dass weder sie selbst noch ihre Familie je mit sozialen Problemen der Art konfrontiert waren, dass sie Kontakt zu Sozialinstitutionen gehabt hätten. Das heißt, einerseits sind die Teilnehmer sehr dankbar, dass der Sozialbereich etwas bisher Unbekanntes für sie darstellt, gleichzeitig ist dieses Unbekannte aber auch die Quelle der Neugier. Hier ist eine gewisse Ambivalenz von Angst und Neugier spürbar. Das bedeutet auch, dass die Tatsache, Erfahrungen mit sozialen Institutionen zu haben, gleichzusetzen ist mit von sozialen Problemen und gesellschaftlicher Ausgrenzung betroffen zu sein. Die Darstellung des Sozialbereichs als etwas Unbekanntes, die Dankbarkeit, selbst nicht betroffen zu sein, sowie die Neugier, die damit verbunden ist, kommt sprachlich in den Interviews sehr gut heraus. Die folgenden Beispiele sollen dies verdeutlichen.

1W1 (56-58): Ich entschied mich für etwas, wo ich keine Ahnung hatte. Gott sei Dank bin ich nicht betroffen, weder in der Familie noch in der Verwandtschaft noch im Unternehmen. So wollte ich einfach etwas lernen – was geht hier ab. Es war erstens die Neugierde.

1W6 (13-15): Meine Motivation, - falls ich diese schildern kann - um am Projekt Brückenschlag teilzunehmen, war, wie soll ich sagen ... Ich habe das Glück, in geordneten Verhältnissen zu leben.

1W7 (51-52): Das ist eine Reise in eine andere Welt und ein Blick aus einem ganz anderen Blickpunkt, auf das, was wir hier machen. (56-57) Man kann bei uns in einer Welt leben, ohne dass man überhaupt eine Vorstellung von dieser anderen Welt hat.

1W8 (38-39): Ich wollte diese Welt einmal kennen lernen, einmal eine andere Welt entdecken.

An das Motiv der Neugier schließt sich in einzelnen Fällen der Wunsch nach einer Bewertung der Sinnhaftigkeit der Sozialinstitution an.

1W6 (20-21): Was mich zusätzlich noch interessiert hat, war, wie diese organisiert sind, ob das letztlich schon eine sinnvolle Institution ist oder nicht.

Der Kontakt mit der Fremde wird in diesem Fall vor dem Hintergrund gesellschaftlicher Machtverhältnisse gestaltet. Die Bewertung der Sinnhaftigkeit kann als eine Form der Angstabwehr interpretiert werden. Die Sozialinstitution stellt für den Befragten eine Unsicherheitszone dar, die er subjektiv als bedrohlich erlebt. Der Befragte wehrt durch die Bewertung der Sinnhaftigkeit der Sozialinstitution seine eigene Angst vor dem Unbekannten ab. Zu beurteilen, ob etwas sinnvoll ist oder nicht, sichert dem Befragten den Machtanspruch. Dieses Gefühl der Macht verleiht ihm subjektiv die Sicherheit, dem Unbekannten gegenüberzutreten.

Neben der Neugier als Hauptmotiv sahen sich einige Teilnehmer zusätzlich in einer gewissen Vorreiterrolle. Aufgrund ihrer beruflichen Position oder ihren Kontakten zur Projektleitung wurden sie gefragt, ob sich nicht beim Projekt Brückenschlag mitmachen würden. Diese Teilnehmer erleben sich in einer Vorreiterrolle bzw. als Vorbild und erwarten motivierende Effekte auf andere. Dieses Motiv ist typisch für die Pilotphase eines Projekts und kann den Teilnehmern daher nicht angelastet werden. Es wird erwartet, dass dieses Motiv mit zunehmender Projektdauer und dessen Bekanntheit abnimmt. Einige Teilnehmer fühlen sich von Seiten des Unternehmens zur Teilnahme verpflichtet. Besonders im ersten Projektjahr war es häufig so, dass Geschäftsführer aufgrund mangelnder Zeit andere Führungskräfte entsandt haben.

1W4 (29): (lacht) Ganz einfach, einer von uns musste. (34-35) Wenn ich ehrlich bin, war es allerdings nicht meine Initiative, wobei ich es aber nicht bereue, so ist das nicht zu verstehen.

2W9 (6-9): Man ist auf mich zugekommen, ob ich am Projekt Brückenschlag teilnehmen würde. Grundsätzlich war das für mich ganz unklar, was auf mich zukommt, was man bezwecken möchte, der Sinn, der dahinter steckt. Ich bin dann zwangsbeglückt geworden, bin dort hingegangen und mit jedem Tag mehr wurde es ganz interessant und sinnvoll. Es hat mir sehr gut gefallen.

2W14 (7-11): Vielleicht erst einmal vorab: Ich bin von der Personalabteilung in dieses Projekt entsandt worden, auch aus dem Grund, weil ich für die [Tätigkeitsbezeichnung] zuständig bin. In dem Zusammenhang sagte man, dass es vielleicht Sinn macht, Sozialeinrichtung und Wirtschaft irgendwo zusammenzulegen und aus Firmen- bzw. Personalsicht sind sie auf mich gestoßen. Ich wollte zuerst zwar nicht unbedingt mit großer Euphorie.

Wie aus den Beispielen erkennbar ist, wirkt sich die Verpflichtung zur Teilnahme jedoch nicht notwendigerweise negativ auf die Bewertung der Projektwoche aus.

In der Analyse kristallisierte sich noch ein besonders interessantes Motiv heraus – der berufliche Leidensdruck. Es handelt sich dabei um einen Teilnehmer, der im Personalbereich tätig ist und verstärkt mit sozialen Problemfällen im Unternehmen konfrontiert ist. Er erwartete sich durch die Teilnahme an Brückenschlag eine möglichst rasche Hilfe für diese Probleme. Entweder direkt durch die soziale Institution oder indem er „Werkzeuge" erhält, um die Probleme selbst zu lösen. Diese

Erwartungshaltung wird allerdings nicht erfüllt. Das Bild des Werkzeugkastens ist ein sehr einfaches Modell zur Lösung sozialer Probleme. Es impliziert die Vorstellung, dass es für jedes Problem eine maßgeschneiderte Lösung gibt. Zusätzlich beinhaltet das Bild des Werkzeugkastens die Vorstellung, dass soziale Probleme schnell repariert werden können oder müssen. Die Lösung sozialer Probleme bedarf meist eines längeren Prozesses, der von Rückschlägen gekennzeichnet ist und professionell begleitet werden muss. Es gibt keinen universellen, vorgezeichneten Lösungsweg. Dieser ist individuell sehr verschieden. Insbesondere in der sozialen Arbeit ist auch oft nicht die Problemlösung im Vordergrund, - im Sinne der Reparatur - sondern die Stabilisierung der persönlichen und sozialen Situation. Durch die Ähnlichkeit des Aufgabenfelds der sozialen Institution mit den Problemen des Teilnehmers hält sich dieser für fachlich kompetent. Sprich, er kennt die Probleme aus seinem beruflichen Alltag, er hat täglich damit zu tun. Es scheint, dass er in den Beratungsgesprächen erlebt, dass es zur Lösung dieser Probleme einer anderen Fachlichkeit bedarf – der sozialen Arbeit. Er erlebt sich in den Beratungsgesprächen als nicht kompetent. Damit ist die zweite Erwartungshaltung nicht erfüllt, die Beurteilung des Nutzens fällt dementsprechend gering aus.

1W6 (18-20): Ein zweiter wichtiger Grund ist, dass auf meinen Schreibtisch wöchentlich Exekutionen kommen. Deshalb dachte ich mir, dass ich das einfach einmal vor Ort sehen muss. (62-67) Mich ärgert, wie gesagt, diese jährliche Flut an Exekutionen und das fördert auch die Privatkonkurse, weil es beim Hauptverband der Sozialversicherung offensichtlich das Instrument der Drittschuldenanträge gibt. Dort kann jeder anfragen. Das Ergebnis ist: Wegen tausend Schilling bzw. hundert Euro entsteht so ein dickes Paket, wo hunderte bzw. tausende Betriebe in Österreich die Last von irgendwelchen Versandhäusern oder was auch immer tragen müssen. Das ist unmöglich. Das ist etwas, was meines Erachtens auf dem schnellsten Wege abgeschafft gehört. Aber hier habe ich natürlich auch keine direkte Einflussmöglichkeit. Das sind so die Erkenntnisse, die ich habe. (55) Von uns aus ist die Umsetzungsmöglichkeit begrenzt. (401-403) Nein, ich habe jetzt nichts, wovon ich sagen könnte: „Jetzt habe ich etwas mitgenommen, das ich bisher noch nicht wusste." Sei das Technik, ein Verfahren oder der Zugang zu Menschen. Ich muss sagen, dass ich diesbezüglich eigentlich nichts Neues gelernt habe.

Der Befragte erlebt die Exekutionen und das soziale Problem der Überschuldung als ein Störfeld, das ihn in seiner Arbeit behindert. Ausgehend von der Erwartungshaltung des Befragten – rasche Hilfe für die sozialen Probleme im Unternehmen – erlebt der Befragte durch die Erfahrungen der Projektwoche eine kognitive Dissonanz, die er nur dadurch auszuhalten im Stande ist, indem er den Lerneffekt abwertet.

Begleiter aus Sozialinstitutionen

Aus den Interviews mit den Begleitern konnten ebenfalls drei Motive für die Teilnahme herausgearbeitet werden: Reputation, Zugang zu Ressourcen und Rechtfertigung.

Eines der beiden Hauptmotive der Begleiter aus den Sozialinstitutionen ist der Zugang zu Ressourcen, die für soziale Institutionen sonst nur schwer zugänglich sind. Ein Großteil der Begleiter hat im Rahmen ihrer Arbeit in der Sozialinstitution mit Wirtschaftsunternehmen zu tun, meist im Rahmen der Reintegration in den Arbeitsmarkt oder im Rahmen der Prävention. Durch die Teilnahme am Projekt Brückenschlag erwächst die Erwartung, neue Kontakte zu Wirtschaftsunternehmen zu knüpfen und den Austausch zu intensivieren. Durch den Zugang zu Informationen, zu neuen Arbeitsfeldern und zu instrumenteller Unterstützungsleistung, wie beispielsweise finanzieller Unterstützung oder betriebswirtschaftlicher Unterstützung, hoffen sie für die eigene berufliche Arbeit zu profitieren. Bei einigen Teilnehmern ist das Motiv, Kontakte zur Wirtschaft zu knüpfen, verbunden mit der Hoffnung, eine Gegeneinladung zu erhalten und dadurch selbst einmal in die Wirtschaft wechseln zu können. Die Begleiter erleben die Wirtschaft als ein interessantes Lernfeld und den Austausch als eine wertvolle Bereicherung. Sie sehen in den Teilnehmern der Wirtschaft die Möglichkeit, eine Rückmeldung von außen zu erhalten. Das Feedback von Vertretern der Wirtschaft, wie sie die Sozialinstitution und die Arbeitsweise erleben, hat für diese Begleiter einen hohen Stellenwert. In einigen Fällen liegt die Frage nahe, ob sich die Begleiter durch das Projekt Brückenschlag eventuell neue Arbeitsfelder bzw. neue Arbeitsmöglichkeiten in Unternehmen – beispielsweise im Rahmen der betrieblichen Sozialarbeit – erhoffen. Folgende Interviewpassage mag dies belegen.

1S2 (56): Wir werden auch davon profitieren, wenn jemand aus der Wirtschaft zu uns kommt. (58-65) Es interessierte mich sowieso, weil ich Interesse an der Wirtschaft habe. Ich habe früher selber auch einmal in diese Richtung in der Wirtschaft gearbeitet. Da ich ja auch ein wenig für das Wirtschaftliche zuständig bin, habe ich immer die Vorstellung, dass wir als Sozialeinrichtung genauso arbeiten müssen wie dies die Wirtschaftsbetriebe tun. Deshalb fand ich es spannend, die Begegnung mit jemandem aus der Wirtschaft zu haben. Ursprünglich mit der Hoffnung, dass auch ich dann einmal für ein paar Tage in den entsprechenden Wirtschaftsbetrieb gehen kann, um dort zu lernen und kennen zu lernen, was bis jetzt aber leider in diesem Sinne noch nicht so zustande gekommen ist.

Das zweite Hauptmotiv ist die Reputation. Sie sehen im Projekt Brückenschlag eine Möglichkeit, das Bild von Sozialinstitutionen in der Öffentlichkeit zu verändern. Die Begleiter sehen sich häufig mit Klischees konfrontiert und erleben, dass ihre Arbeit in Frage gestellt wird. Die Begleiter erwarten sich, dass die Teilnehmer aus der Wirtschaft im Projekt Brückenschlag soziale Arbeit kennen lernen und dafür Verständnis entwickeln. In der Folge erwarten sie sich positive Multiplikatoreffekte.

1S4 (53-55): Mir ist es ein Anliegen, dass Leute aus der Wirtschaft soziale Institutionen, soziales Denken und auch soziale Problemstellungen und zum Teil auch die Hilflosigkeit unserer Arbeit kennen lernen, damit das Verständnis einfach größer wird.

2S7 (106-112): Das große Ziel ist es, dass Wirtschaft als Gesamtes oder Wirtschaftsbetriebe gegenüber dem Sozialbereich mehr Verständnis haben, dass klar ist, was mit öffentlichen Geldern passiert, dass dadurch die Sozialarbeit weniger in Frage gestellt wird. Dass auch die Notwendigkeit von einer guten Sozialarbeit, z.B. Arbeit mit Menschen mit Behinderung oder Arbeit mit alten Leuten oder Arbeit mit verhaltensauffälligen Jugendlichen, gleich mit wem, erkannt wird, und erkannt wird, dass es eine ganz wichtige Aufgabe ist. Die Notwendigkeit sieht man, wenn man nicht direkt in den Bereich hineinschaut, nicht.

1S6 (135-138): Mitgemacht habe ich aber, weil ich denke, dass [Name des Teilnehmers] eine Person ist, die sich auf Ebenen befindet, wo sie ein Bild der [Name der Institution] präsentieren kann, wo manches Klischee vielleicht ein wenig aufgelöst werden kann.

In Ausnahmefällen fühlen sich die Begleiter zur Teilnahme verpflichtet. Sie haben das Gefühl, nicht nein sagen zu können bzw. sich rechtfertigen zu müssen. Es handelt sich dabei um Stellenleiter zweier kleiner Sozialinstitutionen, die tabuisierte Randgruppen betreuen. Es wird vermutet, dass die Tatsache, dass das Land Vorarlberg Initiator und Finanzgeber des Projekts Brückenschlags ist, von den Begleitern als Druck zur Rechtfertigung empfunden wurde. Dieses Motiv war jedoch in diesen Fällen nicht das alleinige Motiv. Es ging immer einher mit einem der beiden bereits beschriebenen Motive.

1S2 (52-53): Erstens wurden wir angefragt und dachten uns, wenn wir gefragt werden, können wir nicht gut nein sagen. Das war eigentlich zuallererst.

Was sind denn die Gründe, wieso Sie bei Brückenschlag mitgemacht haben?
1S6 (126): (lacht) Weil ich nicht das Gefühl hatte, dass man nein sagen kann.
Sie wurden gefragt?

1S6 (128-130): Ja. Wir standen als [Name der Institution] auf der Liste und ich glaube, dass letztes Jahr in dieser Gruppe kein [Interessent] dabei war. Heuer war ein [Interessent] dabei. Ich denke, es ist schon auch ... Erstens hatte ich das Gefühl, dass es etwas ist, zu dem man nicht nein sagen kann.

Zwei der befragten Begleiter konnten kein Motiv für die Teilnahme nennen. Es handelt sich dabei um Leiter kleinerer Organisationseinheiten, die von der Geschäftsleitung gebeten wurden, am Projekt Brückenschlag teilzunehmen. In diesen Fällen waren die Begleiter in die vorbereitenden Gespräche und in die Planung nicht integriert. Auch bei den Reflexionsgesprächen und Erfahrungsworkshops nahmen dann nicht die eigentlichen Begleiter, sondern wieder die Geschäftsleiter teil. Den Begleitern fehlten folglich nicht nur die notwendigen Informationen zum Projekt, sondern auch die Rückmeldungen der anderen Teilnehmer und Begleiter zur Projektwoche. Dies führte zu Unsicherheit und Unzufriedenheit bei den Begleitern. Viele der Begleiter nutzten das Interview dann dazu, Informationen zum Projekt zu erhalten: Organisation, Ablauf, Zuständigkeiten innerhalb des Projekts, aber auch Erfahrungen anderer Teilnehmer und Begleiter. In der Zwischenpräsentation der ersten Evaluationsphase wurde dieser Sachverhalt thematisiert und in der weiteren Folge verstärkt darauf geachtet, dass die Projektkommunikation nicht nur mit den Geschäftsleitern der jeweiligen Sozialinstitutionen erfolgt, sondern mit den Personen, die die Projektwoche tatsächlich begleiten. Die Follow-up Interviews zeigten einen deutliche Verbesserung im Kommunikationsfluss, dem Informationsstand und der Zufriedenheit der Begleiter aus den Sozialinstitutionen.

Zusammenfassung

Wie in der Analyse ersichtlich, ist die Teilnahme am Projekt Brückenschlag bei allen Akteuren multimotiviert. Das heißt, es kann keine singuläre Motivation bestimmt werden, sondern es handelt sich immer um eine Mischung mehrerer Motive. Tabelle 5 gibt einen Überblick über Art und Häufigkeit der Motive der Akteure.

Bei den vier Motiven der Teilnehmer aus der Wirtschaft handelt es sich um personenbezogene Motive, nicht um unternehmensbezogene oder gemeinschaftsbezogene Motive. Bei den genannten personenbezogenen Motiven handelt es sich jedoch nicht im Sinne der Pflichtwerte um ethisch-moralische oder altruistische Beweggründe, sondern um Motive, die für die Selbstentfaltung der Teilnehmer stehen.

Akteure Wirtschaftsunternehmen		Akteure Sozialinstitutionen	
Neugier	11	Zugang zu Ressourcen	6
Verpflichtung	5	Reputation	6
Vorreiterrolle	5	Rechtfertigung	2
Beruflicher Leidensdruck	3	Kein Motiv	2

Tabelle 5: Art und Häufigkeit der Motive der Akteure

Der Grund, am Projekt Brückenschlag teilzunehmen, steht aus Sicht der Wirtschaft vor dem Hintergrund der Bedeutung für das eigene Selbst. Persönliche Bedürfnisse und Interessen stehen im Vordergrund. Bezogen auf die Fragestellung, ob durch das Projekt Brückenschlag das gesellschaftliche Engagement von Unternehmen gefördert werden kann, ist dennoch zu vermuten, dass sich das Fehlen von unternehmensbezogenen oder gemeinschaftsbezogenen Motiven nicht zwangsläufig negativ auf die Bereitschaft zu Kooperationen auswirkt. Im Gegenteil: Es wird davon ausgegangen, dass das weiterführende unternehmerische Engagement auf persönlichem Engagement, Betroffenheit und Erfahrung basiert. Nach den ersten praktischen Erfahrungen auf der Basis eines persönlichen Engagements - wie im Falle von Brückenschlag - kann ein unternehmerischer Nutzen entdeckt werden und sich in der Folge auch unternehmensbezogene oder gemeinschaftsbezogene Motive entwickeln. Funktionierendes gesellschaftliches Engagement von Unternehmen wird besonders bei kleineren und mittleren Unternehmen von engagierten Personen getragen, die vom Engagement überzeugt sind.

Auf Seiten der Sozialinstitutionen stehen interessanterweise jedoch ausschließlich organisationsbezogene Motive. Diese werden für eine weiterführende Kooperation zwischen Wirtschaftsunternehmen und Sozialinstitutionen zwar als förderlich angesehen, allerdings implizieren sie, dass die Akteure der Sozialinstitutionen ihre Erwartungen aktiv kommunizieren müssen und auf die Teilnehmer der Wirtschaft zugehen müssen.

Aus dem bisher Gesagten werden folgende Hypothesen für das weiterführende Engagement abgeleitet: Die Motive der Neugier und der Vorreiterrolle auf Seiten der Wirtschaft wirken sich positiv auf das weiterführende Engagement aus, nicht jedoch die Motive der Verpflichtung und des beruflichen Leidensdrucks. In Kombination mit den organisationsbezogenen Motiven der Begleiter aus den Sozialinstitutionen sind weiterführende Kooperationen zwischen Unternehmen und Sozialinstitutionen zu erwarten.

9.2. Aufenthaltsdauer

In diesem Kapitel wird zuerst die Aufenthaltsdauer der Teilnehmer aus der Wirtschaft in den Sozialinstitutionen im Rahmen des Projekts Brückenschlag deskriptiv dargestellt. Danach wird beschrieben, wie die Aufenthaltsdauer von Seiten der Akteure erlebt wurde. Von Seiten der Projektleitung Brückenschlag war konzipiert, dass sich die Aufenthaltsdauer in der sozialen Institution über fünf Tage, davon vier zusammenhängende Tage, erstrecken soll. Wie in Tabelle 6 ersichtlich ist, verbrachten fünf der sechzehn Teilnehmer aus der Wirtschaft fünf Tage in einer Sozialinstitution, sechs Teilnehmer drei Tage, vier Teilnehmer vier Stunden und ein Teilnehmer lediglich eine Stunde.

Aufenthaltsdauer	Anzahl der Teilnehmer
1 Stunde	1
4 Stunden	4
3 Tage	6
5 Tage	5

Tabelle 6: Aufenthaltsdauer der Teilnehmer

Zwei Sozialinstitutionen machten die Aufenthaltsdauer von fünf zusammenhängenden Tage zur Bedingung für eine Teilnahme. Wie im folgenden Interviewausschnitt deutlich wird, geht es der ersten Sozialeinrichtung darum, dass die Teilnehmer nicht nur Beobachter oder Experten sind, sondern sich eine Woche auf einen Prozess der Selbsterfahrung und Reflexion einlassen.

1S2 (9-20): Wir fragten uns, was für uns passend ist und stellten dabei fest, dass es für uns nur dann stimmt, wenn die Person, die hereinkommt, sich auch auf das einlässt, was hier herinnen abläuft, sich auf den Prozess einlässt, den unsere Leute hier durchmachen. Bei uns gibt es keine Patienten, sondern Gäste. Wir stellten uns selbst die Frage, ob diese Personen sich auf denselben Prozess, auf den sich auch unsere Gäste einlassen, ebenso eine Woche einlassen können, ob sie mit sich selber Erfahrungen sammeln wollen und diese dann hier herinnen reflektieren können und ob sie am Ende der Woche nachvollziehen können, was sie daraus gelernt haben. Wir dachten, dass es nur funktioniert, wenn jemand eine komplette Woche hier ist und mitmacht, sich wie ein Teilnehmer auf die [Tätigkeitsbereich] einlässt und nicht lediglich als Beobachter oder Experte hier ist. Wir formulierten dies auch so und dachten, dass sich sowieso niemand meldet, dass die Leute lieber irgendwo hingehen, um dort ausschließlich zuzusehen. Wir waren erstaunt, dass sich Leute dafür interessiert haben.

Die zweite Sozialeinrichtung machte die Aufenthaltsdauer von fünf Tagen erst im zweiten Projektjahr zur Bedingung. Sie betreute im ersten Projektjahr einen Teilnehmer, der lediglich einen Nachmittag teilnahm, und schloss daraus, dass in dieser kurzen Zeit keine befriedigende Lernerfahrung möglich ist.

1S3 (16-19): Wir hatten auch letztes Jahr schon einen Teilnehmer hier, von der [Name eines Betriebes]. Damals war es jedoch anders, da er lediglich einen Nachmittag hier war. Er nahm sich einfach nicht die Zeit dafür. Daraus hatten wir auch gelernt und beschlossen, dass, wenn jemand zu uns kommt, derjenige auch eine Woche lang hier ist. (21-23) Ich denke, das hängt stark von der Person ab, wie gewillt diese ist, sich dafür wirklich Zeit zu nehmen, wie sehr sie sich tatsächlich dafür interessiert und auch etwas mitnehmen möchte von der Erfahrung, die sie hier macht.

Alle anderen Teilnehmer aus der Wirtschaft schlossen von vornherein eine Aufenthaltsdauer von fünf Tagen aus. Sie waren weniger an einer prozesshaften Auseinandersetzung interessiert, sondern entweder an speziellen Fragestellungen oder an einem eher generellen Überblick über das Tätigkeitsfeld der Sozialeinrichtung. Von den Begleitern aus den Sozialinstitutionen wurde die mangelnde Bereitschaft, Zeit zu investieren, unterschiedlich wahrgenommen. Von den einen wurde es als eine Begrenzung erlebt, von den anderen als ein interessanter Austausch. Das Erleben der Begrenzung bezieht sich hauptsächlich auf die fehlende Möglichkeit, in der kurzen Zeit das notwendige Verständnis zu entwickeln und positive Lernerfahrungen zu machen. Sie stellen den Nutzen bzw. die Wirkung für die Teilnehmer in Frage, da die nötige Auseinandersetzung in dieser kurzen Zeit nicht möglich sei. Diese Begrenzung erlebten vor allem diejenigen Sozialinstitutionen, bei denen die Teilnehmer nur wenige Stunden zu Gast waren und die im Anschluss keine Gegeneinladung in die Wirtschaft erhielten. Im folgenden Interviewausschnitt vergleicht ein Begleiter einer Sozialinstitution die kurze Aufenthaltsdauer mit einer Reise durch Europa in fünf Tagen.

1S4 (5-6): Es war erstens gar keine ganze Woche, weil [Name des Teilnehmers] von vornherein sagte, er wolle nicht für so lange Zeit kommen, er könne sich das nicht einteilen. (45-50) Was ich schade fand, war, dass er von vornherein sagte: „Ich habe aber wenig Zeit." Das erlebte ich als eine Begrenzung, möchte jedoch nicht sagen, als Abwertung, das wäre übertrieben. Ich denke, jemand kann es ja auch lassen, wenn er wenig Zeit hat, aber dann stelle ich mir die Frage: „Was bringt es, wenn jemand ständig mit seinen Gedanken zur Hälfte bei den Terminen im Geschäft ist, anstatt er sich voll auf das hier einlassen würde?" Vielleicht führte das auch dazu, dass dieses „sich nicht voll darauf einlassen" vorhanden war. (624-629) Mir ist es an sich egal, ob jemand bloß einen halben Tag oder eine Woche hier ist, aber in einem halben Tag sehe ich eben nichts. Das ist so, wie wenn ich Europa in fünf Tagen ansehe, wie ein Japaner, denn dann war ich nicht in Europa. Da gibt es ja diesen Witz, bei dem der Mann im Flieger zur Frau sagt: „Du, wie spät ist es?" Sie sagt dann: „Es ist jetzt Viertel nach zehn." Sagt er: „Ah, dann müssten wir uns über Frankreich befinden." (lacht) Das geht dann nicht.

Die anderen Begleiter aus Sozialinstitutionen erlebten den Aufenthalt der Teilnehmer aus der Wirtschaft als eine positive Möglichkeit, sich auszutauschen und eine Rückmeldung von Außen zu erhalten. Im Vergleich handelt es sich dabei um Sozialinstitutionen, bei denen die Teilnehmer drei Tage verbrachten und die im Anschluss eine Gegeneinladung in die Wirtschaft erhielten und weiterführende Kontakte pflegten. Im folgenden Interviewbeispiel betrug die Aufenthaltsdauer des Teilnehmers drei Tage, wobei diese in mehrere, nicht zusammenhängende Halbtage aufgeteilt wurden. Im Anschluss an das Projekt gab es noch mehrere, allerdings informelle Kontakte und eine Gegeneinladung in das Unternehmen.

2S7 (14-20): Was mir gut gefiel, ist, dass man einen Austausch hat mit jemandem, der aus einem völlig betriebsfremden Gebiet kommt, der nicht aus dem Sozialbereich kommt, und diese Rückmeldungen waren für mich sehr interessant. Der Austausch war sehr wertvoll. Es war weniger tragisch, dass er nicht weiß ich wie stark mitarbeiten oder tiefer in die Arbeit hineinkommen konnte. Ich habe ihm relativ viel beschrieben und wir hatten viele Gespräche. Dieser Austausch war der Hauptteil. Er hat immer wieder punktuell hineingeschaut, was abläuft, und wir haben uns über das ausgetauscht. Wir hatten relativ viel Reflexionszeiten.

Zusammenfassung

Brückenschlag steht für Erfahrungslernen, wobei der Anstoß für einen Lernprozess der Kontakt zur Fremde ist. Dieser Kontakt zu einer fremden Arbeits- und Lebenswelt fördert eine Auseinandersetzung auf der kognitiven und emotionalen Ebene. Die Erfahrungen in der Projektwoche Brückenschlag treffen auf den Hintergrund persönlicher Werte, Einstellungen und Denkmuster. Inwieweit sich das Lernen auf die kognitive Ebene beschränkt oder ob ein Veränderungsprozess auf der Werte- und Einstellungsebene stattfindet, der sich dann in einem veränderten Verhalten manifestiert, ist davon abhängig, wie sehr ein Teilnehmer bereit ist, sich auf Fremdes einzulassen, Widersprüche und Spannungen auszuhalten und die Ganzheit der eigenen

Person kritisch zu hinterfragen. Erfahrungslernen dieser Art benötigt allerdings Zeit für die Auseinandersetzung mit dem Unbekannten und für dessen Reflexion.

Nur fünf der 16 Teilnehmer verbrachten, wie vom Konzept Brückenschlag vorgesehen, eine ganze Woche in der Sozialinstitution, sechs Teilnehmer drei Tage und fünf Teilnehmer maximal einen Halbtag.

Vor dem Hintergrund des oben genannten werden folgende Hypothesen aufgestellt:
Es ist zu vermuten, dass die größten Auswirkungen bei den Teilnehmern zu verzeichnen sind, die eine ganze Woche in der Sozialinstitution verbrachten. Bei diesen Teilnehmern wird die Möglichkeit des Entstehens von weiterführenden Kooperationen als am wahrscheinlichsten angesehen. Weiters wird vermutet, dass die Aufenthaltsdauer unter einem Tag zu kurz ist, um weiterführendes Engagement zu fördern. Es wird bezweifelt, dass sich in der kurzen Zeit von wenigen Stunden ein kognitiver sowie emotionaler Lernprozess vollzieht, der sich im Verhalten manifestiert. Ob bereits eine Aufenthaltsdauer von drei Tagen ausreicht, um das Erfahrungslernen derart zu stimulieren, dass weiterführendes Engagement gefördert wird, wird höchstens in den Fällen möglich sein, in der die Sozialinstitutionen die Aufenthaltsdauer als eine positive Möglichkeit sich auszutauschen erlebt haben und die eine Gegeneinladung ins Unternehmen erhalten haben. Wird die Aufenthaltsdauer von drei Tagen von der Sozialinstitution als eine Begrenzung erlebt, wird eine weiterführende Kooperation bezweifelt.

9.3. Erleben der Projektwoche

Dieses Kapitel beschreibt, wie die Akteure die Projektwoche Brückenschlag erlebt haben. Im Zuge der Analyse stellte sich heraus, dass sich das Erleben der Akteure im Laufe der Projektwoche veränderte. Aufgrund dessen wird im ersten Teil des Kapitels der Eindruck der Akteure zu Beginn der Projektwoche fokussiert, im Anschluss daran die Veränderungen im Laufe der Projektwoche.

9.3.1. Erster Eindruck

Teilnehmer aus der Wirtschaft
Die Erfahrungen der Teilnehmer aus der Wirtschaft bilden einen Bruch zu ihrem normalen Alltag. Diesen Bruch erleben die Teilnehmer als so vehement, dass der erste Eindruck beim Großteil der Teilnehmer von einem negativen emotionalen Empfinden geprägt ist. Die Teilnehmer erleben emotionale Betroffenheit, Sprachlosigkeit und Handlungsunfähigkeit. Der Wechsel in eine

Sozialinstitution stellt für die Teilnehmer auch ein Wechsel in eine fremde Lebens- und Arbeitswelt dar. Sie glauben, mit sozialen Problemen unserer Gesellschaft vertraut zu sein. Zu sozialen Problemen hat aber der Großteil nur einen indirekten, anonymen Zugang, beispielsweise über die Medien. Der Wechsel in eine Sozialinstitution stellt für die Teilnehmer den ersten direkten und persönlichen Kontakt zu Menschen mit sozialen Problemen wie Drogenabhängigkeit, Gewalt, Arbeitslosigkeit oder Obdachlosigkeit dar. Die Folgen sind emotionale Betroffenheit und Sprachlosigkeit. Zusätzlich sind die Teilnehmer tagtäglich in ihrer Arbeit auf wirkungsvolle Lösungen fokussiert, sie erleben sich als kompetent und erfolgreich. Im Umgang mit Menschen in schwierigen psychosozialen Situationen erleben sie sich jedoch zu Beginn als handlungsunfähig.

1W1 (6-11): Die Woche begann mit einer Einführung – wie das [Name der Institution] organisiert ist, wie es funktioniert, was die Ziele sind. Ich wusste über diesen Teilbereich der [Name der Institution] bisher nichts. Nach dieser zweistündigen Einführung ging es gleich im Betrieb richtig los, der dazu dient, dass die Klienten hier ihre [Tätigkeit] können. Ich konnte hier einen ersten Eindruck gewinnen. Das muss man erlebt haben, es ist nicht leicht in Worten zu beschreiben. Der erste Tag bestand nur aus Beobachten.

1W8 (20-23): Für mich ist einfach die erste Erfahrung gewesen, wie viel Gewalt es bei uns gibt. Das war mir zuvor nicht bewusst. Es gibt sehr viel Gewalt, auch in Vorarlberg, in unserer beinahe „heilen Welt". Das war erschreckend.

Der Kontakt mit dem fremden Lebens- und Arbeitsfeld führt zu einer Auseinandersetzung der Teilnehmer mit ihren persönlichen Werten, Einstellungen und Denkmustern. Das Wahrnehmen von Unterschieden führt emotional und kognitiv zu Spannungen. Im folgenden Interviewausschnitt beschreibt ein Teilnehmer, wie schwer es für ihn war, sich auf das Fremde einzulassen und die Spannung auszuhalten.

1W13 (9-10) Ich hatte, muss ich sagen, gewisse Bedenken. Es ist eine psychosoziale [Art der Institution] – solche Fälle kannte ich nur aus Zeitungen oder vom „Hörensagen". (28-36) Das waren schon Themen, die ich nicht so kannte, wo es um [Problematik] geht. Ich war froh, dass ich schon [Alter] bin, sonst hätte ich es gar nicht ausgehalten. Es ist auch nicht so, dass das jeder kann, man muss sich selbst auch darüber trauen und eine sehr gefestigte Person sein, sonst bewirkt das eigentlich das Gegenteil. Das hatte nichts mehr mit nur ein bisschen Helfen zu tun. Es ist einfach eine andere Tiefe, dass man mit Leuten zu tun hat, dass sie selbst nicht an sich herankommen, dass sie selbst nicht wissen, wer sie sind und die Persönlichkeit nicht finden. Da hatte ich überhaupt keinen Zugang. Es war sicher ausgesprochen interessant, in dem Sinne, dass man ein bisschen über den Tellerrand hinausgesehen hat. Allerdings war es fast schon eine Stufe zu tief für einen Unausgebildeten.

Bei einigen Teilnehmern war der erste Eindruck geprägt von einem positiven emotionalen Erleben in Form von Herzlichkeit. Es handelt sich dabei vor allem um Teilnehmer, die die Projektwoche in einem stationären therapeutischen Setting verbrachten. Sie wurden von den Klienten sehr herzlich aufgenommen und verglichen diesen herzlichen Empfang mit der herzlichen Aufnahme in eine Familie. Einige Teilnehmer empfanden dabei sogar Geborgenheit. Die folgenden Interviewpassagen dienen als Beleg.

2W12 (7-8): Der erste Eindruck war, dass ich sehr herzlich aufgenommen wurde sowohl vom Herrn [Name des Teilnehmers], von den Betreuern als auch von den [Klienten].

2W11 (9-11): Es war eigentlich von den ersten Kontakten her so, als wie man in eine große Familie kommt. Es ist ein älteres, saniertes Haus mit vielen Eigenleistungen, von den [Berufsbezeichnung] verändert und liebevoll eingerichtet. Man kommt in eine Großfamilie.

1W3 (19-24): Ich bin von vornherein sehr gut angenommen worden, ich habe mich sehr geborgen gefühlt in der Gruppe. Dies war sicherlich auch eine große Leistung der ganzen Gruppe, weil jeder eigentlich doch mit sehr großen persönlichen Problemen dabei ist und sie haben trotz aller Skepsis, die sie hatten, weil ich der erste Manager aus der Wirtschaft war, der die ganze Woche mit dabei war, mich sehr offen angenommen.

<u>Begleiter aus Sozialinstitutionen</u>

Der erste Eindruck der Begleiter aus den Sozialinstitutionen ist gekennzeichnet durch Enttäuschung, Belastung und Unsicherheit. Für die Sozialinstitutionen ist das Projekt Brückenschlag mit einem hohen Organisationsaufwand verbunden. Die Enttäuschung rührt daher, dass Terminvereinbarungen seitens der Teilnehmer teils nicht eingehalten wurden bzw. die Bereitschaft, ausreichend Zeit zu investieren, oft fehlte. Die Sozialinstitutionen befinden sich durch die Teilnahme an Brückenschlag in einer schwierigen Situation. Die Offenheit, die sie durch die Teilnahme zeigen, stellt eine Chance dar, gleichzeitig aber auch eine Gefahr. Die Chance liegt darin, dass existierende Vorurteile Sozialinstitutionen gegenüber, aber auch tabuisierte Themen, durch die praxisnahen Erfahrungen der Teilnehmer abgebaut werden können, die Gefahr liegt allerdings in der Kürze der Zeit. In den wenigen Stunden, die einige Teilnehmer nur in der Sozialinstitution zu Gast waren, ist die Gefahr sehr groß, dass - bedingt durch eine selektive Wahrnehmung - die Vorurteile bestätigt werden. Eine weitere Schwierigkeit stellt die Rolle der Teilnehmer dar. Sie wollen nicht nur Besucher sein, die eine Führung bekommen, sondern Praktikanten, die an Beratungen und Sitzungen teilnehmen, Einblick ins Team und die Struktur erhalten. Allerdings bringen sie nicht die fachlichen und methodischen Voraussetzungen mit, die Praktikanten aufgrund ihrer psychosozialen Ausbildung mitbringen. Die Teilnehmer aus der Wirtschaft erleben teils sehr belastende Situationen und schwere menschliche Schicksale. In solchen Fällen sind eine sorgfältige Begleitung und genügend Zeit für aufbereitende Gespräche notwendig. Diese beiden Sachverhalte führen dazu, dass die Begleiter aus Sozialinstitutionen zu Beginn der Projektwoche Unsicherheit verspüren, was in Einzelfällen sogar als Belastung empfunden wird. Der folgende Interviewausschnitt ist ein Beispiel für die Gefahr, die diese Projektwoche birgt, und die sich belastend auf die Begleiter auswirken kann.

1S6 (19-20): In einem [Art der Einrichtung] gibt es viele Dinge zu tun, bei denen es nicht immer angenehm ist, eine Praktikantin dabei zu haben. (26-27) Insofern war für mich sehr wichtig, das gut und straff durchzuorganisieren, damit sie praktisch immer ein Programm hat. Das entspricht nicht der tatsächlichen Arbeit. (36-40) Sie fragen nach dem Unterschied zu einer Studentin von der Fachhochschule bzw. SozAk? Das ist ein großer Unterschied, weil ich natürlich von ganz anderen Voraussetzungen ausgehen kann: Eine andere Sprache, ein anderer Hintergrund und ein anderes Selbstverständnis. Ich hatte das Gefühl, dass wir sehr vorsichtig waren. (49-60) Deshalb finde ich das Projekt Brückenschlag auch ein Stück weit gewagt, weil man das Ziel erreichen will, dass die Personen einen Einblick in die Institution haben. Der große Unterschied ist, dass ich jemanden länger habe, viel, viel länger. Soweit ich weiß, steht schon in der Bibel geschrieben „Du sollst dir kein Bild machen vom anderen". Und trotzdem tun wir das ständig, dieses „Sich-ein-Bild-Machen". Da ist natürlich die Versuchung bzw. Verführung, sich innerhalb von drei Tagen ein Bild zu machen, auch legitim und auch sehr groß. Aber es ist einfach nur ein Ausschnitt. Und deswegen auch die große Schwierigkeit. Ich finde, dass das wirklich eine Schwierigkeit ist. Da versuche ich auch ständig zu erklären, wo [der Klient] jetzt steht und warum er so reagiert hat und das, was dann nächste Woche ist, erlebt [der Teilnehmer] nicht mehr mit. Denn nächste Woche kann [der Klient] ganz anders reagieren. Wenn ich aber jemanden für drei Monate hier habe, dann kennt der die Höhen und Tiefen, das Ja, das Nein, die Überlegungen der [Klienten] in unserem Arbeitsbereich, ob sie wieder zurückgehen sollen. Das hat sie dort einfach nur ganz am Rande mitgekriegt. (70-71) Da bekommst du nur einen Ausschnitt mit. Nur so zum Vergleich: Wir haben gerade [einen Bereich] von einem Malerbetrieb ausmalen lassen. (75-79) Dann meldete ein Mann, ein Maler, zurück, dass es wichtig ist, dass es die [Name der Institution] gibt, er aber jetzt das

Gefühl habe, dass er nun verstehen könne, weshalb man über „soziales Schmarotzen" redet. Ich fragte ihn, was er damit meint. Er meinte: „Die [Klienten] sitzen doch hier nur herum, trinken Kaffee und [Tätigkeit]." Er war vielleicht zwei Tage hier und hatte das so erlebt. Es war auch so. Das ist auch oft so. (83-84) Was ich mir da für ein Bild mitnehme, wenn ich einfach drei Tage hier bin, ist die große Gefahr, denke ich mir.

Die Unsicherheit ist teils auch in der fehlenden Information der Begleiter begründet. In einigen Fällen waren die Begleiter zu wenig in die Planung und Vorbereitung der Projektwoche einbezogen und hatten generell sehr wenige Informationen zum Projekt Brückenschlag. Die Erwartungshaltungen der Teilnehmer waren den Begleitern oft unklar, was zu Beginn der Projektwoche bei den Begleitern zu Unsicherheit führte.

Der folgende Interviewausschnitt zeigt deutlich die Enttäuschung und Unsicherheit der Begleiter aus den Sozialinstitutionen. Der Interviewte spricht in diesem Zusammenhang sogar von einem *„Beziehungsabbruch"*.

1S1 (33-38): Es war bei den beiden so, sowohl bei [Name des Teilnehmers] als auch bei [Name des Teilnehmers], dass mehrere Termine vereinbart wurden und beide dann einfach nicht mehr zu diesen Terminen erschienen sind. Es kann zwar sein, dass Herr [Name des Teilnehmers] im Urlaub ist, aber er hat sich auf ein Mail von mir bis heute nicht mehr gemeldet. Es fand eine Art Beziehungsabbruch statt, der jedoch nicht von unserer Seite herrührte. (124-126) Mit [Name der Teilnehmerin] ist schon seit Monaten kein Kontakt mehr zustande gekommen und bei [Name des Teilnehmers] weiß ich nicht genau, wie es hier weitergeht.

Das Interviewbeispiel verdeutlicht die Bedeutung von Macht in der Gestaltung dieser Beziehung. Der Teilnehmer aus der Wirtschaft lässt sich aus Angst vor dem Unbekannten nicht auf die Projektwoche ein. Er wertet die Angst ab, indem er Termine und Vereinbarungen nicht einhält und auf die Versuche der Kontaktaufnahme von Seiten der Sozialinstitution nicht reagiert. Dadurch erzeugt der Teilnehmer aus der Wirtschaft Unsicherheit bei seinem Begleiter und gleichzeitig ein Machtgefälle in der Beziehung zu seinen Gunsten.

9.3.2. Veränderungen im Laufe der Projektwoche

Teilnehmer aus der Wirtschaft

Im Laufe der Projektwoche kommt es zu einer Sensibilisierung für soziale Problemstellungen, aber auch für die Bedeutung sozialer Arbeit. Die Teilnehmer sind sich zwar der sozialen Probleme unserer Gesellschaft bewusst. Allerdings glauben sie, dass es sich in der Region, im eigenen Unternehmen oder im eigenen sozialen Nahraum um die *„heile Welt"* handelt. Brückenschlag führt bei vielen Teilnehmern zur Einsicht, dass es in ihrem Unternehmen oder in ihrem Bekanntenkreis Menschen mit sozialen Problemen gibt. Weiters wird den Teilnehmern bewusst, dass es sich bei Menschen mit sozialen Problemen nicht um einfache Ursache-Wirkungs-Zusammenhänge handelt, die aus eigener Kraft rasch gelöst werden können, sondern um komplexe Probleme, die einer professionellen, oft langfristigen Betreuung und Unterstützung bedürfen.

Die eben beschriebene Sensibilisierung bildet die Grundlage für eine zweite Veränderung: Die Perspektivenübernahme. Es handelt sich dabei um das Verstehen von psychischen Zuständen und Prozessen, wie des Denkens, Fühlens oder Wollens einer anderen Person, indem die Situationsgebundenheit des Handelns, also die Perspektive des anderen, erkannt wird. Die Teilnehmer erwerben im Laufe der Projektwoche die Fähigkeit zur Perspektivenübernahme, sprich der Fähigkeit, sich in andere Personen und Situationen hineinzuversetzen.

Aus der Fähigkeit zur Perspektivenübernahme resultiert die dritte Veränderung, die im Laufe der Projektwoche geschieht: Der Abbau von Vorurteilen. Ein oft gehörtes Vorurteil der sozialen Arbeit gegenüber lautet mangelnde Effizienz. Die Teilnehmer aus der Wirtschaft neigen dazu, ihre eigene Arbeit im Unternehmen als effizienter zu beurteilen als die Arbeit von Personen in Sozialinstitutionen. Dies wird indirekt zum Ausdruck gebracht, indem die Teilnehmer nach Ende der Projektwoche - verkürzt dargestellt - sagen: *„Ich hätte nicht gedacht, wie professionell die dort arbeiten."* In diesem Bereich bewirkt die Projektwoche die wahrscheinlich größten Veränderungen. Die Teilnehmer verändern ihre Kriterien von Effizienz und Erfolg. Sie erkennen, dass sich Zeit nehmen für die Klienten in Form von Beratungsgesprächen und ein sorgfältiger Umgang mit ihnen nicht als ineffizient abgewertet werden dürfen.

1W8 (23-27): Es ist mir auch bewusst geworden, was für eine tolle Leistung die Leute beim [Name der Institution] erbringen. Ich habe sehr viel über das [Name der Institution] selber, das in der Öffentlichkeit oft sehr kritisiert wird, gelernt. Da wird ein toller Job gemacht. Es sind dort tolle [Personen] mit einer riesigen Verantwortung am Werk. (82-87) Die hatten das so gut organisiert.

Ich hätte das nie erwartet. Die arbeiten auch mit modernen Managementtools. Auch ihre Meetings strukturieren sie. Es ist also so. Von solchen Einrichtungen erwarte ich mir das nicht, aber die sind gut organisiert. Das muss man ganz klar sagen und das habe ich jetzt auch von den anderen gehört. Das ist kein Einzelfall, sondern wahrscheinlich nur die öffentliche Meinung über manche, die eben schwarze Schafe in dem Bereich sind. Aber die machen da einen guten Job.

1W5 (11-14): Das war für mich sehr interessant, weil die dort oben eigentlich wirklich professionell arbeiten. Es ist nicht irgendwie so, dass da ein paar Leute herumstehen und irgendwie einfach irgendwas machen, damit sie es halt machen.

1W1 (460-468): Eine wichtige Erfahrung ist auch, dass die Arbeit mit diesen Sozialarbeitern grundsätzlich eine ganz wertvolle ist, durch diese Übung sehe ich sie in einem anderen Licht, das habe ich vorher anders gesehen. In meiner Studienzeit gab es die Sozialromantiker und die Peacemaker, Greenpeace und alle die. Ich muss wirklich Tribut zollen, dass hier professionelle Arbeit gemacht wird, man kann es erst wertschätzen, wenn man sieht, wie hier vorgegangen wird. Es werden auch zum Teil in unseren Kreisen Sozialakademien belächelt. Aber diese Einrichtungen sind wirklich notwendig, hier passieren gute Sachen. Die Wahrnehmung ist unterschiedlich. Insofern ist es wirklich wichtig, dass durch die Auseinandersetzung, Konfrontation das Verständnis von Wirtschaftstreibenden und in wirtschaftlichen, unternehmerischen Abläufen befindlichen Leute gefördert wird.

1W2 (479-482): Die [Personen], die ich jetzt kennen gelernt habe, waren wirklich auf sehr hohem Niveau. Wie die das verstanden haben mit sehr, sehr schlimmen Situationen umzugehen. Man muss sagen, dass sie Profis sind. Man muss sich wundern, dass sie das durchstehen. Ich war am Abend immer fix und fertig. Mehr als wenn ich gearbeitet hätte.

Durch die Einsicht in diese andere Arbeitswelt im Projekt Brückenschlag werden Vorurteile abgebaut, sowohl was die Arbeitsweise im Sozialbereich als auch die Bedeutung sozialer Arbeit angeht. Die Teilnehmer kommen zum Schluss, dass im Sozialbereich professionell und effizient gearbeitet wird und dass die soziale Arbeit für das Sozialsystem und das Funktionieren des sozialen Netzwerks von großer Bedeutung ist.

Ob es zu diesen beschriebenen Veränderungen im Laufe der Projektwoche kommt, hängt von zwei entscheidenden Faktoren ab – der Dauer des Aufenthalts sowie dem eigenen Kompetenzerleben.

Wie bereits beschrieben, ist der erste Eindruck vieler Teilnehmer geprägt von Betroffenheit, Sprachlosigkeit und Handlungsunfähigkeit. Zusätzlich sind die negativen Bilder von Sozialinstitutionen bei den Teilnehmern präsent. Verbringt ein Teilnehmer nur wenige Stunden bis maximal einen Tag in der Sozialinstitution, erfolgt seine Wahrnehmung sehr selektiv. Das heißt, er nimmt nur das wahr, was in sein bisher bestehendes, negatives Bild von Sozialinstitutionen passt. In der Folge beurteilt der Teilnehmer die Sozialinstitution negativ oder wertet die Möglichkeit des Lernens ab. Erst eine längere Aufenthaltsdauer bewirkt eine Auseinandersetzung mit den Inhalten, Strukturen, Prozessen und Arbeitsweisen in Sozialinstitutionen, was auch eine verstärkte Involvierung zur Folge hat.

An diesem Punkt kommt das eigene Kompetenzerleben zum Tragen. Die zu Beginn empfundene Handlungsunfähigkeit ist für den Großteil der Teilnehmer eine unangenehme Erfahrung, die nicht ihrer Erwartung entspricht. Die Teilnehmer gehen davon aus, ihre Kompetenz, vor allem ihre wirtschaftliche, aber auch fachliche, einbringen zu können und den Sozialinstitutionen auf diese Weise Hilfestellung zu leisten. Einige Teilnehmer weisen eine hohe berufliche Affinität zu der von ihnen gewählten Sozialeinrichtung auf. Die Erwartungshaltung gleicht in diesem Fall häufig der eines Experten.

Diese Erwartungshaltung passt nun nicht mit der zu Beginn erlebten Handlungsunfähigkeit zusammen. Die Folge ist eine kognitive Dissonanz. Um diese aufzuheben, bedarf es einer kognitiven Umstrukturierung. Bei einer kurzen Aufenthaltsdauer erfolgt die Umstrukturierung dahingehend, dass die Sozialinstitution abgewertet wird oder die Möglichkeit, von der Sozialinstitution zu lernen. Erst durch eine längere Aufenthaltsdauer überwinden die Teilnehmer ihre Sprachlosigkeit und Betroffenheit. In der Auseinandersetzung lernen die Teilnehmer die Arbeitsweisen und Methoden in Sozialinstitutionen kennen und erkennen, dass diese in vielen Bereichen ähnlich arbeiten wie sie. Viel wichtiger jedoch ist, dass sie sich wieder als kompetent erleben. Dieses Kompetenzerleben ist individuell unterschiedlich:

- sich bei Fallbesprechung im Team mit Lösungsmöglichkeiten einbringen
- einen Klienten in der Vorbereitung eines Bewerbungsgespräches unterstützen
- Kontakte zu Dritten herstellen
- Lobbying für das Anliegen der Sozialinstitution in politischen Gremien

Zusammenfassend kann gesagt werden, dass die Aufenthaltsdauer und das eigene Kompetenzerleben zwei wichtige Moderatorvariablen sind für den erfolgreichen Verlauf der

Projektwoche. Die beiden Variablen bedingen einander jedoch. Das Kompetenzerleben geschah nur bei den Teilnehmern, die eine ganze Woche in der Sozialinstitution verbrachten. Nur dann können die Veränderungen wie zu Beginn des Kapitels beschrieben – positive Bewertung der Arbeitsweise in Sozialinstitutionen, Wertschätzung der Bedeutung sozialer Arbeit, Sensibilisierung für soziale Probleme – geschehen.

Fünf der sechzehn Teilnehmer aus der Wirtschaft verbrachten eine ganze Woche in einer Sozialinstitution, sechs Teilnehmer drei Tage und fünf Teilnehmer nur maximal einen Halbtag. Dadurch konnten sehr gut die unterschiedlichen Verläufe der Projektwochen herausgearbeitet werden. Im Folgenden zwei Fallbeispiele, anhand derer die beschriebenen Veränderungen und Prozesse gut ersichtlich sind. Der Teilnehmer im ersten Fallbeispiel (1W1) verbrachte eine ganze Woche in der Sozialinstitution, der Teilnehmer im zweiten Fallbeispiel (1W4) lediglich vier Stunden.

1W1 (6-23): Die Woche begann mit einer Einführung – wie das [Name der Institution] organisiert ist, wie es funktioniert, was die Ziele sind. Ich wusste über diesen Teilbereich der [Name der Institution] bisher nichts. Nach dieser zweistündigen Einführung ging es gleich im Betrieb richtig los, der dazu dient, dass die Klienten hier ihre [Tätigkeit] können. Ich konnte hier einen ersten Eindruck gewinnen. Das muss man erlebt haben, es ist nicht leicht in Worten zu beschreiben. Der erste Tag bestand nur aus Beobachten. Am zweiten Tag war ich in der Lage, gezielt Fragen zu stellen. Herr [Name des Begleiters] war mein Coach durch diese Woche. Er arbeitete einen Stundenplan für die Woche aus. Ich war am zweiten Tag bei einer internen Sitzung mit dabei. Hier ging es darum, bestimmte Fälle abzuklären. Am Nachmittag war wieder der Betrieb mit Kontakt zu den Leuten. Die fragten mich zum Teil, was ich hier zu tun hätte, weil sie mich schon das zweite Mal gesehen haben. Am dritten Tag fanden interne Gespräche statt, wo man sich effektiv einem Fall gewidmet hat, mit seiner ganzen Historie, mit seinen Problemen, den „Up und Downs", den [Zustand] usw. Das analytische methodische Vorgehen in dieser Gruppe war sehr beeindruckend und sehr professionell. Es hat mich überrascht, mit welcher Konsequenz die Sitzung abgewickelt wurde und wie die Rollenaufteilungen sind - mit der noch größeren Sensation, dass genau der, über den wir geredet haben - wo ich mich auch einbringen konnte und Lösungsvorschläge geben konnte - dass dieser Mensch genau am Nachmittag kommt und sagt, er möchte gerne ein Gespräch und ausdrückt, dass er auf [Interventionsmethode] möchte. Das war kein Zufall. (72-80) Ich bin ganz sicher zu diesem Thema wesentlich toleranter geworden und verstehe auch diesen unheimlichen Mechanismus von [Erkrankungsart] - der spiralenförmig ist. Nichtarbeiten, Arbeitslosigkeit, Notstand, Aus-der-Wohnung-Rausschmeißen etc. Bis diese Leute am Ende angelangt sind – aus. Ich habe auch gelernt, dass es in unserer Gesellschaft Leute gibt, die auch bis zu einem gewissen

Bereich dies als ihr Lebensmodell ansehen – da ist man also machtlos. Man kann predigen und reden und missionieren – das nützt nichts – die Leute haben sich für dieses Lebensmodell entschieden. Das ist zu tolerieren und zur Kenntnis zu nehmen, das ist so. Wenn sie sich für so etwas entschieden haben, soll man ihnen ein menschenwürdiges Umfeld bieten, weil es ja ein Teil unserer Gesellschaft ist, wo das einigermaßen gut abläuft.(87-90) Das habe ich gelernt, dass so etwas gut ist und wir es brauchen und dass das eine ganz tolle Arbeit seitens der [Name der Institution] und der verschiedenen Leute ist. Die Leute, die dort arbeiten, leisten sehr viel, mit Liebe zu diesen Leuten. Die Sozialarbeiter sind ganz tolle, positive Leute. Sie bekommen keinen Dank. (96) Das sind so einige Dinge, die erkannt und gelernt werden müssen.

Der Teilnehmer trat gleich zu Beginn der Projektwoche – nach zwei Stunden Einführung – in direkten Kontakt mit Klienten einer sozialen Randgruppe. Diese ersten Eindrücke kann der Teilnehmer „nicht mit Worten beschreiben", er ist sprachlos. Der Kontakt zur sozialen Arbeitswelt stellt einen Bruch zu seinem Alltag dar, was dazu führt, dass der Teilnehmer am ersten Tag ausschließlich beobachtet. Erst am zweiten Tag war es in der Lage, „gezielt Fragen zu stellen". Interessant erscheint in diesem Kontext die Verwendung des Wortes „Stundenplan", das bei der Interpretationsgruppe Assoziationen zu Schule bzw. mit „zur Schule gehen", bewirkte. Es wird die Interpretation versucht, dass sich der Teilnehmer, ein erfolgreicher Top-Manager, durch das Erleben von Sprachlosigkeit und Handlungsunfähigkeit wieder als Schüler erlebt. Im weiteren Geschehen hat der Teilnehmer immer mehr Kontakt zu den Klienten. Erst am dritten Tag kommt das Kompetenzerleben zum Tragen. Der Teilnehmer nimmt an einer Fallbesprechung teil und erlebt sich dort erstmals wieder als handlungsfähig und kompetent, denn er kann sich dort mit Lösungsvorschlägen einbringen. Gestärkt wird dieses Kompetenzerleben dadurch, dass der Klient, dessen Fall im Team besprochen wurde, wenig später erscheint und seine Bereitschaft ausdrückt, Hilfe anzunehmen. Der Teilnehmer erlebt dies als „Sensation" und keinesfalls als „Zufall" und führt dies auf das professionelle Vorgehen der Mitarbeiter der Sozialinstitution und nicht zuletzt auf seinen eigenen Beitrag zur Lösung zurück. In der Folge zeigt sich die Sensibilisierung für soziale Probleme, die Perspektivenübernahme und Wertschätzung der sozialen Arbeit.

Der Teilnehmer in folgenden Interviewausschnitt verbrachte lediglich einen Vormittag in der Sozialinstitution.

1W4 (6-7): Es war eigentlich nur ein Vormittag, deshalb ist „Projektwoche" ein wenig übertrieben. Soweit ich mich erinnern kann, gab es dort zwei Fälle, die man behandelte. (10-11) Es war interessant, das einmal zu sehen. Ich hatte das zuvor noch nie gesehen. Es kam mir alles ein bisschen zu wenig handfest vor. Es ging nicht schnell genug vorwärts. (15) Es war eher eine Blödelei. Trotzdem scherte man sich zwei Stunden darum. (17) In meinen Augen ein wenig eine kindische Aktion (lacht). (20) Aber ansonsten war es recht interessant.

Sie waren sozusagen lediglich als Beobachter dabei?

(22-23)Ja. Ich durfte dort gar nicht eingreifen. Er fragte mich dann immer wieder zwei, drei Dinge, aber das ganze Gespräch läuft doch sehr psychologisch ab. (25-26) Dort griff ich nicht ein. Ich hätte auch nicht eingreifen wollen. Ich hätte auch nichts dazu sagen bzw. beitragen können. (240-253) Wenn man mit dem Elan, den wir, aber nicht nur wir, hier an den Tag legen bzw. der im Wirtschaftsleben an den Tag gelegt werden muss, seinen Arbeitstag verrichtet, dann kürzt man denen den Zeitaufwand um ein Drittel nach unten. Das sehe ich bei sozialen Einrichtungen wieder öfters, dass die ganze Geschichte einfach ein wenig zu lasch geführt wird. Nicht vorrangig, dass sie Geld rausschmeißen, da sie super Büros bzw. eine super Einrichtung haben, das nicht, sondern dass einfach der ganze Betrieb zu lasch funktioniert und dadurch natürlich auch wieder zuviel Geld verbraucht wird. Möglicherweise könnte dieselbe Anzahl an Gesprächen [...] von zwei Drittel der dort Beschäftigten erledigt werden, dann bräuchte man 300 bis 400 m² weniger an Bürofläche. Wirtschaftlich gedacht (lacht) kann man zusammenkürzen. Ein Unternehmensberater würde hinkommen (lacht) und runterstreichen. Man muss natürlich in den Bereichen nicht den letzten Groschen herausholen, das geht nicht, das macht das Ganze auch ziemlich kalt, was im Sozialbereich nicht funktioniert, da es dort abträglich wäre, aber hin und wieder sind sie einfach weit darüber, weit darüber und zu lasch, viel zu lasch.

Dass der Kontakt zum sozialen Arbeitsfeld und zu dessen Klienten für den Teilnehmer etwas Unbekanntes und Fremdes darstellt, zeigt sich, indem er sagt „zuvor noch nie gesehen". Dieses Fremde erzeugt emotional Spannungen und kognitiv eine Dissonanz, die der Teilnehmer nicht verarbeiten kann und in der Folge die Arbeit der Sozialinstitution abwertet. Die Handlungsunfähigkeit zeigt sich darin, dass der Teilnehmer zuerst sagt, dass er im Gespräch nicht eingreifen durfte, dann, dass er nicht wollte und zuletzt, dass er nicht eingreifen konnte. Das Dissonanzerleben wurde verstärkt, da der Teilnehmer aufgrund seines Berufs einen fachlichen Bezug zur Arbeit der Sozialinstitution hatte und dadurch ursprünglich glaubte, Kompetenz zu besitzen. In den Beratungsgesprächen mit den Klienten erlebt der Teilnehmer jedoch, dass es im Umgang mit dieser sozialen Problematik nicht seiner Fachlichkeit bedarf, sondern der sozialen Arbeit. Die Aufenthaltsdauer war zu kurz, als dass der Teilnehmer sich doch noch einbringen konnte, das Kompetenzerleben bleibt aus. Der Teilnehmer überwindet die Dissonanz, indem er die Arbeit der Sozialinstitution abwertet. Diese Abwertung verleiht ihm die Macht, das Erleben der eigenen Unsicherheit und Handlungsunfähigkeit zu beherrschen.

135

Begleiter aus Sozialinstitutionen

Wie bereits beschrieben, ist der erste Eindruck der Begleiter geprägt von Enttäuschung und Unsicherheit. Beim Großteil der Begleiter schwindet dieser erste belastende Eindruck jedoch im Laufe der Projektwoche und sie erleben die Projektwoche zunehmend als Chance, durch den Austausch und den Dialog gegenseitig zu profitieren. Zum einen liegt diese Veränderung daran, dass sich die Teilnehmer teils aktiv einbringen und den Begleitern dadurch wertvolle Rückmeldungen von Außen, beispielsweise über deren Arbeitsweise, geben. Einerseits profitieren die Begleiter von diesen Rückmeldungen, andererseits erfahren sie dadurch auch eine Wertschätzung ihrer Arbeit. Bei einigen Begleitern schwindet der erste negative Eindruck jedoch nicht ganz und sie erleben die Projektwoche ambivalent. Auf der einen Seite erkennen sie die Chance des Austausches und Dialogs, auf der anderen Seite erleben Sie jedoch von Seiten der Teilnehmer eine fehlende Verbindlichkeit und mangelnde Bereitschaft, Zeit zu investieren. Das heißt, die Begleiter erkennen zwar das Potential der Projektwoche, können es jedoch nicht voll ausschöpfen.

Zusammenfassung

Im Folgenden wird versucht, die Veränderungen im Erleben der Projektwoche und die Bedingungen für die unterschiedlichen Verläufe modellhaft darzustellen.

Durch den Kontakt mit der fremden Arbeits- und Lebenswelt nehmen die Teilnehmer Unterschiede wahr, die beim Großteil der Teilnehmer zu Spannungen führt, emotional und kognitiv. Die Herausforderung besteht darin, das Fremde an sich heranzulassen und die entstehenden Spannungen auszuhalten.

Wie in Abbildung 8 ersichtlich, hängt ein positiver Verlauf des Erlebens der Projektwoche bei den Teilnehmern aus der Wirtschaft von der Aufenthaltsdauer und dem eigenen Kompetenzerleben ab. Erst ab einer Aufenthaltsdauer von drei Tagen erleben sich die Teilnehmer subjektiv wieder als handlungsfähig und kompetent.

Erster Eindruck

Veränderungen im
Laufe der Projektwoche

Geborgenheit Herzlichkeit	Bedingt durch: Aufenthaltsdauer 5 Tage Kompetenzerleben	→	Sensibilisierung Perspektivenübernahme Abbau von Vorurteilen
Emot. Betroffenheit Sprachlosigkeit Handlungsunfähigkeit	Bedingt durch: Aufenthaltsdauer 3-5 Tage Kompetenzerleben	→	Sensibilisierung Perspektivenübernahme Abbau von Vorurteilen
Emot. Betroffenheit Sprachlosigkeit Handlungsunfähigkeit	Bedingt durch: Aufenthaltsdauer unter 3 Tagen Kein Kompetenzerleben	→	Abwertung Sozialinstitution Abwertung der Möglichkeit zu Lernen

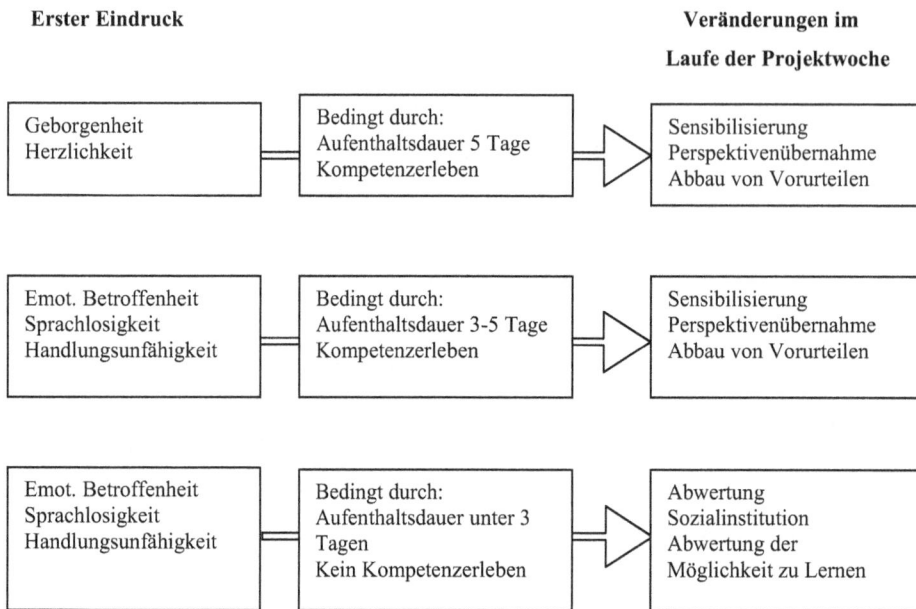

Abbildung 8: Veränderungen im Erleben der Projektwoche bei den Teilnehmern aus der Wirtschaft

Alle Akteure aus den Sozialinstitutionen erleben zu Beginn Enttäuschung, Belastung und Unsicherheit. Sind die Teilnehmer aus der Wirtschaft bereit, für den Austausch Zeit zu investieren und sich aktiv mit den Inhalten der sozialen Arbeit auseinanderzusetzen, erleben die Begleiter den Austausch mit der Wirtschaft als positiv und sie erleben Wertschätzung. Erleben die Begleiter allerdings die Bereitschaft, Zeit zu investieren, als mangelhaft und erleben sie eine fehlende Verbindlichkeit seitens der Teilnehmer aus der Wirtschaft, empfinden sie die Projektwoche als ambivalent.

Bezogen auf das weiterführende Engagement wird folgende Hypothese aufgestellt: Die Akteure, die die Projektwoche positiv erlebt haben, werden sich eher weiterführend engagieren und Kooperationen eingehen. Dass sich ein Großteil der Teilnehmer aus der Wirtschaft als sensibler und mit weniger Vorurteilen gegenüber dem sozialen Arbeitsfeld erleben und die Begleiter aus den Sozialinstitutionen zumindest Möglichkeiten des Austausches und des Dialogs mit der Wirtschaft erkennen und diesen teilweise auch als wertschätzend erleben, wird als eine positive Voraussetzung für das Entstehen von Kooperationen zwischen Wirtschaftsunternehmen und Sozialinstitutionen gewertet.

Erster Eindruck

Veränderungen im

Laufe der Projektwoche

| Enttäuschung
Belastung
Unsicherheit | Bedingt durch:
Aufenthaltsdauer der
Teilnehmer von min. 3 Tagen
Aktiver Beitrag der Teilnehmer | Positiver Austausch und
Dialog mit der Wirtschaft

Erleben von
Wertschätzung |

| Enttäuschung
Belastung
Unsicherheit | Bedingt durch:
Mangelnde Bereitschaft der
Teilnehmer, Zeit zu investieren
Fehlende Verbindlichkeit
seitens der Teilnehmer | Ambivalenz:
Erkennen die Chance vom
Austausch zu profitieren,
erleben aber fehlendes
Interesse und
Wertschätzung seitens der
Teilnehmer |

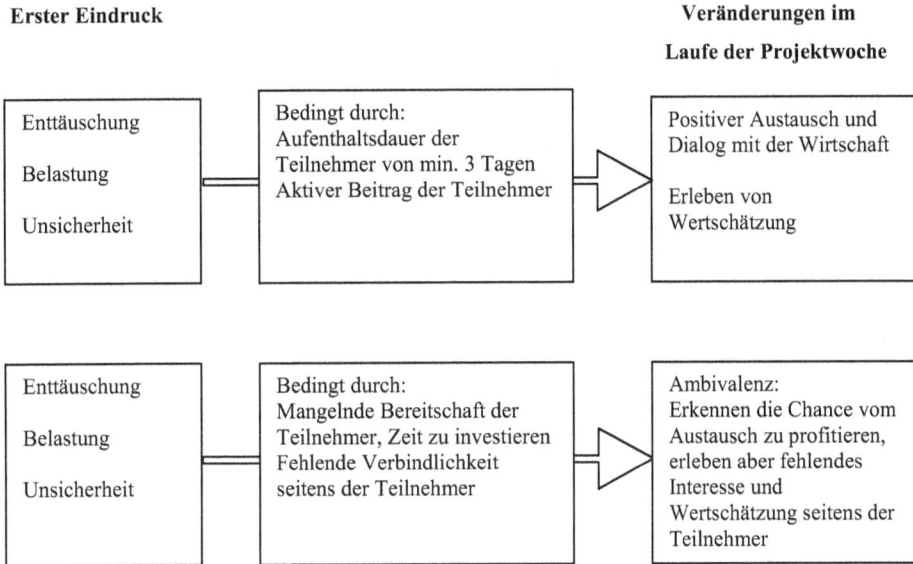

Abbildung 9: Veränderungen im Erleben der Projektwoche bei den Begleitern aus den Sozialinstitutionen

9.4. Subjektiv wahrgenommener Nutzen

Im folgenden Kapitel wird der von den Akteuren wahrgenommene Nutzen der Projektwoche Brückenschlag dargestellt. Um die Wirkung differenziert betrachten zu können, wurde wie in den Kapiteln zuvor die Perspektive der Teilnehmer aus der Wirtschaft und den Begleitern aus den Sozialinstitutionen unterschieden. Zusätzlich wird der wahrgenommene Nutzen auf organisationaler Ebene dargestellt, wiederum getrennt für Wirtschaftsunternehmen und Sozialinstitutionen. Durch das Zusammenführen der beiden Perspektiven – Teilnehmer und Begleiter – ergibt sich ein Gesamtbild, durch das die Aussagekraft der einzelnen Interviews deutlich erhöht wird.

Teilnehmer aus der Wirtschaft

Für die Teilnehmer aus der Wirtschaft ist der persönliche Nutzen der größte. Das heißt, dass der Wert der persönlichen Erfahrung für sie am bedeutsamsten ist. Der Nutzen für die Teilnehmer macht sich in vier Bereichen bemerkbar: durch die Möglichkeit zur Selbstreflexion, durch die Sensibilisierung für soziale Probleme, durch die veränderte Einstellung sozialer Arbeit gegenüber sowie durch den Aufbau persönlicher Kontakte.

Durch den Wechsel in eine andere Lebens- und Arbeitswelt sowie durch den Kontakt mit den Klienten konnten die Teilnehmer ihre eigenen Werte und Einstellungen hinterfragen, aber auch ihr berufliches Handeln reflektieren, beispielsweise den Umgang mit dem Thema Arbeitslosigkeit oder auch Führung. Wie bereits im vorangegangenen Kapitel beschrieben, ist auch hier die Aufenthaltsdauer entscheidend für die Wirkung. Zwei Teilnehmern diente die Projektwoche nicht nur der Selbstreflexion, sondern auch der Selbsterfahrung. Sie sprachen davon, Bedürfnisse wieder gespürt zu haben und eigene Probleme und Konflikte aufgearbeitet zu haben. Diese Möglichkeit der intensiven persönlichen Auseinandersetzung bietet sich hauptsächlich in Sozialinstitutionen mit einem therapeutischen Schwerpunkt.

1W3 (18-20): Es war auch eine Woche Selbsterfahrung, weil ich mich die ganze Woche auch mit mir selbst auseinander gesetzt habe. Ich habe sehr viel in der Gruppe mitbekommen, was sich bewegt hat. Ich bin von vornherein sehr gut angenommen worden, ich habe mich sehr geborgen gefühlt in der Gruppe. (26-27) Nutzen ist in verschiedener Richtung vorhanden. Zum einem, dass ich mich stärker mit mir selbst auseinander gesetzt habe, meine Bedürfnisse wieder gespürt habe.

1W2 (53-58): Ich habe eine eigene Therapie für mich gemacht. Ich konnte wirklich in dieser Woche Themen für mich aufarbeiten, habe das aber auch ganz offen in die Gruppe eingebracht. Die haben auch gesehen, dass es für mich in der Vergangenheit genauso Themen gegeben hat, die mich beschäftigten. Bis heute, die vielleicht irgendwo eine Blockade sind. Was viele andere vielleicht auch noch so haben, aus der Jugend, Belastungen aus der Kindheit vielleicht, die irgendwo etwas blockieren. Es war für mich schon wichtig, das kennen zu lernen und Eigentherapie zu machen. (60-61) Ich sehe darin den Nutzen, dass ich für mich persönlich gewisse Dinge überlegt habe – was macht Sinn und was ist wirklich wichtig.

Alle Teilnehmer gaben an, dass sie durch die Teilnahme an Brückenschlag sensibilisiert wurden für soziale Probleme. Das heißt, ihnen wurde die unterschiedlichen Arten, aber vor allem das Ausmaß sozialer Probleme in der Region bewusst. Es handelt sich folglich um eine Sensibilisierung im Sinne von „einen Einblick erhalten". Eine Stufe über der Sensibilisierung liegt die kognitive Auseinandersetzung mit sozialen Problemen. Der Perspektivenwechsel und der direkte Kontakt mit den Klienten ermöglichte dem Großteil der Teilnehmer eine systemische Sichtweise auf soziale Probleme. Das heißt, die Teilnehmer erkannten die Komplexität und Dynamik sozialen Geschehens. Sie erkannten, dass es sich bei sozialen Problemen nicht nur um Eigenverschulden handelt und der eigene Wille zur Lösung der Probleme oft nicht ausreicht. Aus der kognitiven Auseinandersetzung resultiert aus Sicht der Teilnehmer ein weiterer Nutzen - eine veränderte Einstellung sozialer Arbeit gegenüber als professionelle Beratung, Begleitung und Unterstützung von Menschen mit psychosozialen Problemen. Ob sich diese kognitive Veränderung auch in einem veränderten Verhalten manifestiert, konnte zum ersten Befragungszeitpunkt noch nicht gesagt werden.

1W1 (69-73): Der Nutzen besteht in mehrerlei Hinsicht: Erstens weiß ich zu diesem Thema unvergleichlich mehr. Ich weiß, dass es Programme in Vorarlberg gibt und dass es niedrigschwellige und mittelschwellige gibt und andere hochrangige Programme. Es gibt verschiedene Ansätze – primäre, sekundäre und tertiäre Ansätze. (99-107) Ich habe auch einige Führungskräfte geholt und werde vor allen Dingen, wenn die Ferien vorbei sind und die [Berufsbezeichnung] wieder hier sind, das Thema in einem anderen Maße wie bisher angehen. Ich werde sicher sehr sensibilisieren. Ich bin toleranter und werde jetzt aufmerksamer dieses Thema anschauen. Ich hätte vor dieser Woche gesagt, dass ich es fast ausschließe, dass es bei [Name des Betriebes] solche Fälle gibt. Jetzt muss ich sagen, dass ich annehme, ein gutes Dutzend zu haben. Weil wenn es gekonnt gespielt wird, merkt man es nicht. Da gibt es „Künstler" in der [Aufenthaltsort von Klienten]. Zum Teil sind es hochintelligente Leute, die einfach so hineingeraten sind. Wenn die es geschickt machen, fällt es gar nicht so auf. (109-112) Der Nutzen für [Name des Betriebes] besteht darin, dass ich die [Problematik] nicht kategorisch ausschließe. Wenn jemand kommt und einen Verdacht äußert, so würde ich es unvergleichlich ernster nehmen, wie ich es zuvor je getan hätte. Es gibt natürlich nun die Sensibilität diesem Thema gegenüber.

Dass diese Sensibilisierung sich auf das berufliche Handeln und Entscheiden des Teilnehmers auswirken könnte, zeigt sich einige Sätze später.

1W1 (138-142):In Bezug auf das unternehmerische Engagement ist ganz klar, dass wir offen sind. Letzthin hat mich jemand von der [Name einer Institution] angerufen, um auch Kontakte herzustellen und Leute unter Umständen bei [Name des Betriebes] anzustellen, zu vermitteln und zu integrieren und ihnen wieder auf die Beine zu helfen. Ich werde sicher nach dieser Projektwoche eher ein Wort einlegen als zuvor.

Die Sensibilisierung ist nicht nur subjektiv aus Sicht des Teilnehmers geschehen, sondern wurde auch vom Begleiter der Sozialinstitution bemerkt. In diesem Beispiel deckt sich somit die Eigenperspektive mit der Fremdperspektive.

1S3 (84-87): Ich denke, dass es bei Herrn [Name des Teilnehmers] teilweise der Fall war, dass ihm in Bezug auf gewisse Dinge sozusagen die Schuppen von den Augen gefallen sind. Es war immer wieder überraschend (lacht), wenn er herkam, habe ich festgestellt.

Als einen weiteren Effekt sehen die Teilnehmer die neuentstandenen persönlichen Kontakte zu ihren Begleitern, teils aber auch zu den Klienten. Den daraus resultierenden persönlichen Austausch erleben die Teilnehmer als zwischenmenschlich bereichernd. Was den persönlichen Nutzen anbelangt, deckt sich die Perspektive der Teilnehmer weitestgehend mit der Fremdperspektive der Begleiter.

Begleiter aus Sozialinstitutionen

Aus Sicht der Begleiter aus den Sozialinstitutionen ist der größte persönliche Nutzen die Wertschätzung ihrer Arbeit. Bei den meisten Befragten handelt es sich um diplomierte Sozialarbeiter mit unterschiedlichen Zusatzausbildungen. Ihre Arbeit ist oft sehr fordernd und belastend, Erfolgserlebnisse sind selten und Anerkennung seitens der Klienten erfahren sie ebenfalls nur selten. Den hohen Anforderungen des Berufes steht eine nur mangelhafte soziale Anerkennung gegenüber. In der öffentlichen Diskussion ist immer noch eine latente Abwertung sozialer Berufe spürbar. Die Teilnehmer erleben in der Projektwoche, dass die Ausübung eines sozialen Berufs eine qualifizierte Ausbildung voraussetzt, ein hohen Maß an fachlicher Kompetenz verlangt und mit großer Verantwortung verbunden ist. Durch die Feedbacks seitens der Teilnehmer erfahren die Begleiter Anerkennung und Wertschätzung ihrer Arbeit, was für sie eine positive persönliche Erfahrung darstellt.

Wie auch die Teilnehmer erleben die Begleiter die neuentstandenen persönlichen Kontakte als zwischenmenschlich bereichernd und wertvoll.

Wirtschaftsunternehmen

Was die Wirkung der Projektwoche auf das Unternehmen anbelangt, konnten die Teilnehmer die Effekte nicht so konkret benennen wie auf persönlicher Ebene. In der Analyse kristallisierte sich nur ein Kernsatz heraus – Kontakt zu Sozialinstitutionen.

Die Teilnehmer sind alle der Meinung, dass der Kontakt zu Sozialinstitutionen insofern für das Unternehmen von Nutzen sein kann, als bei sozialen Problemfällen im Unternehmen rasch und effizient auf professionelle Hilfe zurückgegriffen werden kann. Die Dienstleistungen der besuchten

Sozialinstitutionen sind den Teilnehmern nun bekannt und sie haben eine Ansprechperson, die sie persönlich kennen, was das Anfordern von Unterstützung erleichtert.

Der Großteil der Teilnehmer konnte jedoch keinen Nutzen für das Unternehmen erkennen, sie sahen auch keine Umsetzungsmöglichkeiten. Trotz der teils intensiven Erfahrungen und den Effekten auf persönlicher Ebene ist der Einfluss auf die Arbeit der Teilnehmer somit als gering zu bewerten. Alle Teilnehmer sind der Meinung, dass sie bereits einen sehr sorgsamen und sozial verantwortlichen Umgang mit ihren Mitarbeitern pflegen. Die Teilnahme an Brückenschlag schärfe höchstens wieder die Wahrnehmung. Eine Auswirkung auf arbeitsbezogene Einstellungs- und Verhaltensweisen kann zum jetzigen Zeitpunkt noch nicht belegt werden. Lediglich bei einem Teilnehmer konnte eine Einstellungsänderung bemerkt werden. Leugnete er vor der Teilnahme an Brückenschlag die Möglichkeit, suchtkranke Mitarbeiter, insbesondere mit einer illegalen Drogenproblematik, zu beschäftigen, glaubt er nun, aktuell vereinzelt solche Mitarbeiter zu beschäftigen.

Obwohl die Analysen zeigten, dass ein Bewusstsein für schwierige soziale Bedingungen und mehr Verständnis für Randständige entstanden ist, handelt es sich hier nicht um einen direkten Nutzen für das Unternehmen, sondern eher um eine Rückwirkung auf die sozialen Bereiche der Gesellschaft.

Für einige Teilnehmer sind Auswirkungen der Projektwoche auf die Unternehmenskultur oder das Betriebsklima denkbar. Diese Effekte sind jedoch sehr vage und lassen sich empirisch nicht bestätigen.

Die Begleiter aus den Sozialinstitutionen liegen mit ihrer Einschätzung der Auswirkungen sehr nahe an denen der Teilnehmer. Auch sie können sich, bis auf die Kontakte, keinen direkten Nutzen vorstellen. Sie erhoffen sich jedoch, dass sich die Projektwoche auf den Umgang mit den Mitarbeitern im Unternehmen positiv auswirkt.

Sozialinstitution

Die Begleiter sehen die größte Wirkung der Projektwoche für ihre Institution in der Verbesserung des Images nach außen. Durch den Abbau der Vorurteile und der daraus resultierenden Einstellungsänderung sozialer Arbeit gegenüber werden die Teilnehmer in ihren Augen zu Multiplikatoren für ihre Arbeit und ihre gesellschaftspolitischen Anliegen. In diesem Sinne leisten die Teilnehmer Öffentlichkeitsarbeit.

Die Begleiter erkennen auch einen Nutzen für ihre Institution durch die Kontakte zu den Unternehmen. In einigen Sozialinstitutionen sind auch Arbeitsprojekte angesiedelt, für die sich die Begleiter Unterstützung erhoffen. Was den Nutzen des Projekts Brückenschlag für die Sozialinstitutionen betrifft, divergiert die Einschätzung der Teilnehmer und der Begleiter. Während die Begleiter sehr Wohl einen Nutzen erkennen – Image sowie Kontakte – können sich die Teilnehmer keinen Nutzen für die Sozialinstitution vorstellen. Einige führen dies darauf zurück, dass sie sich zu wenig eingebracht haben, als dass die Sozialinstitutionen davon einen Nutzen haben könnten. Sie erlebten sich eher als „stille Zuschauer" oder „passive Beobachter". Das folgende Interviewbeispiel illustriert dies abschließend.

1W4 (75-78): Aber ich frage mich, ob mein Tag dort unten bzw. mein Zuhören für Herrn [Name des Begleiters] eine große Hilfe ist. Wir sprachen dann einfach privat noch ein wenig darüber, was er macht bzw. was ich mache, aber ich denke, auf die Dauer ist es keine große Hilfe. Es wäre zu vermessen, das zu glauben.

Zusammenfassung

Betrachtet man alle vier Perspektiven, fällt auf, dass der Aufbau von Kontakten sowohl auf persönlicher Ebene wie auch auf organisationaler Ebene und der damit verbundene Zugang zu Ressourcen einen hohen Stellenwert einnimmt.

Dem Projekt Brückenschlag kommt somit eine stark vernetzende Funktion zu. Dieser Aufbau von Beziehungsnetzwerken zu unterschiedlichen Systempartnern kann als eine positive Voraussetzung für längerfristige Kooperationsbeziehungen gewertet werden. Allerdings konnte der Großteil der Teilnehmer aus der Wirtschaft keinen weiteren Nutzen für das Unternehmen erkennen, sie erkannten nach Beendigung der Projektwoche auch keine direkten Umsetzungsmöglichkeiten. Es wird folgende Hypothese für das weiterführende Engagement abgeleitet:

Dadurch, dass alle Akteure subjektiv einen Nutzen aus der Projektwoche ziehen konnten und dem Aufbau von Kontakten eine hohe Bedeutung zufällt, wird vermutet, dass weiterführendes Engagement entstehen wird, allerdings eher auf persönlicher Ebene, weniger auf organisationaler Ebene.

Subjektiv wahrgenommener Nutzen für ….	
…Teilnehmer aus der Wirtschaft	Möglichkeit zur Selbstreflexion
	Sensibilisierung für soziale Probleme
	Veränderte Einstellung sozialer Arbeit gegenüber
	Aufbau persönlicher Kontakte
…Begleiter aus Sozialinstitution	Wertschätzung der Arbeit
	Aufbau persönlicher Kontakte
…Wirtschaftsunternehmen	Aufbau von Kontakten zu Sozialinstitutionen
… Sozialinstitution	Verbesserung des Images
	Aufbau von Kontakten zu Wirtschaftsunternehmen

Tabelle 7: Subjektiv wahrgenommener Nutzen der Akteure

9.5. Intendiertes weiterführendes Engagement

Die Teilnehmer und Begleiter wurden nach Beendigung der Projektwoche gefragt, ob während ihres Einsatzes Ideen entstanden sind, die in Zusammenarbeit von Wirtschaftsunternehmen und Sozialinstitution entstanden sind bzw. ob die Teilnehmer aus der Wirtschaft planen, sich weiterführend zu engagieren. In der Analyse wurden zwei Dimensionen gebildet: Intendiertes persönliches Engagement und intendiertes unternehmerisches Engagement.

Teilnehmer aus der Wirtschaft

Keiner der Teilnehmer aus der Wirtschaft hatte die Absicht, sich weiterführend persönlich zu engagieren. Unisono wurde mangelnde Zeit als Grund angegeben. Die Teilnehmer aus der Wirtschaft verwiesen meist auf ihre Führungsfunktion, die ihnen nur wenig Spielraum gibt, sich persönlich zu engagieren. Zudem verwiesen sie auf ihr bereits vorhandenes Engagement in Vereinen und auf ehrenamtliche Tätigkeiten.

1W1 (131-135): Vom persönlichen Engagement, wie es derzeit gelagert ist, aus Zeitgründen sicher nicht. Ich bin sonst engagiert, bin bei Vereinen, z.B. im Schiverein und auch in der Pfarre. Aber das war eine wichtige Ergänzung. Wir hatten z.B. über acht Monate zu Hause einmal Flüchtlinge, von dort ist mir das Sozialengagement nicht fremd. Deshalb sage ich klipp und klar nein. Der Tag hat für mich auch nur 24 Stunden.

In der folgenden Interviewpassage erklärt ein Teilnehmer aus der Wirtschaft, dass für ihn ein persönliches Engagement aus Zeitgründen nicht möglich ist. Für ihn macht ein weiterführendes soziales Engagement im Unternehmen mehr Sinn, da er dann in seinem konkreten Umfeld ansetzen kann und eine breitere Wirkung erzielen kann. Was im Interview unausgesprochen bleibt, ist, dass ein soziales Engagement im Unternehmen über zufriedene und motivierte Mitarbeiter auch wieder einen konkreten unternehmerischen Nutzen nach sich zieht.

1W2 (127-136): Ich persönlich habe eine gewisse soziale Ader, die sicherlich auf einem Niveau ist, wo ich neben meinem Job aus zeitlichen Gründen einfach nicht viel mehr investieren kann. Ich werde jetzt nicht sagen, ich gehe nebenberuflich zur [Name einer Institution] oder zum [Name einer Institution]. Ich habe eine Familie, die mir wichtig ist, und einen Job, wo ich sehr engagiert bin. Dort werde ich sicherlich nicht großartig etwas tun. Ich finde es aber toll und wichtig, dass es Leute tun. Natürlich ist es wichtig, dass man mit Vorbild vorausgeht, aber ich muss einfach sehr, sehr viel Zeit im Unternehmen verbringen. Ich werde es sicher ins Unternehmen hineintransferieren. Wenn ich in meinem Bereich, im Unternehmen, das sind [Anzahl] Leute, denen wirklich auch im sozialen Bereich helfe - du, das ist für mich ein sehr breites Spektrum - dann habe ich konkret [Anzahl] Personen, die dies auch wieder ausstrahlen können. Das möchte ich machen.

Bezüglich der Absicht, sich weiterführend unternehmerisch zu engagieren, ergibt die Analyse der Interviewdaten ein differenzierteres Bild. Zwei der Befragten konnten eine konkrete weiterführende Idee benennen. Der erste Teilnehmer sieht in der Förderung des gesellschaftlichen Engagements eines Unternehmens das eigentliche Ziel der Projektwoche Brückenschlag.

1W5 (138-143): Mir ging es eigentlich darum, dass man wirklich etwas macht. Weil damit, dass jemand etwas lernt, hat man schon etwas erreicht. Die Frage ist nur, wie es sich nachher in einer völlig anderen Organisation manifestiert, wo ein Mann sitzt und sagt: „Die Erfahrung habe ich gemacht. Aber wie geht's dann weiter?" Klar, er wächst persönlich, weil er ein anderes Bewusstsein dafür hat, was auch wichtig ist. Nur muss man dann schauen, wie man es multiplizieren kann.

Dieser Teilnehmer hat die Absicht, mit der Sozialinstitution eine Partnerschaft einzugehen, indem er für zwei Klienten jährlich Arbeitsplätze anbietet und diesen hilft, sich wieder in den Arbeitsprozess zu integrieren. Es ist ihm bewusst, dass eine solche Reintegration schwierig ist und am besten in enger Kooperation mit der Sozialeinrichtung geschieht. Durch laufende Reflexionen mit den Klienten, dem Unternehmen und der Sozialinstitution sollen persönliche Stärken und

145

Schwächen sowie Ausbildungsdefizite thematisiert werden und ein gegenseitiger Lernprozess in Gang kommen.

Befragt nach möglichen Hindernissen für die Umsetzung dieser Idee, antwortete der Teilnehmer mit *„Der Engpass bin ich (1W5 210).".* Er deutet damit an, dass die Umsetzung dieser Kooperationsidee von seiner Person und seinen zeitlichen Ressourcen abhängt. Das unternehmerische Engagement ist in diesem Fall einzig vom persönlichen Engagement eines Einzelnen - des Geschäftsführers - abhängig. Da es sich hier jedoch um eine Kooperationsidee handelt, die eine breitere und gezielte Verankerung im Unternehmen bedarf, wird vermutet, dass das Risiko groß ist, dass diese Kooperationsidee scheitert.

Der zweite Teilnehmer lernte während der Projektwoche in der Sozialinstitution Möglichkeiten kennen, wie Unternehmen in Bezug auf Sucht und Schulden präventiv arbeiten können. Dem Teilnehmer waren bisher nur Präventionsprogramme im Lehrlingsbereich bekannt, nicht jedoch auf Mitarbeiterebene. In der Folge äußerte der Teilnehmer die Absicht, gemeinsam mit der Sozialinstitution diesbezüglich etwas zu planen. Weiters soll der Kontakt zwischen der Personalabteilung des Unternehmens und den Mitarbeitern der Sozialinstitution intensiviert werden, um bei Problemfällen frühzeitig unterstützend einwirken zu können.

Zwei weitere Teilnehmer planten nach Beendigung der Projektwoche Brückenschlag, im Rahmen der Personalentwicklung im Unternehmen weiterzuführen. Sie versuchen den Gedanken des gesellschaftlichen Engagements über ihre Mitarbeiter im Unternehmen breiter zu verankern.

1W3 (107-109): Ja, auf unternehmerischer Ebene in dem Sinn, dass auch größere Teile unserer Belegschaft mitmachen. Dass also mehrere die Chance und die Gelegenheit bekommen, so etwas zu machen. Im Sinne einer breiteren Verwurzelung.

Alle anderen Teilnehmer aus der Wirtschaft hatten keine konkrete Absicht sich weiter unternehmerisch zu engagieren. Sie hatten auch keine Idee zu einer möglichen Zusammenarbeit mit der Sozialinstitution. In diesem Fragebereich bestand bei diesen vier Teilnehmern sogar Unklarheit darüber, was hier überhaupt unter weiterführendem Engagement und Kooperationen verstanden wird. Am folgenden Interviewbeispiel soll dies verdeutlicht werden.

Dieser Teilnehmer beschreibt zuerst die Bedeutung und zukünftige Relevanz von Corporate Volunteering in Form von Service Days am Beispiel Amerika.

1W8 (241-247): Obwohl ich der Überzeugung bin, dass solche Geschichten, wie in Amerika, wenn man solche Tage veranstaltet, um irgendeinen Sozialeinsatz zu machen, genau diese Geschichten sind, die bei uns stärker kommen müssen und auch werden, glaube ich. Ich glaube, dass das die Dinge sind. Man kann in einem Tag, wenn eine Firma mit hundert Leuten irgendetwas auf die Füße stellt, so viel bewegen, das dann wirklich der Gemeinschaft zugute kommt. Also sei es, einen Kinderspielplatz zu bauen oder in einem Krankenhaus irgendeinen Tag zu gestalten. Also das sind Dinge, die bringen wirklich etwas. Nicht nur finanziell.

Konkret befragt, ob der Teilnehmer selber während der Projektwoche Ideen entwickeln konnte zu einer weiterführenden Kooperation mit der Sozialinstitution, war dieser erstaunt, weil er sich bezogen auf seine Situation darunter nichts vorstellen konnte.

1W8 (161-162): Ich kann mir unter diesen Kooperationen nichts vorstellen. Das ist mein Problem (lacht). In welche Richtung Kooperationen?

Der Teilnehmer fühlte sich hier sichtlich unsicher, was sich in einem Lachen ausdrückt. Erst nachdem von Seiten der Interviewerin ein konkretes Beispiel genannt wurde, bejahte der Teilnehmer die Frage nach möglichem weiterführendem Engagement.

1W8 (170): Das kann ich mir schon vorstellen. Doch, durchaus. (178-179) Ich glaube, dass man die Möglichkeiten eher aufzeigen und die Leute dort ein wenig hinaufheben müsste.

Dieses Beispiel zeigt deutlich, dass dem Teilnehmer diese Möglichkeit gar nicht bewusst war und er sich auch nicht in der Rolle eines Kooperationspartners für die Sozialinstitution sieht. Dies drückt sich in „die Leute" aus, was eine Distanzierung und gleichzeitig eine Verallgemeinerung darstellt. Er kennt zwar diese Form der Kooperationen anhand anderer Beispiele, für sein eigenes Unternehmen und seine Erfahrung mit der Sozialinstitution konnte er dies jedoch nicht umsetzten.

Dieses mangelnde Erkennen von Berührungspunkten bzw. sozialen Thematiken, die gemeinsam von Sozialinstitutionen und Wirtschaftsunternehmen bearbeitet werden können, drückt sich im Großteil der Interviews aus. Befragt nach dem intendierten weiterführenden Engagement können, wie bereits dargestellt, zwei Teilnehmer eine Idee äußern. Die anderen haben keine konkreten Vorstellungen, zeigen sich aber alle offen für Vorschläge von Seiten der Sozialinstitutionen.

1W3 (997): Das war einfach der Austausch. Konkret ist sonst noch nichts entstanden. (102-104)
Aber auf Firmenebene haben wir sonst noch nichts gemacht, wir wissen auf beiden Seiten, dass wir
offen dafür sind, und wenn sich irgendwo eine Gelegenheit ergibt oder ein Bedarf, werden wir dem
sicher nachgehen.

Der Teilnehmer drückt hier die prinzipielle Bereitschaft, sich zu engagieren aus, wenn von Seiten der Sozialinstitution ein Bedarf besteht. Sprachlich kommt diese passive Strategie auch im Wort „nachgehen" zum Ausdruck. Der Gegenpart bildet das Wort „vorangehen", das eine eher aktive Rolle betont.

Eine mögliche Erklärung für die fehlenden Ideen zur Kooperation liefert ein Teilnehmer in der folgenden Interviewpassage. Aus seiner Sicht besitzt nur die Sozialeinrichtung das nötige Wissen und die Expertise, Ideen der Zusammenarbeit zu generieren. Bezogen auf soziale Problematiken und deren Lösung sieht er sich selbst als den „Falschen". Er sieht sich diesbezüglich als Unterstützer, nicht aber als Initiator.

2W4 (423-427): Ich glaube (Pause), da kann man natürlich schon auch zusammenarbeiten. Aber
ursprünglich muss die Idee, was sie anpacken wollen und was sie unterstützen wollen, von der
sozialen Einrichtung kommen. Das muss man quasi ... Da bin ich wieder der Falsche, um das
vorzuschlagen. Die Idee, wie man was anpackt, ein soziales Problem, sollte von der sozialen
Einrichtung kommen und (Pause) ich, kann es dann unterstützen, sprich finanziell unterstützen.

In der Folge soll nun ergänzend die Perspektive der Sozialeinrichtungen beschrieben werden, was das intendierte weiterführende Engagement betrifft.

Begleiter aus Sozialinstitutionen

Im Gegensatz zu den Teilnehmern aus der Wirtschaft konnte jeder der befragten Begleiter aus Sozialinstitutionen konkrete Ideen für ein weiteres gemeinsames Engagement mit den Wirtschaftsunternehmen nennen. Die Ideen bezogen sich alle auf Arbeitsbereiche oder Projekte der Sozialinstitution, bei denen sie Anknüpfungspunkte zu den Unternehmen erkannten und konkrete Unterstützungs- und Hilfeleistungen von Seiten der Wirtschaftsunternehmen definieren konnten. Diese Möglichkeiten der Zusammenarbeit mit den Wirtschaftsunternehmen bewerteten die Begleiter aus den Sozialinstitutionen auch als interessant, wünschenswert und sinnvoll. Danach befragt, ob sie ihre Ideen auch mit Teilnehmern aus der Wirtschaft ausgetauscht hätten, antwortete alle mit nein, dies wäre auch nie beabsichtigt gewesen.

1S4 (171): Es war von mir auch nie eine Absicht.

1S2 (162-165): Ich habe mich ohne bestimmte Absicht darauf eingelassen. Es sollte einfach eine Begegnung stattfinden. Was dann aus dieser Begegnung weiterwächst, ist für mich offen. Ich hatte dabei keine Hintergedanken. Ich fände es schäbig, diese Begegnung mit dieser Person, die zu uns kommt, auszunutzen, um irgendwelche Vorteile oder sonstiges für uns daraus zu ziehen.

Hier findet möglicherweise eine Abwehrreaktion von Seiten der Befragten aus den Sozialinstitutionen statt. Sie wehren die benötigte Hilfe und Unterstützung der Wirtschaft ab. Die Abwehr basiert möglicherweise auf der Angst vor Nähe, aber auch die Angst vor Selbstwertverlust oder Entwertung könnte eine Erklärung sein. Es scheint, dass der Begleiter aus der Sozialinstitution sich nur aus der Position des Gebenden der Wirtschaft gegenüber als gleichwertig erlebt.

Ausgesprochenes Ziel von Brückenschlag war es, Teilnehmern aus Wirtschaftsunternehmen ein Erfahrungsfeld für soziales Lernen zu bieten. Bei dieser Zielsetzung sind Wirtschaftsunternehmen und Sozialinstitutionen gleichberechtigte Partner, es gibt keine Hierarchie. Im Hinblick auf weiterführende Kooperationsprojekte entsteht jedoch wieder ein Gefälle zwischen denen, die Hilfe brauchen - Sozialinstitutionen - und denen, die Hilfe anbieten - Wirtschaftsunternehmen. Diese Abwehrreaktion wird vor dem Hintergrund gesellschaftlicher Machtverhältnisse und Wertigkeiten nochmals deutlich. Im folgenden Interviewbeispiel mit einem Begleiter aus einer Sozialinstitution manifestiert sich diese abgewehrte Hilfeleistung in der Metapher des „Bittstellers".

1S2 (169-186): Und wenn es nur das sei, wie [Name des Teilnehmers] sagte: „Wenn ihr einmal einen Bus benötigt, dann meldet euch einfach." Das möchte ich nicht. Der erste Schritt in diese Richtung soll in erster Linie auf der Seite des anderen getan werden. Wenn also er bzw. die Firma sagen würde: „Wir haben jetzt aus der Erfahrung, die wir mit euch gemacht haben, gesehen, dass wir uns auf irgendeine Art und Weise bei euch engagieren könnten und das würden wir gerne machen.", dann wären wir gerne dazu bereit, gemeinsam zu überlegen, was hier an Partnerschaft möglich sein könnte. Aber ich möchte niemals von unserer Seite irgendeinen Anstoß dazu geben. Das liegt mir nicht. Das, so denke ich, würde dieser Beziehung, die wir miteinander hatten, auch nicht entsprechen. Woran ich sehr wohl Gefallen finde, und deshalb habe ich auch mitgemacht, ist, die Firma einfach kennen zu lernen und ihre Arbeitsweise verstehen zu lernen. Ihre firmeninternen Themen, wie auch ihre Anliegen, ihre Sorgen und ihre Philosophie etc. haben mich sehr interessiert. Das fand auch in einem guten Austausch statt. Wir haben uns und sie haben sich eingebracht. So stimmt der Austausch von Geben und Nehmen. Wenn das nicht stimmen würde und wir damit beginnen würden, Nehmende zu werden, würde in diese Ebenbürtigkeit ein Gefälle hineinkommen und das möchte ich vermeiden. Als Sozialeinrichtung möchte ich dem Wirtschaftsunternehmen gegenüber nicht als solche auftreten, durch die diese Gleichwertigkeit nicht gegeben ist. Genauso wenig würde ich es wollen, als Bittsteller auftreten zu müssen bzw. anzufangen, das Ganze auszunutzen.

Der Befragte betont immer wieder die „Ebenbürtigkeit" und „Gleichwertigkeit" zur Wirtschaft. In der Projektwoche Brückenschlag sieht er diese Gleichwertigkeit zwischen Wirtschaft und Sozialinstitution erfüllt, da es sich für beide um einen Erfahrungsaustausch und ein Lernfeld handelt. Der Austausch von „Geben und Nehmen" stimmt. Durch das Annehmen des Hilfsangebots von einem Transportmittel von Seiten des Wirtschaftsunternehmens kommt in diese Beziehung wieder ein „Gefälle", der Begleiter aus der Sozialinstitution erlebt sich dann als „Bittsteller". Er kann sich gut ein weiterführendes Engagement vorstellen, aber nur, wenn der erste Schritt von Seiten des Wirtschaftsunternehmens gemacht wird.

Bei einem anderen Befragten manifestiert sich die Abwehr in der strukturellen und ideellen Andersartigkeit des Wirtschaftsbereichs und Sozialbereichs, die sich für ihn widersprechen. Gesellschaftliches Engagement und betriebswirtschaftliche Realität sind für ihn nur theoretisch vereinbar. Auch für ihn wäre eine Kooperation wünschenswert, er sieht jedoch auch den Teilnehmer aus der Wirtschaft als den Initiator.

Würden Sie es begrüßen, wenn daraus etwas entstehen würde? Oder sehen Sie es einfach als eine Projektwoche, die nun abgeschlossen ist?
1S3 (127-128): Nein, so passt das auf jeden Fall, das war so geplant. Natürlich wäre es wünschenswert. Ich denke, es gäbe einige Sachen, bei denen Kooperationen möglich wären. (132-134) Ich weiß es nicht, aber ich denke, Herr [Name des Teilnehmers] müsste, da er die Firma [Name des Betriebes] kennt und jetzt auch uns kennen gelernt hat, besser beurteilen können, was es für Möglichkeiten gäbe. (140-142) Ich denke, dass wir uns doch in zwei sehr unterschiedlichen Welten bewegen, Herr [Name des Teilnehmers] in seinem und wir in unserem Job. Ich würde sagen, dass es theoretisch die Möglichkeit gäbe.(145-146) Andererseits denke ich, hat Herr [Name des Teilnehmers], der dort in der [Tätigkeitsbereich] tätig ist, darauf zu achten, dass der Betrieb läuft. Das widerspricht sich schlichtweg.

Beide Seiten – Wirtschaftsunternehmen und Sozialinstitutionen – delegieren somit die Initiative, jeder erwartet vom anderen, dass er den ersten Schritt macht. An dieser Stelle wird noch eine

Interpretation versucht, indem vereinfacht der Umgang mit Kunden in der Wirtschaft und mit Klienten in Sozialinstitutionen dargestellt wird. Im Wirtschaftsleben ist es aufgrund der Konkurrenz und der Dynamik des Markts unumgänglich, aktiv auf die Kunden, Lieferanten und andere Geschäftspartner zuzugehen. In der Sozialen Arbeit wird der Großteil der Klienten meist von Behörden zugewiesen bzw. erhält die Auflage, Hilfe in Anspruch zu nehmen, um weiter (meist) Sozialleistungen zu bekommen. Die Klienten können sich somit weder die Beratungsstelle aussuchen, noch den Kontakt abbrechen, wenn sie nicht negative Folgen in Kauf nehmen wollen. Wirtschaftsunternehmen gehen aktiv auf ihre Kunden zu, wobei diese das Angebot annehmen, ablehnen oder sich für ein anderes Angebot entscheiden können. Sozialinstitutionen bekommen ihre Klienten zugewiesen. Diese unterschiedliche Konstruktion wirtschaftlicher und sozialer Berufe führt zu unterschiedlichen subjektiven Theorien und in der Folge zu anderen Handlungsstrategien. Es kann als eine weitere mögliche Ursache gesehen werden, wieso das vorher beschriebene in Kooperation treten aus Sicht der Wirtschaft anders gesehen wird als von Sozialinstitutionen.

Abschließend noch eine Metapher eines Befragten aus einer Sozialinstitution. Er findet es sinnvoll und wichtig, wenn Personen aus unterschiedlichen Kontexten miteinander ins Gespräch kommen, da aus seiner Sicht jeder davon profitieren kann. Er sieht für sich den Vorteil darin, dass er seine Anliegen „transportieren" sprich multiplizieren kann und gleichzeitig Rückmeldung aus anderen Perspektiven bekommt. Auf die Frage, ob er Brückenschlag als Anstoß für eine weiterführende Kooperation sieht, antwortet er folgendes:

1S4 (192): Bis jetzt nicht. Nein, überhaupt nicht.(194-198) Jetzt habe ich sogar ein Bild vor mir: Das ist wie eine Flüchtlingstrecke, wo Hunderte von Leuten über eine Brücke fliehen und über die Brücke niemand hinüber kann, weil sie voll ist und es zu gefährlich wäre, hinüber zu gehen, weil von dort ja die Leute fliehen. Diese sind alle hergekommen und wurden von uns aufgenommen. Wir versorgten und verköstigten sie mit unserer Arbeit. Das ist jetzt einfach ein Bild. Ich denke gern in Bildern, deshalb fällt mir das ein.

Die Teilnehmer aus der Wirtschaft sind in dieser Metapher symbolisiert in den Flüchtlingen, die vor einer Gefahr über eine Brücke auf die andere Seite fliehen. Die Gefahr wird als Sinnbild verstanden für den (steigenden) Druck im Wirtschaftsleben, dem Personen oft nicht gewachsen sind und der zu physischen, psychischen und sozialen Problemen führt. Bedingt durch diese Probleme fliehen Personen und suchen Hilfe bei Sozialinstitutionen. Aufgenommen werden die Flüchtlinge von den Sozialinstitutionen, die sie versorgen und ihnen Hilfe zukommen lassen. Dieses Helfen kann als ein Ausdruck der beruflichen Identität des Befragten interpretiert werden. Diese Metapher löst bei der

Autorin folgenden Interpretationsgedanken aus: Die Metapher kann als Sinnbild für zwei unterschiedliche Arbeitsbereiche interpretiert werden, der „gefährliche" Wirtschaftsbereich und der sichere, „Hilfe anbietenden" Sozialbereich. Wenn Sozialinstitutionen nach denselben Prinzipien wie Wirtschaftsunternehmen funktionieren würden, gäbe es diesen „Zufluchtsort" Sozialinstitution nicht mehr.

Auf der bewussten, sprachlich artikulierbaren Ebene hält der Befragte weiterführende Kooperationen für sinnvoll. Im Bild des Flüchtlings, der Hilfe sucht, offenbart sich jedoch der verdeckte Sinngehalt. Es hat keinen Sinn, von Seiten der Wirtschaft Hilfe anzunehmen, denn diese brauchen selber Hilfe.

Zusammenfassung

Von Seiten der Wirtschaft nannten nur zwei Teilnehmer eine konkrete Idee für eine weitere Zusammenarbeit mit der Sozialinstitution. Bei den restlichen Teilnehmern lagen diesbezüglich nach Beendigung der Projektwoche noch keine Intentionen vor. Zum einen ist dies auf eine Unsicherheit zurückzuführen, was unter weiterführendem Engagement verstanden wird, welche Rolle die Teilnehmer aus der Wirtschaft innerhalb einer weiterführenden Zusammenarbeit einnehmen und welche Erwartungen damit an sie bzw. ihr Unternehmen geknüpft sind. Zum anderen sehen sich die Teilnehmer hinsichtlich eines weiterführenden Engagements oder einer Zusammenarbeit mit der Sozialinstitution nicht als Initiator einer solchen, sondern als Unterstützer. Alle Teilnehmer erklären sich bereit und offen, sich weiterführend zu engagieren. Sie sehen jedoch die Sozialinstitutionen aufgrund ihres fachlichen Know-How als die Initiatoren.

Von Seiten der Sozialinstitutionen konnte jeder Befragte Ideen nennen für gemeinsame Projekte, Aktionen oder andere Formen der Zusammenarbeit mit den Wirtschaftsunternehmen. Dabei handelte es sich einerseits um Ideen, wie sich Sozialinstitutionen fachlich in die Wirtschaft einbringen könnten, andererseits aber auch um Ideen, bei denen die Sozialinstitution Unterstützungsleistungen von Seiten der Wirtschaft in Anspruch nehmen würden. Trotz der vorhandenen Ideen negierten alle Befragten, eine weitere Zusammenarbeit zu beabsichtigen. Der erste Schritt sollte von Seiten der Wirtschaft gemacht werden. Sobald sie eine Kooperation eingehen, bei der sie Hilfe oder Unterstützung von der Wirtschaft erhalten, erleben sich die Begleiter aus den Sozialinstitutionen in einem ungleichen Machtverhältnis.

Im Zuge der Analyse stellte sich ein zentrales Thema heraus: Das Annehmen können von Hilfe und Unterstützung. Dies scheint für Sozialeinrichtungen besonders schwierig zu sein. Die befragten

Begleiter sind alle in helfenden Berufen tätig. Das Verfügen über Hilfeleistungen, die ein anderer benötig, verleiht Helfenden ein Stück Macht, die auch zu Abhängigkeit führen kann. Indem die Begleiter aus den Sozialinstitutionen eine Kooperation mit Wirtschaftsunternehmen eingehen, bei der sie von den Leistungen der Wirtschaft profitieren könnten, begeben sie sich in ein Machtverhältnis, das nicht dem ihnen gewohnten entspricht. In der Folge wehren sie die Hilfeleistung aus Angst vor Abhängigkeit ab. Diese Psychodynamik entspricht dem von Schmidbauer (1977) beschriebenen „Helfersyndrom". Dies beschreibt das Phänomen, dass Personen in helfenden Berufen eigene Schwächen kaum zulassen können und dass es den Helfern schwer fällt, selbst Hilfe anzunehmen. Weiteres Kennzeichen ist die Unfähigkeit, eigene Bedürfnisse und Wünsche zu formulieren und durchzusetzen.

Folgende zwei Hypothesen lassen sich zusammenfassend für das weiterführende gesellschaftliche Engagement ableiten:

Es ist zu vermuten, dass sich die fehlenden Handlungsintentionen auf Seiten der Wirtschaft und die abgewehrten Handlungsintentionen auf Seiten der Sozialinstitutionen negativ auf das weiterführende Engagement auswirken. Sprich, es wird prognostiziert, dass nach Beendigung der Projektwoche Brückenschlag nur wenige Kooperationen oder andere Formen der Zusammenarbeit entstehen.

Da die Sozialinstitutionen aus Angst vor Abhängigkeit Hilfe abwehren, ist weiters zu vermuten, dass hauptsächlich Kooperationen entstehen werden, bei denen die Sozialeinrichtungen ihre Leistungen und ihr Fachwissen in die Unternehmen einbringen in Form von bspw. Präventionsveranstaltungen oder Beratungen.

9.6. Subjektive Theorien zum gesellschaftlichen Engagement von Unternehmen

Das folgende Kapitel beschreibt die subjektiven Theorien der Befragten zum gesellschaftlichen Engagement von Unternehmen. Aus den beiden Perspektiven – Wirtschaftsunternehmen und Sozialinstitutionen – werden das subjektive Verständnis und die Bedeutung des gesellschaftlichen Engagements für die Unternehmen näher analysiert. Weiters wird ein Einblick geboten, in welcher Form und in welchem Ausmaß sich die befragten Unternehmen gesellschaftlich engagieren. Es handelt sich dabei um keine vollständige Beschreibung der Tätigkeiten und Engagementformen der Unternehmen. Diesem Anspruch, kann die verwendete Methode des qualitativen Interviews nicht Rechnung tragen, was auch nicht primäres Forschungsziel war. Daten hierfür sind den repräsentativen Studien zu entnehmen, wie sie in Kapitel 3 beschrieben sind. In diesem Kapitel werden Tendenzen aufgezeigt, wie sich die subjektiven Theorien der Befragten in ihrem unternehmerischen Handeln manifestieren.

<u>Teilnehmer aus der Wirtschaft</u>

Auf Seiten der Wirtschaftsunternehmen lassen sich zwei subjektive Theoriemodelle erkennen, die sich jedoch nicht gegenseitig ausschließen. Die erste Theorie, warum sich Unternehmen gesellschaftlich engagieren, betrifft das Selbstverständnis des Unternehmers. Es handelt sich um Unternehmen, die seit mehreren Generationen in Familienbesitz sind und der Unternehmensgründer, seine Familie wie auch das Unternehmen sind selbst stark in der Gemeinde verwurzelt. Das Verständnis, als Unternehmen Teil der Gesellschaft zu sein und somit auch Verantwortung zu tragen, wird wie die Führung des Unternehmens von einer Generation auf die nächste übertragen. Dieser Ansatz, langfristig und nachhaltig zu denken, ist ein besonderes Kennzeichen von Familienunternehmen. In der folgenden Interviewpassage bringt der Geschäftsführer eines Familienunternehmens diese Philosophie auf den Punkt.

1W5 (198-202): Das sehen natürlich viele große Unternehmen noch nicht genau, weil es natürlich immer schwierig ist, wenn Du ein Management hast, das in der Regel kurzfristig gute Ergebnisse bringen muss. Wir haben einen großen Vorteil, weil wir als Familienunternehmen schon immer langfristig gedacht haben, über Generationen. Das heißt, mir ist wichtig, wo ich in zehn, fünfzehn oder zwanzig Jahren bin, nicht wie es uns in fünf Jahren geht.

Die beiden folgenden Interviewpassagen verdeutlichen einerseits dieses Selbstverständnis zum gesellschaftlichen Engagement, das vom Unternehmensgründer auf die folgenden Generationen übertragen wird, andererseits aber auch den starken regionalen Bezug.

1W1 (191-195): Ja, das ist ein Verständnis, ein Teil der [Name des Betriebes] Kultur, nicht niedergeschrieben, das weiß man. Es war das Verständnis von [Name des Firmenchefs], dem Seniorchef, in seiner aktiven Zeit und speziell seiner Frau [Name der Frau] und wir versuchen das weiterzuleben. Ich bin ein Teil der Familie, da ich mit der [Verwandtschaftsverhältnis]. [Name des Geschäftsführers] unterstützt das auch.

Diese starke regionale Einbettung der Unternehmerfamilie und des Unternehmens selber besitzt die Funktion der sozialen Kontrolle. In der folgenden Interviewpassage kommt die Bedeutung dieser sozialen Kontrolle zum Ausdruck.

1W6 (143-150): Wir sind hier ländlich in eine Sozialstruktur eingebettet. Die Gesellschafter stammen aus [Ortsname]. Sie sitzen mit den Arbeitern am Tisch. Es existiert schon von den Gesellschaftern aus ein ganz eigenartiges Verhältnis zu den Arbeitern, was ich wirklich positiv finde. Über den Gründer, zur nächsten Generation, sie haben sich wirklich immer, es waren nicht nur Worthülsen, für den Mitarbeiter interessiert und sich um das Wohlergehen gekümmert. Vielleicht deshalb, weil sie in diese Gemeinschaft eingebettet sind. Die Gesellschaft ist da nicht anonym, sondern mittendrin und sie haben immer großen Wert darauf gelegt, dass die Beziehungen bzw. die sozialen Beziehungen zu den Mitarbeitern stimmen.

Die Gesellschafter haben sich um das „Wohlergehen der Mitarbeiter" gekümmert, weil sie selber mit ihrer Familie in diese „Gemeinschaft eingebettet" sind und ihr unternehmerisches Agieren deshalb auch nicht „anonym" erfolgt. Sie sind „mittendrin". Das bedeutet, dass dieses in der Öffentlichkeit stehen, die Anonymität der Unternehmensleitung aufhebt und Regelverstöße einfacher sanktioniert werden können. Durch die öffentliche Präsenz der Führung wird die Aufmerksamkeit der Öffentlichkeit auf das Unternehmen stärker gebunden, was im Sinne der sozialen Kontrolle auch unangenehme Folgen für das Unternehmen haben kann. Zudem gibt diese Interviewpassage erste Hinweise auf die strategische Verankerung des gesellschaftlichen Engagements im Unternehmen. Das Selbstverständnis der Gründer und Unternehmensleiter bedingt eine Unternehmenskultur, in der soziale Verantwortung und gesellschaftliches Engagement gelebt werden.

Die zweite Theorie, sich als Unternehmen gesellschaftlich zu engagieren, ist, sich durch qualifizierte, motivierte und zufriedene Mitarbeiter einen Wettbewerbsvorteil zu verschaffen und somit einen längerfristigen Nutzen für das Unternehmen zu generieren. Über gesellschaftliches Engagement soll ein intaktes soziales Umfeld aufrechterhalten werden. Der Befragte sieht in der folgenden Interviewpassage trotz hoher Produktionskosten und fehlenden natürlichen Ressourcen einen Wettbewerbsvorteil für die Region. Für ihn liegt der Vorteil im Humankapital der Region.

1W7 (177-180): Es ist einfach auch eine wichtige Rahmenbedingung für unseren Standort hier. Die Qualität der Gesellschaft bzw. des gesellschaftlichen Zusammenhalts und dass wir dadurch sehr gute und qualifizierte Mitarbeiter haben, die aus einem intakten Umfeld kommen, ist einer der Erfolge unserer unternehmerischen Tätigkeit im Land. Denn das gibt Stabilität. Das gibt Qualität.

Qualifizierte Arbeitskräfte sind folglich für den Unternehmenserfolg ausschlaggebend. Gut ausgebildete Arbeitskräfte aufgrund sozialer Probleme zu verlieren, bedeutet für das Unternehmen auch einen Verlust an Know-How, das „mühsam" wieder aufgebaut werden muss. Investitionen in ein intaktes soziales Umfeld rechnen sich somit für ein Unternehmen auch aus betriebswirtschaftlicher Sicht.

1W6 (136-142): Nein. Ich sage, dass das dann die zwei Problemkreise sind, die wir haben und bei denen wir eigentlich auf eine Unterstützung, Lösung oder Verbesserung hoffen. Das sind ja gute Arbeitskräfte, die durch irgendeinen Blödsinn bzw. dummen Zufall da hineinschlittern. Es sind einfach hervorragende Arbeitskräfte, deren Probleme Schulden und Alkohol sind. Wir möchten sie erhalten und nicht einfach sagen: „Zack, raus." Und dann ihr Elend noch verschlimmern. Wir können das auch sehr betriebswirtschaftlich bzw. aus betrieblicher Sicht sehen, dass wir gute Arbeitskräfte verlieren würden, die wir mühsam wieder aufbauen müssen.

Aber auch aus volkswirtschaftlicher Sicht wird die Bedeutung des gesellschaftlichen Engagements von Unternehmen für die Aufrechterhaltung und Finanzierung des Sozialsystems erkannt. Aufgrund der zunehmenden Kosten wird aus Sicht dieses Befragten das Engagement allgemein wieder zunehmen (müssen).

1W7 (180-186): Da sind jetzt schon einige Bedenken angebracht, wenn man die Entwicklungen so fortschreibt, wie sie bisher waren. Man sieht, dass es in einigen Bereichen nicht mehr so weitergehen kann. Oder wie wir mit den Alten, mit den Kranken, mit den Randschichten umgehen. Das sind äußerst kostenintensive Lösungen, die wir uns dann vielleicht einfach nicht mehr leisten können. Ganz einfach. Das wird so sein. Und jetzt ist die Frage: „Was kommt danach?" Wenn das Geld nicht mehr da ist, dann muss meiner Meinung nach wieder das Engagement kommen, denn sonst haben wir als Gesellschaft ein Problem.

Beim Großteil der Befragten sind beide Theoriemodelle – Selbstverständnis und intaktes Umfeld – vorhanden. Aus Sicht der Befragten verdeutlicht gesellschaftliches Engagement von Unternehmen die Bedeutung von Tradition und regionaler Verbundenheit. Gesellschaftliches Engagement erfolgt somit selbstlos. Dadurch erhält diese Sichtweise philanthropische Züge. Die Theorie des intakten Umfelds steht für die Bedeutung der Gestaltung zukünftiger gesellschaftlicher Entwicklungen durch Unternehmen. In beiden Theorien verbirgt sich auch eine Nutzenerwartung für das Unternehmen.

Was wird jedoch von den Unternehmen unter gesellschaftlichem Engagement verstanden? In der Analyse der Interviewdaten wurde versucht, zu rekonstruieren, wie die Befragten den weiten Begriff des gesellschaftlichen Engagements für ihr Unternehmen definieren. Bezüglich folgender drei Kriterien waren sich die Befragten einig: Gesellschaftliches Engagement erfordert eine Auseinandersetzung mit gesellschaftlichen Problemstellungen, persönliches Engagement in Form von Zeit oder Know-how und kann – muss aber nicht – durch finanzielle Unterstützungsleistung erfolgen. Es erstaunte, dass die bei Unternehmen gängigste Form des Engagements – das Sponsoring – nicht als gesellschaftliches Engagement gewertet wird. Als Beispiel wurde den Befragten das Spenden von Pokalen für eine Jugendfußballmeisterschaft genannt. Für alle Befragten ist dies ein „klassisches" Sponsoring, dass nichts oder nur wenig mit gesellschaftlichem Engagement zu tun hat. Gesellschaftliches Engagement wäre es höchstens dann, wenn es dabei um die Förderung benachteiligter Jugendlicher geht, oder wenn die Jugendfußballmeisterschaft ohne finanzielle Unterstützung des Unternehmens gar nicht erst zustande kommen würde. Die Bedeutung der Auseinandersetzung mit Benachteiligung kommt also auch hier zum Ausdruck. Es wird jedoch vermutet, dass sich hier bereits die Auswirkung der Projektwoche Brückenschlag im Sinne der Modifizierung der subjektiven Theorien der Befragten zeigt.

1W7 (220-231): Ich glaube, dass das wieder eine dieser einfachen Geschichten ist, wo man es sozusagen mit Geld erledigt und beim Waschen nicht wirklich nass wird. Also mir fehlt hier dieses „Involviertsein". Dieses „Sich-selber-der-Situation-Auszusetzen". Wenn das Beispiel nun so ist, dass es da (Pause) Lehrlingsgruppen in verschiedenen Unternehmen gibt, die vielleicht aus Problemfamilien kommen, oder die Probleme haben und irgendjemand hat ein Projekt und sagt: „Mensch, die müssen ins Unternehmen, wo wir sie unter Kontrolle haben. Im Freizeitbereich haben die viel zu viel Spielraum." Und irgendjemand sagt nachher: „Bringen wir die zum Fußballspielen. Machen wir aus denen eine Mannschaft." Und wenn dann das versiert von diesen Lehrlingsmeistern koordiniert wird, dass man sagt: „Einer kümmert sich darum." Und wenn es dann darum geht: „So, jetzt unterstützen wir die irgendwie. Jetzt schauen wir, dass die ein Turnier machen und wir liefern die Pokale dazu und wir kommen auch zu diesem Turnier hin und schauen uns das an." Dann wäre das schon eher in diese Richtung, was ich als soziale Verantwortung sehe.

Uneinigkeit zeigte sich hinsichtlich Anonymität und Eigennutz des gesellschaftlichen Engagements, die beide miteinander verbunden sind. Die eine Position lässt sich dadurch beschreiben, dass gesellschaftliches Engagement anonym erfolgen sollte. Wird zuviel darüber geredet und das Engagement für Marketing- oder Imagezwecke verwendet, steht der Eigennutz zu sehr im Vordergrund. Gesellschaftliches Engagement darf zwar zu einer Win-Win-Situation führen, der Nutzen für das Unternehmen darf jedoch nicht offensichtlich im Vordergrund stehen bzw. in der Öffentlichkeit vermarktet werden. Im folgenden Interviewbeispiel spricht der Befragte „Sozialsponsoring" als Marketingmaßnahme an für Unternehmen, die ansonsten keinerlei soziale Verantwortung ihren Mitarbeitern gegenüber zeigen.

1W5 (96-98): Viele Firmen machen das einfach, indem sie knallhart ihr Ding runter fahren, Menschen dabei nur marginal vorkommen und sie einfach zweimal im Jahr eine große soziale Aktion machen. Das hat mit gesellschaftlichem Engagement nichts zu tun. Das ist Marketing.

1W4 (169-171): Es gibt auch manche, die das etwas provokant machen. Dort riecht man förmlich, dass sie davon eigentlich eine Werbewirkung haben wollen, und das dann hinter einer sogenannten „Charity-Aktion" verstecken.

Dem aus der amerikanischen Corporate Citizenship Praxis oft zitierte Satz „Tue Gutes und rede darüber" kann der Großteil der Befragten nicht zustimmen. Die Befragten sehen hier einen Unterschied in der Mentalität. Im Einklang mit dem zuvor genannten Selbstverständnis wird von Seiten der Befragten argumentiert, dass gesellschaftliches Engagement Selbstverständlichkeit ist und zur sozialen Verantwortung eines Unternehmens dazugehört nach dem Motto „Nicht nur darüber reden, sondern machen." Ein Befragter argumentiert die Anonymität jedoch folgendermaßen:

1W1 (182): Damit bleibt es steuerbar, und wir werden nicht erpressbar.

Dieser Satz erscheint für das Verstehen des Anonymitätsgedankens der Unternehmen zentral, da er eine neue Perspektive eröffnet. Die beiden Worte „steuerbar" und „erpressbar" fallen aufgrund der Bedeutung der Worte aus dem Kontext und bilden inhaltlich wie emotional einen Gegenpol zum bisher Gesagten. Zuerst wird versucht, die Bedeutung des Worts „Erpressung" im

Alltagsverständnis näher zu bestimmen. Durch Erpressung wird jemand zu einer Handlung oder der Unterlassung einer Handlung gezwungen, mit dem Ziel des Erpressers, sich selbst oder Dritte zu bereichern. Der Erpresste hat im Gegenzug eine Schädigung beispielsweise persönlicher, finanzieller oder wirtschaftlicher Art zu befürchten. Bezogen auf das Interviewbeispiel wird folgende Interpretation versucht. Der Befragte befürchtet, dass, wenn er das gesellschaftliche Engagement seines Unternehmens zu sehr in der Öffentlichkeit darstellt, eine Erwartungshaltung entsteht, die zu einem Anspruch auf das Engagement von Seiten der Öffentlichkeit führt. Sprich, der Befragte befürchtet, dass durch die öffentliche Darstellung des gesellschaftlichen Engagement des Unternehmens, die Gesellschaft in Form von Schulen, Vereine, Sozialinstitutionen, Gemeinden sich erwarten, dass sich das Unternehmen auch weiterführend, eventuell sogar verstärkt, zu engagieren hat, unabhängig von der finanziellen oder wirtschaftlichen Lage des Unternehmens. Der Befragte will für sein Unternehmen aber weiterhin die Kontrolle über Form und Ausmaß des Engagements behalten und keine Erwartungen diesbezüglich erzeugen. Durch die Anonymität behält das Unternehmen die Kontrolle und kann Verbindlichkeit vermeiden. Das Wort „erpressbar" drückt die Angst vor dieser Abhängigkeit und ihren Folgen aus. Der Befragte befürchtet, dass, wenn das Unternehmen die Erwartungshaltung der Öffentlichkeit durch ständiges Engagement nicht befriedigt, das Unternehmen unangenehme Folgen zu befürchten hat, beispielsweise in Form von Imageverlusten. Das Wort „erpressbar" kann auch dahingehend interpretiert werden, dass der Befragte den Anspruch der Öffentlichkeit auf soziales Engagement des Unternehmens als eine unrechtmäßige Bereicherung empfindet.

Wie zuvor erwähnt herrscht Uneinigkeit bezüglich Anonymität und Eigennutz. Nur ein kleinerer Teil der Befragten spricht sich dafür aus, das gesellschaftliche Engagement auch an die Öffentlichkeit zu tragen, um so das Bewusstsein auf breiterer Ebene zu fördern. Dieser Teil der Befragten spricht sich auch deutlich dafür aus, das Engagement mit unternehmerischen Zielen zu verknüpfen und auch als solches zu kommunizieren. Sie befürworten das CSR Konzept, das diese Verbindung von Engagement und Nutzen für das Unternehmen über die öffentliche Kommunikation versucht zu fördern.

In der Folge wird versucht, ein Einblick zu geben, wie sich diese subjektiven Theorien der Befragten in ihrem unternehmerischen Handeln zeigen, ohne den Anspruch auf Vollständigkeit zu erheben. Gesamt betrachtet zeigt sich ein sehr differenziertes und vielfältiges Bild des gesellschaftlichen Engagements der befragten Unternehmen. Die Unternehmen zeigen sich sowohl nach innen für ihre Mitarbeiter engagiert als auch nach außen für das soziale Umfeld.

In der Analyse der Daten wurden folgende Engagementformen zusammengefasst:

- zur Verfügung stellen von Geld und Sachmitteln
- zur Verfügung stellen von Unternehmensleistungen (Zeit, Know-how)
- Unterstützung des Engagements von Mitarbeitern in deren Freizeit (Zeit, Geld, Sachmittel)
- Matching von Spenden der Mitarbeiter
- Aufträge an gemeinnützige Organisationen
- Bereitstellung von Beschäftigungsmöglichkeiten für Benachteiligte

Im Engagement der befragten Unternehmen sind folglich die vielseitigen Möglichkeiten des Corporate Giving und auch eine Möglichkeit des Corporate Volunteering realisiert. Formen von Corporate Foundations, als Beispiele für verbindliches und längerfristiges gesellschaftliches Engagement, konnten nicht gefunden werden.

Hinsichtlich der Handlungsfelder und Zielgruppen zeigt sich ein ebenso breites Spektrum, die Präferenz liegt jedoch klar in den Handlungsfeldern Soziales und Sport. Die präferierte Zielgruppe sind Jugendliche.

Mit Ausnahme eines Befragten erfolgt das Engagement allerdings nicht auf der Grundlage von Strategiekonzepten beispielsweise im Sinne von CSR. Die Ausnahme bildet ein Unternehmen, das im Sinne von CSR ihre soziale Verantwortung im Leitbild verankert hat und einen fixen Anteil des Umsatzes jährlich für ihr Engagement verwendet. Das Engagement erfolgt geplant und wird nach innen wie außen kommuniziert. Die restlichen Unternehmen verfügen über keine fixen Budgets zur Unterstützung sozialer Anliegen. Das Engagement erfolgt zwar gelegenheitsbezogen, sprich bei konkreten Anfragen, allerdings beim Großteil der Befragten regelmäßig.

In der folgenden Interviewpassage erklärt der Befragte, wieso das gesellschaftliche Engagement des Unternehmens nicht strategisch erfolgt.

1W1 (226-232): Eine Strategie hat immer eine Absicht, ein Ziel. Wir machen das nicht so krampfhaft, wie wir z.B. krampfhaft versuchen ein neues Produkt zu kreieren und einzuführen. Das ist ein riesengroßer Unterschied. Das ist wieder das Verständnis, die Kultur – ich muss das nicht mehr so ausführen. Da passieren oft recht überraschende Dinge, aber immer positiv. Wir sitzen nicht hin und denken nach wie bei einem Entwicklungsprogramm. Heuer geben wir eine Million Euro für die [Produktteil] auf [Produkt] aus, mit Terminplan, das muss geschehen und bis zu einem

gewissen Zeitpunkt muss das eingeführt sein. Bei den sozialen Dingen ist diese Vorgehensweise
nicht der Fall.

Der Befragte differenziert wirtschaftliches und soziales Handeln. Das wirtschaftliche Handeln erlebt der Befragte als „krampfhaft", sprich, das Ergebnis wird nicht dem Zufall überlassen, sondern der Plan „muss" durchgezogen werden, das Ziel erreicht werden. Es geht hier folglich wieder um Verbindlichkeit. Soziales Handeln „passiert" für ihn, Überraschungen werden zugelassen. Das Unternehmen reagiert mit seinem Engagement auf unterschiedlichste Anfragen und Anliegen, es wird jedoch aus seiner Sicht kein Ziel, keine Absicht verfolgt. Auch hier erfolgt möglicherweise eine Abwehrreaktion. Der Gedanke an eine Strategie wird vom Befragten abgewehrt, aus Angst, sich längerfristig oder verbindlich engagieren zu müssen.

Begleiter aus Sozialinstitutionen

Aus Sicht der Sozialinstitutionen erlangt gesellschaftliches Engagement von Unternehmen seine Bedeutung in einem intakten sozialen Umfeld. Übereinstimmend mit der Sichtweise der Wirtschaftsunternehmen, halten sie Engagement zukünftig für immer wichtiger, um das Funktionieren der Gesellschaft und somit auch des Wirtschaftssystems zu sichern. Soziale Probleme führen aus ihrer Sicht nicht nur zu volkswirtschaftlichen, sondern auch betriebswirtschaftlichen Schäden. Indem die soziale Sicherheit vergrößert wird, stiftet Engagement nicht nur einen gesellschaftlichen Nutzen, sondern auch einen wirtschaftlichen Nutzen. Für die Befragten ist das Humankapital der entscheidende Erfolgsfaktor der Region, weshalb auch für sie soziale Investitionen von Seiten der Unternehmen von zentraler Bedeutung sind.

Die Befragten sind sich allerdings einig, dass Unternehmen sich zuerst in ihrem eigenen Umfeld - für die Mitarbeiter - engagieren sollten. In der Gestaltung humaner Arbeitsbedingungen wie beispielsweise familienfreundliche, flexible Arbeitszeiten und Umsetzung sozialer Leistungen im Unternehmen wie beispielsweise Betriebssozialarbeit, Betriebskindergarten, Betriebspension sehen sie die primäre soziale Aufgabe der Unternehmen. Im folgenden Interviewbeispiel ist der Befragte der Meinung, dass sich Unternehmen nur dann gesellschaftlich engagieren müssen, wenn sie ihre soziale Verantwortung für die Mitarbeiter „verschlafen" haben. In dieser Aussage ist aber auch der Vorwurf enthalten, dass Unternehmen zum Entstehen sozialer Probleme beitragen, weil sie ihrer sozialen Verantwortung den Mitarbeitern gegenüber nicht oder zu wenig nachkommen.

1S5 (200-205): Die soziale Verantwortung nach innen finde ich fast ein bisschen wichtiger als die
nach außen. Die nach außen wird erst präsent, wenn man die nach innen verschlafen hat. (Pause)

Das heißt, wenn ich den Mitarbeiter, also innen, verschlafe und er nachher in ein soziales Projekt kommt und soziale Probleme hat, dann muss ich erst nach außen auftreten, um diesem zu helfen, könnte es aber im Vorfeld schon verhindern. Wenn ich mich nach innen sozial verantwortlich richte, dann entstehen die Probleme nicht nach außen. Es minimiert das äußere.

Dieser versteckte Vorwurf dürfte der Grund sein, wieso Unternehmen sich aus Sicht der Sozialinstitutionen primär im eigenen Umfeld engagieren sollten. Ob sich Unternehmen auch im weiteren gesellschaftlichen Umfeld engagieren sollten, darüber herrscht Uneinigkeit. Der Großteil der Befragten lehnt ein ausschließlich finanzielles Engagement von Unternehmen im weiteren Gesellschaftsbereich ab. Es wird begründet, dass Unternehmen mit dem Engagement einen Eigennutzen verbinden – meist in Form von Image – und es zu keiner inhaltlichen Auseinandersetzung kommt. Deshalb werden meistens „schöne" soziale Bereiche ausgewählt.

1S2 (395-397): Das sind beispielsweise Kinder, unschuldig in Not Geratene und Tiere. Meist jedoch in umgekehrter Reihenfolge, erst die Tiere, dann die Kinder, dann die Behinderten und schließlich die unschuldig in Not Geratenen.

Finanzielles Engagement von Unternehmen erlebt ein Teil der Befragten als „gönnerhaft". Wie bereits in anderen Beispielen erwähnt, kann auch dieses Beispiel als eine Projektion gesellschaftlicher Machtverhältnisse und unterschiedlicher Wertigkeiten interpretiert werden.

Weiters wird argumentiert, dass die Finanzierung des Sozialen Bereichs weiter durch die öffentliche Hand geschehen soll, um Dauerhaftigkeit und Fachlichkeit zu gewährleisten. Im folgenden Interviewausschnitt lehnt der Befragte finanzielle Formen des Engagements in Form von Corporate Givings oder der Corporate Foundations ab.

1S2 (416-420): Ich weiß zwar, dass es Thema ist, dass Firmen mehr zu solchen Sachen beitragen sollten, bin in dieser Angelegenheit jedoch eher skeptisch und zurückhaltend. Ich denke, sie sollen brav ihre Steuern zahlen, (lacht) das würde schon reichen. Den Rest sollen sie den Fachleuten überlassen, die dann entscheiden, welche sozialen Angebote gebraucht werden und was gefördert bzw. was weniger gefördert werden muss.

Der Befragte sieht die Verantwortung der Unternehmen im Zahlen von Steuern. Durch die Verwendung des Konjunktivs spricht er den Unternehmen jedoch ab, ihre Steuerleistungen auch ordnungsgemäß zu erbringen. Von der finanziellen Unterstützung der Unternehmen abhängig zu sein, stellt für den Befragten aus der Sozialinstitution eine Unsicherheitszone dar, die er dadurch versucht zu beherrschen, indem er sich bzw. im Sozialbereich Arbeitende als „Fachleute" tituliert. Diese Position des Experten legitimiert ihn im eigenen Bereich zu beurteilen, welche sozialen Angebote in welcher Form unterstützt werden sollten. Diese Entscheidungsgewalt an Unternehmen zu verlieren, stellt für den Befragten eine Bedrohung dar, die er dadurch abwehrt, dass er den Unternehmen unterstellt, ihrer steuerlichen Verpflichtung nicht ausreichend nachzukommen. Durch die Aussage „sie sollen brav ihre Steuern zahlen" sowie das Lachen an dieser Stelle demonstriert der Befragte Überlegenheit als Ausdruck dieser abgewehrten Bedrohung.

Gesellschaftliches Engagement von Unternehmen halten die Befragten nur dann für sinnvoll, wenn von Seiten der Unternehmen auch eine inhaltliche Auseinandersetzung geschieht und diese auch bereit sind, sich für soziale Randgruppen und *„dreckige Asozialität"* wie Obdachlose oder Suchtkranke *(1S4 406)* zu engagieren. Weiters sollte das Engagement langfristig erfolgen und verbindlich. Wie im vorherigen Kapitel beschrieben, wird aber genau diese Verbindlichkeit von Seiten der Wirtschaft gefürchtet.

Lediglich ein Befragter befürwortet es, wenn sich Unternehmen verstärkt finanziell im Sozialbereich engagieren würden. Er sieht den Vorteil darin, Unterstützungsleistungen kurzfristiger und flexibler zu bekommen als durch die öffentliche Hand. Er lehnt ein inhaltliches Engagement aufgrund fehlender Fachlichkeit ab.

Sponsoring, wie im Beispiel mit der Spende von Pokalen für eine Jugendfußballmeisterschaft ist für die Befragten zwar zum Teil wichtig für die Existenz und die Arbeit von Vereinen, insbesondere im Bereich Jugendförderung, und damit gesellschaftlich relevant. Als gesellschaftliches Engagement von Unternehmen wird dies jedoch nicht gewertet. Die Befragten bewerten Sponsoring in dieser Form als eine reine Marketingmaßnahme. Da durch diese Form des Sponsorings keine inhaltliche Auseinandersetzung geschieht, können neben Marketingeffekten keine weiteren Wirkungen sozialer Art im Unternehmen erwartete werden.

1S4 (372-373): Nein, das ist für mich noch kein gesellschaftliches Engagement. Das ist Sponsoring. Das ist ein Marktauftritt, wenn es in diesem Bereich bleibt. (381-383) Wenn es bloß mit ein paar Etiketten abgetan ist, dann ist das für mich eher ein Gag bzw. eine Werbefloskel, jedoch noch nicht gesellschaftliches Engagement, weil das bewirkt bei der Firma nicht viel, vermute ich.

Zusammenfassung

Einig sind sich die Befragten aus den Wirtschaftsunternehmen und den Sozialinstitutionen über die Bedeutung des gesellschaftlichen Engagements von Unternehmen für ein intaktes soziales Umfeld. Beide betonen die Bedeutung des Humankapitals für die Region und die Wichtigkeit sozialer Sicherheit für wirtschaftlichen Erfolg. Wie gesellschaftliches Engagement von Unternehmen zu erfolgen hat, diesbezüglich unterscheiden sich die Theorien der Wirtschaftsunternehmen von denen der Sozialinstitution. Erstaunlich ist, dass bis auf eine Ausnahme alle Befragten der Sozialinstitutionen ein ausschließlich finanzielles Engagement von Unternehmen ablehnen. Im Zuge der Analyse wurde dies jedoch als eine Form der Angstabwehr interpretiert. Die Vorstellung, zukünftig verstärkt von den finanziellen Leistungen von Unternehmen abhängig zu sein, erleben die Befragten als Bedrohung. Sie fordern eine verstärkte inhaltliche Auseinandersetzung sowie Verbindlichkeit. Als primäres Handlungsfeld für gesellschaftliches Engagement sehen die Befragten der Sozialinstitutionen das Unternehmen und die Mitarbeiter. Hier ließ sich bei einigen Befragten der Vorwurf erkennen, dass Unternehmen ihrer sozialen Verantwortung nicht ausreichend nachkommen und auf diese Weise weiterführende soziale Probleme bewirken. Die Befragten der Wirtschaftsunternehmen wehren ihre Angst, sich verbindlich engagieren zu müssen, dadurch ab, dass ihr Engagement größtenteils anonym erfolgt. Sich gesellschaftlich zu engagieren, stellt eine Selbstverständlichkeit dar, über die nicht gesprochen werden muss. Sponsoring, am Beispiel der Finanzierung von Pokalen für einen Jugendfußballmeisterschaft, wird von beiden Seiten nicht als gesellschaftliches Engagement gewertet. Für die Befragten der Sozialinstitutionen ist dies für die Vereine und die Jugendarbeit zwar wichtig, aber sie sehen dies als eine Marketingmaßnahme der Unternehmen, nicht als gesellschaftliches Engagement. Für die Befragten aus den Wirtschaftsunternehmen fehlen bei diesem Sponsoringbeispiel die inhaltliche Auseinandersetzung und der Aspekt der Benachteiligung, um von gesellschaftlichem Engagement sprechen zu können. Auf der Handlungsebene nannte jeder der Befragten aus der Wirtschaft für sein Unternehmen aber finanzielle Unterstützungsleistungen in Form von Sponsoring als Teil ihres gesellschaftlichen Engagements. Es wird vermutet, dass diese Betonung der inhaltlichen Auseinandersetzung als Kriterium für gesellschaftliches Engagement bereits eine Auswirkung der Projektwoche Brückenschlag ist. Diese zeigt sich jedoch erst kognitiv in Form modifizierter subjektiver Theorien der Befragten, schlägt sich allerdings noch nicht im Handeln nieder.

Für die Entstehung weiterführenden Engagements nach der Projektwoche Brückenschlag werden folgende beiden Hypothesen abgeleitet:

Auf der bewussten, kognitiven Ebene der Befragten steht einem weiterführenden Engagement nichts im Weg, über die Bedeutung des Engagements sind sich Sozialinstitutionen und Wirtschaftsunternehmen einig. Verdrängte Ängste auf beiden Seiten behindern allerdings das konkrete Handeln, da diese nicht verbalisierbar und in einen Dialog überführbar sind. Brückenschlag führt zu einer gegenseitigen Auseinandersetzung, zu einem Austausch und zu Kommunikation zwischen Sozialinstitutionen und Wirtschaftsunternehmen. Wird dieser Austausch von Seiten des Projekts Brückenschlag längerfristig begleitet und moderiert, ist zu erwarten, dass diese unbewussten und emotionalen Barrieren ebenfalls geringer werden.

Weiters wird vermutet, dass der Großteil des weiterführenden Engagements, das nach Ende der Projektwoche Brückenschlag entsteht, nicht finanzieller Natur sein wird, sondern Engagement in Form von Zeit, Know-How oder Dienstleistungen.

10. Auswirkungen des Projekts

Wie bereits im Kapitel 9.4. beschrieben, erwiesen sich der Kontaktaufbau und die Sensibilisierung für soziale Probleme als die zwei zentralen Nutzenaspekte für die Teilnehmer aus der Wirtschaft. Für die Begleiter aus den Sozialinstitutionen war der Aufbau persönlicher Kontakte zur Wirtschaft ebenfalls ein zentraler Nutzenaspekt. Kontaktaufbau und Sensibilisierung für soziale Probleme sind jedoch zwei sehr allgemeine und offene Aspekte, die von den Interviewten zum Zeitpunkt nach Beendigung der Projektwoche nicht weiter konkretisiert werden konnten. Das heißt, inwiefern die Teilnehmer und Begleiter diese Lernerfahrungen in ihrem beruflichen und alltäglichen Handeln umsetzten können, war ihnen zu diesem Zeitpunkt noch unklar.

Weiters wurde im Kapitel 9.5. das intendierte, weiterführende Engagement der Teilnehmer und Begleiter beschrieben. Es zeigte sich, dass insbesondere die Teilnehmer aus der Wirtschaft wenig Vorstellung davon hatten, wie sie sich weiterführend engagieren können.

Die Ergebnisse dieses Kapitels beziehen sich auf die problemzentrierten Interviews, die ein Jahr nach Beendigung der Projektwoche durchgeführt wurden. Die Auswertung erfolgte anhand der inhaltsanalytischen Zusammenfassung. Thematisch stehen die Auswirkungen der Projektwoche in Form von weiterführendem Engagement der Akteure im Zentrum. Dennoch wurden einzelne Sequenzen, bei denen sich eine Diskrepanz zwischen inhaltlicher Äußerung und subjektivem Erleben zeigte, vertiefend anhand der psychoanalytisch orientierten Tiefenhermeneutik analysiert. Die Ergebnisse zeigen einerseits die Umsetzung der Lernerfahrungen auf, andererseits das entstandene weiterführende Engagement. Dadurch wird deutlich, inwieweit der subjektiv wahrgenommene Nutzen der Teilnehmer und Begleiter handlungswirksam geworden ist.

Die Auswirkungen der Projektwoche können auf drei unterschiedlichen Ebenen betrachtet werden, je nachdem wo der Schwerpunkt der Umsetzung liegt.

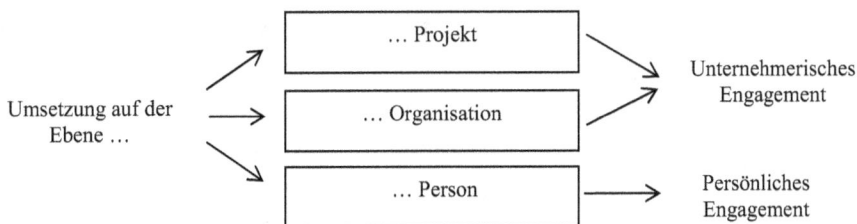

Abbildung 10: Umsetzungsebenen und Engagementformen

Einerseits kann die Umsetzung auf der Ebene Person, andererseits auf der Ebene Organisation betrachtet werden. Auf der dritten Ebene können Umsetzungen innerhalb des Projekts Brückenschlag betrachtet werden. Wie in Abbildung 10 ersichtlich ist, ergeben sich je nach Umsetzungsebene unterschiedliche Engagementformen.

10.1. Ebene Person

Wie in Kapitel 1 beschrieben, hat Sozialkapital einen quantitativen wie auch einen qualitativen Aspekt. Das Sozialkapital einer Person hängt folglich einerseits von der Anzahl ihrer Beziehungen ab, andererseits von den Ressourcen, die sie über diese Beziehungen mobilisieren kann. Durch die persönlichen Kontakte zwischen Teilnehmern aus der Wirtschaft und Begleitern aus Sozialinstitutionen konnte innerhalb eines Jahres ein Beziehungsnetzwerk aufgebaut werden. Aus quantitativer Sicht hatten 11 der 16 Befragten nach Beendigung der Projektwoche noch mindestens einen weiterführenden Kontakt mit ihren Begleitern oder den Klienten der Sozialeinrichtungen. Dies entspricht einem Anteil von 69% der Teilnehmer am Projekt Brückenschlag. Das heißt, das Projekt wirkt sich positiv auf die Anzahl der Beziehungen aus und es kommt ihm eine vernetzende Funktion zu. Aus qualitativer Sicht stellt sich die Frage, welche Ressourcen innerhalb des entstandenen Beziehungsnetzwerks mobilisiert werden konnten:

- Vermittlung eines Arbeitsplatzes

Ein Teilnehmer aus der Wirtschaft vermittelte der Lebenspartnerin eines Mitarbeiters einen Arbeitsplatz in der Sozialinstitution, in der er die Projektwoche absolvierte. Da die Frau bis dato keinen Arbeitsplatz in Vorarlberg gefunden hat, wollte der Mitarbeiter kündigen, um gemeinsam mit seiner Lebenspartnerin in ein anderes Bundesland zu ziehen, in dem ihre Jobchancen besser waren. Durch die Vermittlung des Arbeitsplatzes blieb dem Teilnehmer eine für ihn und das Unternehmen wichtige Führungskraft erhalten. Für den Begleiter aus der Sozialeinrichtung ist die Anstellung eine Art Gefälligkeit dem Teilnehmer gegenüber, aber gleichzeitig der Beginn einer möglichen Austauschbeziehung. Wie der Begleiter zu Beginn der Interviewpassage erklärt, ist auch er immer wieder auch der Suche nach Arbeitsplätzen für die Klienten der Sozialeinrichtung. Es ist davon auszugehen, dass der Begleiter im Gegenzug im Unternehmen des Teilnehmers anfragt, wenn er das nächste Mal versucht, einem Klienten Arbeit zu vermitteln.

2S2 (49-62): Ja. Was vielleicht auch noch so positiv nachwirkt und sich bemerkbar macht, ist, dass wir nachher auch noch Kontakt hatten untereinander, dass also mit [Teilnehmer] immer wieder Kontakt da ist. Dass es sogar so ist, dass wenn wir für jemanden eine Stelle suchen, wir dann nachfragen: „Du, wie ist es bei euch? Hättet ihr so etwas?" Und dann sagen sie ja oder nein. Also wir trauen uns so jetzt eigentlich auch mehr. Wir trauen uns mehr in ihre Richtung. Wir haben auch umgekehrt sogar: Einer von ihnen, Herr [Name des Teilnehmers], hat einen Mitarbeiter, den er sehr schätzt und den er sehr braucht, und er hat gesagt, der hat eben eine Freundin, die gerade ihr Studium fertig gemacht hat und die eine Arbeit sucht. Und wenn die da keine Arbeit findet, dann bleibt sie in [Bundesland] und dann geht er auch dahin. Hättet ihr nicht eine Stelle für sie? Und aufgrund von dem haben wir ja gesagt. Sonst hätten wir ... Wir haben es ja gewusst. Wir haben von der Frau ja eine Bewerbung bekommen und dann haben wir gesagt: „Nein. Im Moment ist bei uns nichts." Und aufgrund von seiner Intervention haben wir sie jetzt für ein Jahr angestellt. Also das ist auch so (lacht) auf die Weise gelaufen, dass wir jemanden angestellt haben, den sie oder besser gesagt er eigentlich vermitteln hat wollen. Also da ist es schon von dem her jetzt immer noch positiv am Laufen.

- Jobcoaching für Klienten von Sozialinstitutionen

Drei der Teilnehmer aus der Wirtschaft übernahmen nach Ende der Projektwoche ein Jobcoaching für Klienten der jeweiligen Sozialinstitution. Sie haben die Klienten in Bezug auf Bewerbung und Arbeitssuche beraten und ihnen Hilfestellungen geboten bzw. ihnen Kontakte vermittelt. Auch hier wird in der zweiten Interviewpassage des Teilnehmers aus der Wirtschaft das Geben und Nehmen innerhalb eines Beziehungsnetzwerks deutlich.

2S2 (66-69): Was es eigentlich konkret gegeben hat, ist, dass der Persoanlchef der [Name eines Betriebes], Herr [Name], der zuerst bei uns war, sich angeboten hat, eine Frau, die einfach auf Arbeitssuche war und die nichts finden konnte, zu coachen. Er hat Gespräche mit ihr geführt, hat ihr Tipps gegeben, sie in der Arbeitssuche unterstützt. Also das ist ein konkretes Beispiel.

2W13 (77-81): Aber ich habe immer noch ein bis zwei aus der Gruppe, die mich um Rat fragen. Von den zehn kommen regelmäßig zwei zu mir. „Könntest du nicht, man sollte, wie wäre es oder was würdest du da tun, oder machst du mir die Bewerbung oder rufst du bei dem an oder gehst mit mir zu dem oder dem? Das mach ich schon. Im persönlichen Bereich ist etwas geblieben. (100-102) Das heißt auch, wenn man voneinander etwas will, muss man auch etwas investieren, deshalb ist mir das auch bewusst, dass ich gerade wie für diese Zwei, die etwas von mir wollen, immer Zeit habe und die Leute mit erster Priorität behandle.

- Schenkung von Wohnungsmobiliar

Ein Teilnehmer bot der Sozialeinrichtungen bzw. deren Klienten nach Ende der Projektwoche materielle Unterstützung an in Form einer Schenkung von Wohnungsmobiliar. Bei dieser Form der Unterstützung handelt es sich um Corporate Giving, sondern um ein persönliches Engagement des Teilnehmers.

10.2. Ebene Organisation

Auf der Ebene Organisation wird unterschieden, ob der Schwerpunkt der Umsetzung im Unternehmen lag oder in der Sozialinstitution. Weiters ergaben sich in der Analyse Maßnahmen, die Unternehmen und Sozialinstitutionen in Kooperation umgesetzt haben. Zuerst zu den Auswirkungen innerhalb der Unternehmen.

10.2.1. Unternehmen

Auf der Basis der Interviewdaten wurden folgende Auswirkungen herausgearbeitet.

- Anstellung von Mitarbeitern mit Beeinträchtigung

Ein Teilnehmer, der in seinem Unternehmen im Personalbereich tätig ist, erwirkte aufgrund seiner Lernerfahrungen im Projekt Brückenschlag eine Anstellung von zwei Mitarbeitern mit Beeinträchtigung. Der Teilnehmer erlebt sich als offener und engagierter dem Thema gegenüber. Die Sensibilisierung wurde in diesem Fall handlungswirksam.

2W9 (20-27): Ich persönlich wurde ganz sicher zu diesem Thema sensibilisiert. Wir als Personaler sind wie andere auch im Stress, in der Hektik des Alltages drinnen, dann kommen Anfragen von Institutionen, ob ich eventuell Platz hätte usw. um eventuell geschützte Arbeitsplätze aufzunehmen. Für mich selbst konnte ich das umsetzen, ich bin mit viel mehr Engagement dahinter zu versuchen, wenn es irgendwo eine Möglichkeit gibt, einem Mitarbeiter mit [Problematik], eine Chance zu geben. Wir machten hier recht gute Erfahrungen. Gerade kürzlich haben wir zwei Personen eingestellt. Ich kann sagen, dass ich das persönlich für mich mitnehmen konnte, und ich habe bei verschiedenen Besprechungen, wenn das Thema anfällt, eine andere, offenere Einstellung, wie ich früher hatte.

- Interne Weiterführung von Brückenschlag

Vier Teilnehmer, alle in geschäftsleitender Position tätig, sahen in Brückenschlag eine Weiterbildungsmöglichkeit für Führungskräfte des eigenen Unternehmens. Nach der eigenen Teilnahme und den gemachten Erfahrungen boten sie unterschiedlichen Führungskräften – großteils im Personalbereich des Unternehmens – an, ebenfalls am Projekt teilzunehmen. Damit sind zwei Erwartungen verbunden: Einerseits sehen sie das Potential von Brückenschlag vor allem im Bereich Sozialkompetenz. Durch den direkten Kontakt mit sozial benachteiligten Personen und das intensive emotionale Erleben erwarten sie sich Rückwirkungen auf die Führungskompetenz. In der Auswahl der Sozialinstitution ist in diesem Fall der Aspekt Selbsterfahrung von besonderem Interesse.

1W3 (107-109): Ja, auf unternehmerischer Ebene in dem Sinn, dass auch größere Teile unserer Belegschaft mitmachen. Dass also mehrere die Chance und die Gelegenheit bekommen so etwas zu machen. Im Sinne einer breiteren Verwurzelung.

Was erwarten Sie sich von diesem weiterführenden Engagement?

1W3 (111-113): Einmal, dass die soziale Kompetenz im Unternehmen auf breiterer Basis entwickelt wird. Ich finde das eine hervorragende Möglichkeit, die man so leicht nicht irgendwo sonst geboten bekommt. In einem Kurs lässt sich das schwer vermitteln, was die praktische Erfahrung einer Woche dort bringt.

2W3 (15-19): Ich merke, dass es mehr Raum einnimmt, einmal in meinen Gedanken, dass ich auch versuche, das mehr in die Firma hineinzutragen, dass wir bei uns beispielsweise auch die Coaches, die wir bei uns haben, die also auch Mitarbeiterverantwortung haben, mehr in die Richtung weiterentwickeln möchten, was Sozialkompetenz anlangt. Und da sind wir momentan auch gerade dran, dass wir die nächsten Weiterbildungsschwerpunkte so setzen. (79-81) Also, wie gesagt, intern versuche ich halt das ganze zu vermarkten. Ja. Und auch den Leuten klar zu machen, wie wichtig mir das ist, dass sie einfach soziale Kompetenz schaffen.

Andererseits ist die Erwartung vorhanden, durch die interne Weiterführung von Brückenschlag Kontakte zu unterschiedlichen Sozialinstitutionen aufzubauen. Persönliche Ansprechpartner zu haben, erleichtert die rasche Vermittlung von Mitarbeitern mit Problemen. In diesem Fall wird die Sozialinstitution eher im Hinblick auf die am häufigsten auftretenden sozialen Probleme im Unternehmen ausgewählt. Dazu zählen die Familienberatung, Alkohol- und Drogenberatung, sowie Schuldenberatung.

2W2 (32-35): Der [Personalleiter] geht jetzt nächste Woche zum [Name der Sozialinstitution].Der ist neben mir auch in der Geschäftsleitung. Also er macht das jetzt auch. Einfach das auch zu wissen, wo man hingehen kann, wenn jemand zum Beispiel Alkoholprobleme hat.

- Materielle und finanzielle Unterstützungsleistungen

Ein Unternehmen entschloss sich im Anschluss an die Projekterfahrungen für ein verstärktes Socialsponsoring auf Kosten anderer Sponsorentätigkeiten. Im konkreten Fall wurde eine benachteiligte Familie finanziell unterstützt. Es wird davon ausgegangen, dass diese Form des Corporate Givings sehr häufig praktiziert wird, jedoch wie in Kapitel 3 schon angesprochen, nicht darüber gesprochen wird. Die finanzielle Unterstützung für soziale Belange hätte in diesem Fall wahrscheinlich auch ohne das Projekt Brückenschlag stattgefunden. Einen Einfluss hatten die Projekterfahrungen jedoch auf das Ausmaß sowie die Art und Weise der finanziellen Unterstützungsleistung.

Zwei Teilnehmer boten den Sozialinstitutionen bzw. deren Klienten nach Ende der Projektwoche materielle Unterstützung in Form von Transportmitteln und unternehmenseigenen Produkten an. Beide Angebote wurden innerhalb eines Jahres realisiert.

- Verändertes Gesprächführungsverhalten mit Mitarbeitern

Die größten Auswirkungen im Unternehmen zeigten sich im Gesprächsführungsverhalten mit den Mitarbeitern. Ein Drittel der Teilnehmer gab nach Ende der Projektwoche an, in der Kommunikation mit den Mitarbeitern - insbesondere bei Krisengesprächen - nun sensibler zu reagieren. In den Interviews ein Jahr später konnten fünf Teilnehmer das veränderte Gesprächsführungsverhalten konkretisieren. Sie gaben an, Mitarbeitern und deren Problemen gegenüber eine gesteigerte Aufmerksamkeit entgegenzubringen und in der Folge Probleme aktiv anzusprechen. Die Auseinandersetzung mit Gesprächssituationen in der Projektwoche sowie die Reflexion des eigenen Verhaltens bewirkten hier scheinbar einen Abbau von Hemmungen und Ängsten, den eigenen Mitarbeitern im Problemfall gegenüberzutreten.

2W2 (26-32): Es ist so, dass ich seither einfach noch intensiver auf meine Leute zugehe und vielleicht auch ein wenig feinfühliger anschaue, wem es vielleicht nicht so gut geht. Ich habe auch schon ein Beispiel gehabt: Eine Mitarbeiterin, die ich nachher dann zu [Name des Begleiters] geschickt habe. Ich habe gesagt: „Geh einmal zu ihm. Rede einmal mit ihm." Dass ich auch gewisse Erfahrungen gemacht habe, die aus dem Leben. Ja. Ich glaube, dass auch manch einer dann gesagt hat: „Du, man spürt, dass es dir gut geht, dass du einfach ein wenig feinfühliger bist.".

Seit ich mich mit dem Thema auseinander setze. (36-48) Und gerade der Mitarbeiter ist hier sehr wichtig, mir sehr wichtig, und einfach zu schauen, wie ich ihm helfen kann, wenn es ihm nicht gut geht. Weil nur dann, wenn es ihm gut geht, ist er für das Geschäft ein wertvoller Mitarbeiter. Und mir persönlich hat es sehr viel gebracht, dass ich in gewissen Situationen einfach ruhig bleibe und jetzt einfach im Menschen das Positive suche und auf diese Leute einfach auch zugehe, wenn ich spüre, dass nicht alles ganz sauber ist. Und dann denke ich, ist es auch für das Geschäft und für mich persönlich wiederum erfolgreich, wenn ich sehe, dass sich noch etwas oder eine Beziehung, ein Mitarbeiter und ein Team, das nicht so gut funktioniert, verändert. Nicht die Augen zumachen oder daran vorbeilaufen, sondern aktiv hingehen und sagen: „Du, hör zu. Ich spüre, es ist nicht alles ganz im Klaren. Was ist es? Was können wir tun?" Und da haben wir auch die letzte Zeit so ein paar Erfolge gehabt, dass sich einige Teams wieder ein wenig besser gefunden haben, als es gewesen ist. Die Leute sind laut Aussage gerne arbeiten gekommen. Aber ich bin überzeugt, dass es ihnen jetzt doch besser geht als vorher.

In diesem Zusammenhang wäre ein Abgleich der Selbstwahrnehmung der Teilnehmer durch die Fremdwahrnehmung der Mitarbeiter von Interesse gewesen. In Anlehnung an das Prinzip des 360°-Feedbackgesprächs erschien es inhaltlich wie methodisch interessant, ein Kurzinterview mit den Mitarbeitern zu führen. Dies wurde jedoch von allen Teilnehmern mit Bezug auf die kritischen Inhalte der Gespräche abgelehnt.

In der folgenden Textpassage gibt ein Teilnehmer an, gelernt zu haben, dass Menschen Defizite haben können und er versucht diese nun auch akzeptieren. Im Gespräch versucht er, gemeinsam mit dem Mitarbeiter zu einer Lösung zu kommen und bringt dafür auch mehr Geduld auf.

2W13 (49-53): Bei uns in der Firma gibt es vielleicht auch Leute, die gewisse Defizite haben, und ich lernte mit diesen Defiziten zu leben und auch zu versuchen, das eine oder andere gemeinsam zu einer Lösung zu bringen. Ich habe jetzt ein bisschen mehr Geduld in diesen Dingen, wo ich vielleicht früher sagte, „nein, vergiss es, das geht einfach nicht". Jetzt kann man zumindest darüber reden. (59-61) Ich schaue immer hin. Diese Dinge habe ich gelernt, ein bisschen hat es für mich persönlich sicher genutzt. Umsetzen im Betrieb kann ich leider nicht allzu viel.

Analysiert man diese Interviewsequenz zusätzlich zum Inhalt auf das Erleben hin, ergibt sich eine Diskrepanz. Inhaltlich geht es wie bereits erwähnt um die kommunikative Kompetenz, sprich Gesprächsführung mit Mitarbeitern mit Problemen. Zuerst spricht der Teilnehmer in der „Ich"-Form, allerdings spricht er „von diesen Dingen". Kommunikation und Gesprächsführung bleiben somit unausgesprochen. Erst im nächsten Satz wird der Teilnehmer konkret, indem er sagt „darüber reden", also mit dem Mitarbeiter über die Probleme reden. Hier wechselt er jedoch vom „ich" zum „man", wodurch er sich wieder distanziert und in der Folge Kommunikation als Kompetenz abwertet, indem er sagt „ein bisschen" was gelernt zu haben, im Unternehmen aber eigentlich nur wenig Umsetzungspotential sieht. Es wird folgende Interpretation versucht: Brückenschlag sensibilisierte diesen Teilnehmer in mehrfacher Weise: Einerseits bewusst zu erkennen, dass es auch in seinem Unternehmen Mitarbeiter mit (sozialen) Problemen gibt, diese zu tolerieren und gleichzeitig die Bedeutung der Kommunikation mit dem Mitarbeiter zu erkennen. Durch diesen neuen Blickwinkel wird die Situation allerdings schwieriger. Zuvor konnte der Teilnehmer ausschließlich aus wirtschaftlicher Sicht argumentieren, nun wägt er zusätzlich soziale Aspekte ab, wodurch die Situation unklarer wird, weil mehrere Möglichkeiten zur Verfügung stehen. Beim Teilnehmer führt dies zu Unsicherheit, was eine Abwertung des Lerneffekts zur Folge hat.

Im folgenden Interviewausschnitt eines anderen Teilnehmers wird diese Unsicherheit nochmals deutlich.

2W10 (42-53): Ich finde sehr wohl, dass es wichtig ist, die Augen vor gesellschaftlichen Problemen nicht zu verschließen, auch als Unternehmen und im Sinne von ganzheitlicher Betrachtung des Mitarbeiters gehört nicht nur Arbeitsleistung, sondern auch das private Umfeld dazu. Allerdings ist das in unserer Verantwortung, wieder Entscheidungen zu treffen, aus wirtschaftlichen Grundlagen Entscheidungen zu treffen. Hier komme ich in Zwiespalt – Brückenschlag, dieses gesellschaftliche Engagement, aber wann muss ich eine Entscheidung treffen, wie lange kann ich zuschauen. Wenn jemand ausfällt oder laufend zu spät kommt, ähnliche Aktivitäten, die ein Mitarbeiter für sich setzt, die aber uns nicht weiterhelfen. Hier bin ich dann in einem Konflikt drinnen. Ich muss Entscheidungen treffen, aber auf der anderen Seite denke ich sowohl im Gespräch mit dem Mitarbeitern, dass ich keine Entscheidungen rein auf Fakten, die am Papier stehen, treffen darf, sondern sehr wohl ein-, zwei-, dreimalige Gespräche mit dem Mitarbeiter führen muss, damit ich nicht versehentlich eine negative Entscheidung oder eine Kündigung aussprechen muss.

Auch dieser Teilnehmer erlebt soziale und wirtschaftliche Verantwortung als ambivalent, er kommt in „Zwiespalt". Der Teilnehmer erlebt sich selber „in einem Konflikt". Vergleicht man die drei Interviewausschnitte, so erlebt nur der erste Teilnehmer sein verändertes Gesprächsführungsverhalten als positiv. Der Unterschied liegt hier in der wahrgenommenen Rolle und Aufgabe des Teilnehmers als Führungskraft. Alle Teilnehmer sehen ihre Aufgabe in der gesteigerten Aufmerksamkeit dem Mitarbeiter gegenüber und im Ansprechen konkreter Probleme.

In Bezug auf die Problemlösung unterscheiden sich die Teilnehmer allerdings. Während der erste Teilnehmer das Problem mit dem Mitarbeiter gemeinsam identifiziert und ihn dann an eine professionelle Stelle weiter verweist, versuchen die beiden anderen Teilnehmer das Problem des Mitarbeiters selbst zu lösen. Die Gefahr, die dabei entsteht, ist, dass der Teilnehmer als Führungskraft in einen Rollenkonflikt kommt. Dieser Rollenkonflikt drückt sich dann im Erleben des Zwiespalts von sozialer und wirtschaftlicher Verantwortung aus. Als Führungskraft sozial verantwortlich zu agieren heißt jedoch nicht, den Mitarbeiter mit seinen Problemen zu schonen oder wie im dritten Interview *„zu zuschauen"*, sondern im Sinne der Problemlösung konstruktiven Druck auszuüben.

10.2.2. Sozialinstitution

Neben den Wirtschaftsunternehmen zeigten sich auch Auswirkungen in den Sozialinstitutionen. Diese Auswirkungen ergaben sich jedoch nicht direkt durch den "Brückenschlag" von Wirtschaftsteilnehmern in die Sozialinstitutionen, sondern erst durch den Wechsel von Begleitern aus Sozialeinrichtungen in die Wirtschaft. Dieser „Brückenschlag" in die Wirtschaft geschah auf zweierlei Arten. Wie später noch ausführlich dargestellt wird, sprachen einige Wirtschaftsteilnehmer nach ihrem Einsatz in der Sozialinstitution spontan eine Gegeneinladung in ihr Unternehmen aus. Neben diesen spontanen, selbstorganisierten Gegeneinladungen, gab es aber auch Unternehmen, die offizielle Brückenschlagangebote machten. Diese Angebote standen allen Interessierten aus Sozialinstitutionen zur Verfügung und waren als Weiterbildung mit speziellen Inhalten und über eine längere Dauer konzipiert. Sie stellen das Äquivalent zum Brückenschlag in die Wirtschaft dar.

Bis auf zwei Begleiter aus Sozialinstitutionen nahmen alle das eine oder andere Angebot zum Wechsel in die Wirtschaft an. Bei vier Sozialinstitutionen zeigte der Wechsel in die Wirtschaft konkrete Auswirkungen. Begleiter aus zwei Sozialinstitutionen lernten während ihres Einsatzes in der Wirtschaft unterschiedliche Projektmanagement-Tools kennen und setzten diese dann in ihrer Einrichtung ein. Inhaltlich ging es dabei um Projektcontrolling und Kostenkalkulation sowie Finanzierung von Projekten. Eine Sozialinstitution erarbeitete im Bereich Marketing eine Krisenmappe nach dem Vorbild eines Wirtschaftsunternehmens, eine andere Sozialinstitution lernte neue Formen des Qualitätsmanagements kennen und implementierte daraufhin einfache QM-Tools im eigenen Arbeitsbereich.

10.2.3. Unternehmen und Sozialinstitutionen

In der Analyse des Datenmaterials ergaben sich drei Aspekte, die ihre Wirkung nicht ausschließlich im Unternehmen oder in der Sozialinstitution entfalteten, sondern im Zusammenspiel der beiden Organisationen.

- Gegeneinladung an die Sozialeinrichtung

Von den 16 Teilnehmern aus der Wirtschaft sprachen acht spontan eine Gegeneinladung aus. Meist wurde das gesamte Team der Sozialinstitution zu einem maximal eintägigen Besuch ins Unternehmen eingeladen. Inhaltlich standen eine Führung durchs Unternehmen sowie allgemeine Informationen im Vordergrund, weniger eine Weiterbildung mit spezifischen Inhalten. Von Seiten der Teilnehmer wurde dadurch der Norm der Reziprozität entsprochen (siehe Kapitel 1). Reziprozität bedeutet Gegenseitigkeit und ist eine soziale Grundregel menschlichen Verhaltens. Erhaltene Leistungen sollten durch Gegenleistungen vergolten werden. Soziale Austauschbeziehungen basieren auf dieser Grundregel, da sich diese durch die erwarteten wechselseitigen Vorteile der Beteiligten erklären lassen. Die Besonderheit liegt darin, dass es sich um keinen spezifischen Tausch handeln muss. Das heißt, es bedarf keines gleichzeitigen Austauschs von Leistungen gleichen Werts. Der Austausch kann generalisiert werden, sprich, er muß nicht gleichzeitig erfolgen und die erbrachten Leistungen müssen nicht vergleichbar sein, da der Wert der Leistung subjektiv unterschiedlich ist. Tauschobjekte können somit auch Informationen oder der Zugang zu ansonsten versperrten Bereichen sein. Hier liegt auch der produktive Moment sozialen Kapitals.

Im folgenden Interviewbeispiel ist erkennbar, dass sich die Sozialinstitution für ihre Leistung eine Gegenleistung erwartet.

1S3 (40-45): Ich denke, Brückenschlag ist grundsätzlich als ein gegenseitiger Austausch geplant, was bedeutet, dass auch der umgekehrte Weg irgendwann einmal geplant ist und dieser dann den größeren Nutzen für die Sozialeinrichtungen darstellt. In der Situation, wie es hier war, ist es meiner Meinung nach eine Art „Einbahn", ein Lernen für denjenigen, der hierher kommt, weil wir uns vorstellen und unsere Arbeit präsentieren. In dieser Situation kann man noch nicht sehr viel von ihm profitieren.

Die Teilnehmer nahmen während der Projektwoche Brückenschlag Leistungen der Sozialinstitution bzw. der Mitarbeiter in Anspruch. Da die Teilnehmer aus der Wirtschaft die Sozialinstitution für ihren Einsatz nicht finanziell entschädigten und diese zudem das Gefühl hatten, sich selbst fachlich zuwenig eingebracht zu haben als dass die Sozialinstitution einen Nutzen davon hat. Geben und Nehmen stand aus Sicht der Wirtschaftsteilnehmer in einem Ungleichgewicht, das die Verpflichtung zur Gegenleistung verstärkte. Die Folge waren Gegeneinladungen der Begleiter aus Sozialinstitutionen in die Wirtschaftsunternehmen. In der Folge einige Interviewpassagen von einem Teilnehmer aus der Wirtschaft und seinem Begleiter aus der Sozialinstitution, die diese Norm der Reziprozität nochmals verdeutlichen sollen. Zuerst aus Sicht des Teilnehmers aus der Wirtschaft:

1W3 (92-94): Man muss sich sicher überlegen, wie dreht sich das, entweder, dass es im Leistungsaustauschverfahren ist, wenn wir irgendwo hingehen, dass andere bei uns auch etwas machen können oder dass man auch sagt, das kann durchaus auch etwas kosten.

Der Teilnehmer aus der Wirtschaft hat in seiner Projektwoche eine Leistung der Sozialinstitution in Anspruch genommen, durch die er sich nun subjektiv zur Gegenleistung verpflichtet fühlt. Diese kann aus seiner Sicht finanziell geschehen oder durch einen Gegeneinladung. Er entschied sich für eine Gegeneinladung.

2W3 (66-67): Da sind sie alle miteinander einmal bei uns da im Unternehmen gewesen und ich habe ihnen einfach einmal unser Umfeld ein wenig vorgestellt.

Nun die Situation aus Sicht des Begleiters aus der Sozialinstitution. Nach der erfolgten Gegeneinladung beschreibt der Begleiter eine Balance zwischen Geben und Nehmen. Für ihn ist eine Austauschbeziehung entstanden.

2S2 (92-95): Und dann waren wir bei ihnen eingeladen. Also die ganze Gruppe war einen halben Tag dort und hat die Firma auch angeschaut. Also wir sind ihnen auch in ihrem Lebens- und Arbeitsbereich drinnen begegnet. Das fand in einem guten Austausch statt. Wir haben uns und sie haben sich eingebracht. So stimmt der Austausch von Geben und Nehmen.

Interessant erscheint jedoch, dass der Begleiter aus der Sozialinstitution sich zu Beginn scheinbar keine Gegeneinladung erwartete. Es wird jedoch implizit davon ausgegangen, dass sich der Begleiter sehr wohl eine Gegenleistung erwartete. Dass diese Gegenleistung in Form einer Gegeneinladung erfolgt, schien die Erwartung des Begleiters allerdings übertroffen zu haben. Hier ist ersichtlich, dass die gegenseitig erbrachten Leistungen nicht zwangsläufig vergleichbar sein müssen, da der Wert der Leistung subjektiv unterschiedlich ist.

1S2 (208-211): Also zunächst habe ich mir eigentlich nicht erwartet, dass so etwas entstehen wird. Es war auch von Anfang an keine Erwartung da, dass mit dieser Firma irgendetwas weitergehen sollte. Eine einmalige Begegnung war für uns in Ordnung. Es ist jedoch etwas entstanden. Es ist eine Nähe entstanden.

Für den Begleiter aus der Sozialinstitution brachte die Gegeneinladung einen Zugang bzw. einen Einblick in ein Wirtschaftsunternehmen, der ihm ansonsten in der Form nicht möglich gewesen wäre.

2S2 (17-22): Über diese Firmen, über diese Personen haben wir das Gefühl, wir haben bzw. unsere Einrichtung hat dadurch, durch Brückenschlag, eigentlich auch einen Zugang zu der Wirtschaftswelt gekriegt. Und das ist etwas sehr Wertvolles und Positives, weil wir ja eigentlich von dieser Verankerung in der Gesellschaft leben. Wir leben auch von der Akzeptanz der Gesellschaft und wir leben eigentlich auch von dem, dass wir in Netzwerken drinnen stehen und uns dann nachher auch in Netzwerken verhalten.

An diesem „Brückenschlag"-Beispiel ist nicht nur die Entstehung sozialer Beziehungsnetzwerke im Sinne des Sozialkapitals durch Normen der Reziprozität und des Vertrauens erkennbar, sondern auch der produktive Charakter, der dem sozialen Kapital innewohnt.

- Vermittlung von Mitarbeitern an die Sozialeinrichtung
Beim Follow-up Interview ein Jahr nach der Projektwoche berichteten vier Teilnehmer aus der Wirtschaft, Mitarbeiter mit sozialen Problemen an die Sozialinstitution, in der sie ihren Brückenschlageinsatz absolvierten, vermittelt zu haben. Gesamt wurden fünf Mitarbeiter an die Sozialinstitutionen vermittelt. Es handelte sich um zwei Fälle mit psychischen Problemen, zwei Fälle mit familiären Problemen und einen Fall mit finanziellen Problemen.

2W2 (26- 30) Es ist so, dass ich seither einfach noch intensiver auf meine Leute zugehe und vielleicht auch ein wenig feinfühliger anschaue, wem es vielleicht nicht so gut geht. Ich habe auch schon ein Beispiel gehabt: Eine Mitarbeiterin, die ich nachher dann zu [Name des Begleiters] geschickt habe. Ich habe gesagt: „Geh einmal zu ihm. Rede einmal mit ihm." Dass ich auch gewisse Erfahrungen gemacht habe, die aus dem Leben.

2W10 (19-22): Auf Geschäftsebene war einmal ein Fall von einem Mitarbeiter: Ein Jugendlicher wurde zu Hause geschlagen und ich wandte mich an Herrn [Name des Begleiters]. Er half mir beratend weiter und hat die entsprechenden Adressen genannt, wo ich diesen Mitarbeiter auf freiwilliger Basis hingeschickt habe. Ich sagte ihr, sie hätte Unterstützung.

In diesen vier Fällen sind die von den Teilnehmern aus der Wirtschaft zum Abschluss der Projektwoche genannte Sensibilisierung für soziale Probleme sowie die entstandenen Kontakte zu Sozialinstitutionen handlungswirksam geworden. Diese vier Teilnehmer konnten ihre Lernerfahrungen aus der Projektwoche Brückenschlag im beruflichen Handeln erfolgreich umsetzen. Interessant erscheint der Zusammenhang der wahrgenommenen sozialen Probleme durch die Teilnehmer der Wirtschaft und der Tätigkeit der Sozialeinrichtung, in der die Projektwoche absolviert wurde. Als Beispiel sei der zweite Interviewausschnitt genannt, bei dem es um Gewalt in der Familie geht.

Dieser Teilnehmer verbrachte seine Projektwoche bei einer Familienberatungsstelle und war dort unter anderem auch mit dem Thema Gewalt in der Familie konfrontiert. In allen vier Fällen zeigte sich eine gesteigerte Wahrnehmung sozialen Problemen gegenüber, allerdings eingeschränkt auf die soziale Problematik, mit der sich der Teilnehmer in der Projektwoche auseinandersetzte. Der Teilnehmer aus der Schuldenberatung erkannte ein finanzielles Problem bei einem Mitarbeiter und verwies in an die betreffende Sozialinstitution, die beiden Teilnehmer einer therapeutischen Einrichtung erkannten psychische Probleme bei den Mitarbeitern und verwiesen sie dementsprechend dorthin.

- Gemeinsame Veranstaltung im Unternehmen
Für vier der Teilnehmer war ihr Brückenschlag-Einsatz der Anlass, gemeinsam mit der Sozialinstitution eine Veranstaltung im Unternehmen zu planen und durchzuführen. Das Thema war in allen vier Unternehmen „Betriebliche Suchtprävention". Es wurden Vorträge für Führungskräfte und Mitarbeiter organisiert, sowie Workshops für Lehrlinge und Führungskräfte. Das Thema Sucht gehört in Unternehmen neben dem Thema Schulden zur häufigsten sozialen Problematik, die in weiten Bereichen immer noch tabuisiert wird und bei der Führungskräfte oft lange Zeit „wegschauen", weil sie sich diesbezüglich als hilflos erleben. Dennoch scheint es von Seiten der Unternehmen kognitive Barrieren zu geben, sich im Problemfall an Sozialinstitutionen zu wenden. Die folgende Interviewpassage zeigt beispielhaft, dass durch die Projektwoche der Teilnehmer aus der Wirtschaft in einen Dialog treten konnte mit einer Fachkraft aus der Sozialinstitution, die ihm

Möglichkeiten zeigte, wie dem Thema Sucht im Betrieb auf unterschiedlichen Ebenen begegnet werden kann. Es scheint, dass es für diesen Teilnehmer einfacher war, im Rahmen von Brückenschlag mit der Sozialinstitution in Kontakt zu treten und er sich auch im Laufe der Projektwoche von der Fachlichkeit der Mitarbeiter überzeugen konnte. Durch den persönlichen Kontakt und die Erfahrungen in der Projektwoche konnte der Teilnehmer aus der Wirtschaft Vertrauen fassen. Erst dieses Vertrauen veranlasste ihn, in der Folge, seine Begleiter aus der Sozialinstitution zu kontaktieren mit den Worten „Da wäre also schon etwas bei uns". Weiters anerkennt der Teilnehmer das Potential an fachlicher Hilfestellung und Unterstützung, die er durch die Sozialinstitution bekommt, indem er sagt „dass wir doch die Möglichkeit nutzen möchten, dass es Leute gibt, die das Thema wirklich von der Pike auf kennen".

2W14 (19-24): Das große Plus, das ich also daraus gezogen habe, ist, dass wir gerade heuer doch die Situation haben, dass wir uns konkret mit dem Thema Sucht beschäftigen, auch Informationen Richtung Alkohol, Richtung Drogen an unsere Lehrlinge geben. Auch mit Herrn [Name des Begleiters], der ja auch im [Name der Institution], als [Berufsbezeichnung] und beratend tätig ist, haben wir Kontakt aufgenommen und somit doch einen Punkt gesetzt, der auch daraus resultiert. (50-60) Ich habe dann das Plus daraus gezogen, dass ich mich damals also doch mit diesen Leuten in Verbindung gesetzt habe, auch mit Herrn [Name eines Mitarbeiters der Institution], und auch damals die ersten Kontakte geknüpft und gesagt habe: „Es wäre also schon etwas." Das geht jetzt sogar soweit, dass wir noch Herrn [Name eines Mitarbeiters einer Institution] zum Thema Sucht, Alkohol, Drogen am Arbeitsplatz holen, und eben jetzt speziell für die Lehrlinge Herrn [Name eines Mitarbeiters der Institution], da wir einfach der Meinung sind, dass wir doch die Möglichkeit nutzen möchten, dass es Leute gibt, die das Thema wirklich von der Pike auf kennen und die eigentlich auch in unserem Betrieb vielleicht, vorbeugend ist hier vielleicht nicht der richtige Ausdruck, informativ tätig sein können und vielleicht das eine oder andere doch bei jemand Jungem, speziell jetzt bei den Lehrlingen bewirken, dass einer vielleicht doch eher aus dem Milieu bzw. gar nicht dort hinein kommt, sich der Thematik bewusst ist.

Für die Begleiter aus der Sozialinstitution war ihr Einsatz im Unternehmen ein neues Lernfeld, das ihnen die Möglichkeit gab, zu sehen, dass ihre fachliche Kompetenz auch in der Wirtschaft gefragt ist. Sie nahmen den Einsatz als eine Gelegenheit wahr, sich Gedanken zu machen über eine diversifizierte Entwicklung der eigenen Profession.

2S9 (32-39): Wir sind in den Betrieb von Herrn [Name des Teilnehmers] gegangen, das war auch sein Wunsch, und haben dort die Möglichkeit gehabt – wir, ich und mein Kollege – dass wir mit den

Lehrlingen ein Projekt gemacht haben. Also einen Projektnachmittag gemacht haben. Das war so die Wirkung aus der Anwesenheit für ihn. Er hat das thematisiert und wir haben das dann umgesetzt und das war eine ganz spannende Aufgabe. Wir haben uns mit den Lehrlingen auseinander gesetzt, was gibt es da für Konflikte, was steht dort an. Wir nahmen uns den ganzen Nachmittag Zeit und haben gemerkt, das wäre etwas, wo wir eigentlich weiterverfolgen könnten. Das heißt, dass wir als sozial Tätige uns hier ganz gut in die Wirtschaft einbringen könnten.

Die gemeinsamen Veranstaltungen können ebenfalls im Sinne des Sozialkapitals interpretiert werden. Brückenschlag erleichtert den Kontaktaufbau zwischen zwei unterschiedlichen Lebenswelten im Sinne der „bridging networks". Durch die emotionale Komponente Vertrauen entstehen Austauschbeziehungen, die den Zugriff auf Ressourcen erleichtern.

10.3. Ebene Projekt

Wie bereits in Kapitel 10.2.3. beschrieben, haben acht Teilnehmer nach ihrer Projektwoche eine spontane Gegeneinladung für ihre Begleiter ausgesprochen. Diese Gegeneinladungen sind jedoch nicht vergleichbar mit einem Brückenschlageinsatz, da sie wesentlich kürzer waren, meist alle Mitarbeiter der Sozialinstitution, teils sogar die Klienten, eingeladen waren und keine spezifischen Lerninhalte zum Ziel hatten.

Vom Konzept Brückenschlag war vorgesehen, dass auch Führungskräfte aus Sozialinstitutionen eine Projektwoche in einem Unternehmen absolvieren können, um in einem wirtschaftlichen Umfeld zu lernen und ihre Kompetenzen im Hinblick auf die Anforderungen in ihrem Arbeitsbereich zu reflektieren. Dies konnte jedoch bei Projektstart nicht realisiert werden, da keine Unternehmen bereit waren, ein solches Angebot zu erstellen. Erst nachdem die Teilnehmer aus der Wirtschaft am Programm Brückenschlag teilgenommen hatten, erklärte sich ein Teil bereit, das eigene Unternehmen als Einsatzort für Führungskräfte aus Sozialinstitutionen bereit zu stellen. Insgesamt erklärten sich sechs von 14 Unternehmen bereit, Führungskräfte aus Sozialinstitutionen im Rahmen von Brückenschlag eine Woche zu begleiten.

10.4. Zusammenfassung

In diesem Kapitel wurden basierend auf den Interviewaussagen die Auswirkungen nachgezeichnet, die sich aufgrund der Projektwoche Brückenschlag innerhalb eines Jahres ergeben haben. Die Auswirkungen wurden auf drei Ebenen - Person, Organisation und Projekt - dargestellt (siehe

Abbildung 10), wobei im ersten Schritt versucht wurde, die unterschiedlichen Engagementformen in ihrer Vielfalt und Breite zur Geltung kommen zu lassen. Abschließen sollen nun nicht die einzelnen Auswirkungen betrachtet werden, sondern die Anzahl der Personen und Unternehmen, die sich weiterführend engagiert haben.

Die bisherigen Kategorien der Engagementformen wurden zu diesem Zweck zu zwei Dimensionen zusammengefasst: Persönliches Engagement und unternehmerisches Engagement.

Kategorie	Dimension	Anzahl Personen/ Unternehmen
Vermittlung eines Arbeitsplatzes	Persönliches Engagement	4 von 16 (25%)
Jobcoaching für Klienten		
Schenkung von Wohnungsmobiliar		
Anstellung von Mitarbeitern mit Beeinträchtigung	Unternehmerisches Engagement	10 von 14 (71%)
Interne Weiterführung von Brückenschlag im Rahmen der Personalentwicklung		
Materielle und finanzielle Unterstützung		
Verändertes Gesprächsführungsverhalten		
Gegeneinladung an die Sozialinstitution		
Vermittlung von Mitarbeitern an die Sozialinstitution		
Gemeinsame Veranstaltung im Unternehmen		
Offizielles Brückenschlagangebot		

Tabelle 8: Entstandenes persönliches und unternehmerisches Engagement

Von den 16 Teilnehmern engagierten sich 11 (69%) in irgendeiner Form - persönlich oder unternehmerisch - weiterführend. Es zeigte sich jedoch, dass alle Personen, die sich persönlich engagierten, sich auch unternehmerisch engagierten.

Wie in Tabelle 8 ersichtlich, setzt sich die Dimension persönliches Engagement aus drei Kategorien zusammen: Vermittlung eines Arbeitsplatzes, Jobcoaching für Klienten und Schenkung von Wohnungsmobiliar. Im Laufe eines Jahres nach Beendigung der Projektwoche Brückenschlag haben sich 4 von 16 Personen noch weiterführend persönlich engagiert, was einem Prozentanteil von 25% entspricht.

Die Dimension Unternehmerisches Engagement setzt sich zusammen aus den Kategorien Anstellung von Mitarbeitern mit Beeinträchtigung, interne Weiterführung von Brückenschlag im Rahmen der Personalentwicklung, materielle und finanzielle Unterstützung, Gegeneinladung an die Sozialinstitution, gemeinsame Veranstaltung im Unternehmen und offizielles Brückenschlagprogramm. Die beiden Kategorien Verändertes Gesprächsführungsverhalten und Vermittlung von Mitarbeitern an die Sozialinstitution stellen einen Grenzfall dar und bedürfen einer Erklärung, wieso sie unter unternehmerisches Engagement subsumiert werden. Obwohl es sich um eine persönliche Verhaltensweise der Führungskräfte handelt, findet diese im Unternehmenskontext statt und entfaltet auch dort ihre Wirkung. Obwohl diese beiden Kategorien eher die soziale Verantwortung einer Führungskraft und in der Folge des Unternehmens zum Ausdruck bringen, sind sie eine Auswirkung der Projektwoche Brückenschlag und drücken eine Bereitschaft aus, sich zu engagieren. Es handelt sich dabei nicht um ein Engagement nach außen, sondern um ein soziales Engagement nach innen bezogen auf die Mitarbeiter des Unternehmens. In Summe haben sich 10 von 14 Unternehmen, das entspricht einem Anteil von 71%, weiterführend engagiert.

Da sich einige Unternehmen mehrfach engagierten, wurde eine zusätzlich Analyse durchgeführt im Sinne von Mehrfachantworten. Die folgende Tabelle gibt Auskunft über die Verteilung der unterschiedlichen Engagementformen.

Engagementform	Häufigkeit	Prozent
Anstellung von Mitarbeitern mit Beeinträchtigung	1	3%
Interne Weiterführung von Brückenschlag im Rahmen der Personalentwicklung	4	12%
Materielle und finanzielle Unterstützung	2	6%
Verändertes Gesprächsführungsverhalten	5	15%
Gegeneinladung an die Sozialinstitution	3	12%
Vermittlung von Mitarbeitern an die Sozialinstitution	3	12%
Gemeinsame Veranstaltung im Unternehmen	6	18%
Offizielles Brückenschlagangebot	7	21%

Tabelle 9: Häufigkeiten der entstandenen Engagementformen

Es zeigt sich, dass sich die Unternehmen am häufigsten auf Projektebene engagierten, indem sie offizielle Angebote für Sozialinstitutionen erstellten, damit diese im Rahmen von Brückenschlag ebenfalls in die Wirtschaft wechseln können. Am zweithäufigsten wurden gemeinsame Veranstaltungen mit den Sozialinstitutionen durchgeführt, an dritter Stelle zeigt das Engagement seine Wirkung im Umgang mit den eigenen Mitarbeitern im Rahmen der Gesprächsführung.

Zum Abschluss wurde noch eine Analyse durchgeführt, die aufzeigt, in wie vielen der genannten acht Engagementformen sich die Unternehmen engagierten. Ein Unternehmen engagierte sich in sechs der acht Bereiche, drei Unternehmen in fünf Bereichen und jeweils zwei Unternehmen in einem bis drei Bereichen.

Anzahl der Engagementbereiche	Anzahl der Unternehmen
In 6 Bereichen Engagement gezeigt	1
In 5 Bereichen Engagement gezeigt	3
In 3 Bereichen Engagement gezeigt	2
In 2 Bereichen Engagement gezeigt	2
In 1 Bereiche Engagement gezeigt	2

Tabelle 10: Anzahl der Engagementbereiche pro Unternehmen

Inwieweit das entstandene unternehmerische Engagement den Kriterien von Corporate Citizenship entspricht und wo sich Überschneidungspunkte zum theoretischen Modell des Sozialkapitals zeigen, wird im Kapitel „Diskussion der Ergebnisse" dargestellt.

Im folgenden Kapitel werden nun die Wirkungszusammenhänge näher analysiert. Ausgehend vom sensiblisierenden Konzept (siehe Abbildung 11) werden auf der Basis der Erfahrungsfelder der Akteure förderliche und hinderliche Bedingungen für unternehmerisches Engagement identifiziert.

11. Wirkungszusammenhänge

Im sensibilisierenden Konzept wurden für die vorliegende Untersuchung Faktoren definiert, die das Entstehen von weiterführendem gesellschaftlichen Engagement von Unternehmen beeinflussen. Dabei wurden, wie in Abbildung 11 ersichtlich, folgende sieben Faktoren als für die Fragestellung zentral erachtet: Motiv für die Teilnahme, Aufenthaltsdauer, Erleben der Projektwoche, subjektiv wahrgenommener Nutzen, intendiertes, weiterführendes Engagement, subjektive Theorien zum gesellschaftlichen Engagement und gesellschaftliches Engagement der Unternehmen.

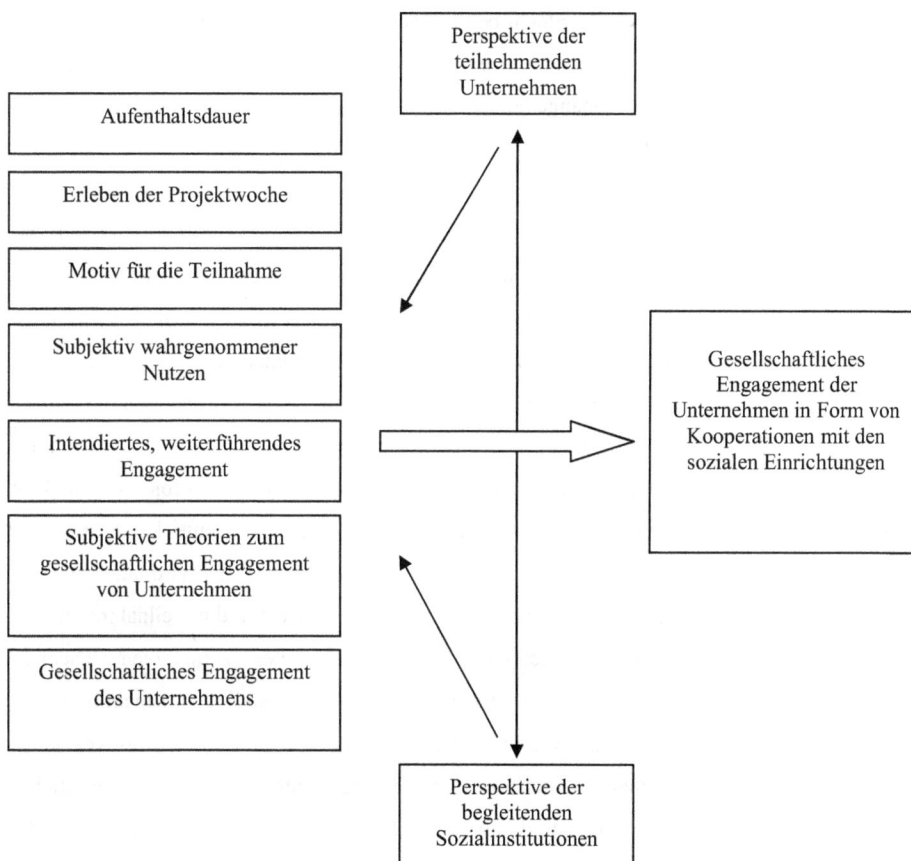

Abbildung 11: Sensibilisierendes Konzept

In den vorangegangenen Kapiteln wurden die Ergebnisse für jeden Faktor getrennt beschrieben, im Sinne der Erfahrungsfelder der Akteure. Der letzte Faktor – gesellschaftliches Engagement der Unternehmen – wurde im Rahmen der subjektiven Theorien nur ergänzend dargestellt. Dabei wurden die Sichtweise der Teilnehmer aus der Wirtschaft und die Sichtweise der Begleiter aus den Sozialinstitutionen vergleichend gegenübergestellt und Gemeinsamkeiten und Differenzen herausgearbeitet. Im Kapitel Auswirkungen der Projektwoche wurde die Frage beantwortet, ob und in welcher Form durch das Projekt Brückenschlag das weiterführende gesellschaftliche Engagement von Unternehmen gefördert werden konnte. Es zeigte sich, dass sich 71% der Unternehmen weiterführend engagierten. Die unterschiedlichen Engagementformen wurden detailliert dargestellt.

In diesem Kapitel wird nun der Frage nachgegangen, welche der zuvor beschriebenen Faktoren sich als förderlich bzw. hinderlich für das Entstehen weiterführenden gesellschaftlichen Engagements von Unternehmen erwiesen. Es wird jedoch betont, dass es sich dabei nicht um statistisch nachweisbare Zusammenhänge handelt, sondern um den Versuch, auf der Basis der vorhandenen qualitativen Daten Wirkungszusammenhänge herzustellen.

Motiv für die Teilnahme

Hinsichtlich der Beweggründe für die Teilnahme wurde die Hypothese aufgestellt, dass sich das Motiv der Neugier und der Vorreiterrolle auf Seiten der Wirtschaft positiv auf das weiterführende Engagement auswirken, nicht jedoch das Motiv der Verpflichtung und des beruflichen Leidensdrucks. Es konnte jedoch kein eindeutiger Wirkungszusammenhang zwischen Motivlage und weiterführendem Engagement bestimmt werden. Es zeigte sich lediglich, dass sich das Motiv der Verpflichtung nicht zwangsläufig negativ auswirkt. Nur zwei der fünf Teilnehmer, die von ihrer Geschäftsführung verpflichtet wurden teilzunehmen, zeigten nach Ende der Projektwoche kein weiterführendes Engagement. Wie in der Ergebnisdarstellung gezeigt, konnte keine singuläre Motivation bestimmt werden. Es handelte sich immer um ein Motivbündel. Es wird angenommen, dass es dadurch zu Wechselwirkungen kommt bzw. dass das Motiv für die Teilnahme erst in Kombination mit beispielsweise wahrgenommenem Nutzen oder subjektiven Theorien handlungswirksam wird. Diese Effekte können im Rahmen des qualitativen Zugangs nicht bestimmt werden. Es kann lediglich gezeigt werden, dass unternehmensbezogene Motive keine Voraussetzung für das Entstehen weiterführenden Engagements sind. Gesellschaftliches Engagement von Unternehmen beruht damit auf dem Engagement, der Betroffenheit und der Erfahrung einzelner Personen.

Aufenthaltsdauer

Es wurde die Hypothese aufgestellt, dass eine Aufenthaltsdauer von unter einem Tag zu kurz ist, um weiterführendes Engagement bei den Unternehmen zu fördern. Diese Hypothese konnte anhand der Interviewdaten bestätigt werden. Alle fünf Teilnehmer, die weniger als einen Tag in der

Sozialinstitution verbrachten, engagierten sich nicht mehr weiterführend. Wie bereits im Kapitel 9.3.2. beschrieben, wirkt sich die Aufenthaltsdauer auch auf das Erleben der Projektwoche aus, da sie das positive Erleben der Projektwoche, die Sensibilisierung für soziale Probleme, die Perspektivenübernahme und den Abbau von Vorurteilen mit bedingt.

Erleben der Projektwoche

Der Wechsel in eine Sozialinstitution stellt für die Teilnehmer aus der Wirtschaft einen Wechsel in eine fremde Lebens- und Arbeitswelt dar und bildet somit einen Bruch zu ihrem normalen Alltag. Dies führt beim Großteil der Teilnehmer zu emotionaler Betroffenheit, Sprachlosigkeit und Handlungsunfähigkeit. Die Teilnehmer müssen sich mit ihren persönlichen Werten, Einstellungen und Denkmustern auseinandersetzen. Die wahrgenommenen Unterschiede führen in der Folge emotional wie kognitiv zu Spannungen. Ob die Teilnehmer aus der Wirtschaft die Spannungen abbauen und die Projektwoche als positiv erleben, hängt von der Aufenthaltsdauer und dem eigenen Kompetenzerleben ab. Das positive Erleben der Projektwoche bezieht sich dabei auf das Erleben von Handlungsfähigkeit und Kompetenz. Die Hypothese, dass sich die Teilnehmer eher weiterführend engagieren werden, die die Projektwoche positiv erlebten, konnte ebenfalls bestätigt werden. Das heißt, die Teilnehmer, die im Laufe der Projektwoche ihre eigenen Kompetenzen in die Arbeit der Sozialinstitution einbringen konnten, engagierten sich weiterführend.

Subjektiv wahrgenommener Nutzen

Wie die Ergebnisse zeigten, nahmen die Teilnehmer hauptsächlich einen Nutzen für sich persönlich wahr, weniger für das Unternehmen. Die daraus abgeleitete Hypothese, dass das weiterführende Engagement eher auf persönlicher Ebene und weniger auf unternehmerischer Ebene sein wird, musste widerlegt werden. Die erfolgte Sensibilisierung für soziale Probleme und für die Bedeutung sozialer Arbeit wurde von den Teilnehmern ins eigene Unternehmen transferiert und sie wurde im weiterführenden Engagement handlungswirksam. Die Teilnehmer, die subjektiv keinen Nutzen – weder für sich noch fürs Unternehmen – wahrgenommen haben, zeigten auch kein weiterführendes Engagement. Dass diese Teilnehmer keinen Nutzen wahrgenommen haben, hängt wiederum mit der Aufenthaltsdauer und dem Erleben der Projektwoche zusammen.

Intendiertes weiterführendes Engagement

Dadurch, dass der Großteil der Teilnehmer keine Ideen bezüglich eines weiterführenden Engagements hatten bzw. ein solches nach Beendigung der Projektwoche auch nicht intendierte, wurde die Hypothese aufgestellt, dass sich dies hinderlich auf das weiterführende Engagement auswirkt. Verstärkt wurde diese Annahme dadurch, dass die Begleiter aus den Sozialinstitutionen potentielle Unterstützungsleistungen von Seiten der Wirtschaft abwehrten. Diese Hypothese musste allerdings widerlegt werden. Die fehlende Handlungsintention auf Seiten der Wirtschaft wirkte sich nicht negativ auf das weiterführende Engagement aus. Die Teilnehmer, die bereits über Ideen für ein weiterführendes Engagement verfügten und bei denen eine diesbezügliche Handlungsintention bestand, engagierten sich auch weiterführend. Sie setzten alle ihre Handlungsintentionen um. Keine Handlungsintentionen zu haben muss sich nicht zwangsläufig negativ auswirken auf das weiterführende Engagement. Vorhandene Handlungsintentionen erwiesen sich hingegen als förderlich.

Subjektive Theorien zum gesellschaftlichen Engagement

Da sich die Teilnehmer aus der Wirtschaft in ihren subjektiven Theorien nicht wesentlich unterschieden, konnte kein Zusammenhang zum weiterführenden Engagement hergestellt werden. Da die Teilnehmer jedoch die Bedeutung der inhaltlichen Auseinandersetzung als Kriterium für gesellschaftliches Engagement betonten, wurde die Hypothese aufgestellt, dass das weiterführende Engagement weniger finanzieller Natur, sondern Engagement in Form von Zeit, und Know-how sein wird. Diese Hypothese konnte bestätigt werden. Nur 6% des entstandenen Engagements der Unternehmen waren eine rein materielle oder finanzielle Unterstützung in Form von Corporate Giving.

Zusammenfassend werden nun nochmals die für ein weiteres gesellschaftliches Engagement von Unternehmen förderlichen Bedingungen im Projekt Brückenschlag dargestellt:

- eine Aufenthaltsdauer von mindestens drei Tagen
- positives Erleben der Projektwoche, im dem Sinne, dass die Teilnehmer sensibilisiert werden für soziale Probleme, eine Perspektivenübernahme erfolgt und Vorurteile abgebaut werden
- Intention, sich weiterführend zu engagieren, ist nach Beendigung der Projektwoche vorhanden

Als hinderlich konnten folgende zwei Bedingungen identifiziert werden:

- eine Aufenthaltsdauer von unter einem Tag
- subjektiv wird weder für die Person noch für das Unternehmen ein Nutzen der Projektwoche erkannt

IV DISKUSSION DER ERGEBNISSE

Die Diskussion der Ergebnisse erfolgt entlang der Fragestellung und der beiden damit in Verbindung stehenden theoretischen Konzepte Corporate Citizenship und Sozialkapital. Im Ausblick werden abschließend Handlungsempfehlungen für das Projekt Brückenschlag formuliert und die Rolle der Landespolitik in der Förderung von Corporate Citizenship diskutiert.

12. Corporate Citizenship

Wie die Ergebnisse zeigen, engagieren sich 71% der Unternehmen, die am Projekt Brückenschlag teilnahmen, weiterführend. Dieser Prozentsatz an Unternehmen, die sich weiterführend gesellschaftlich engagieren, kann als hoch interpretiert werden und zeigt, dass das Projekt Brückenschlag somit eine Möglichkeit für neue Partnerschaften zwischen Profit- und Non-Profit-Bereich darstellt, die für alle beteiligten Akteure Nutzen stiftet. Interessant erscheint das Verhältnis zwischen entstandenem persönlichen Engagement und unternehmerischem Engagement. Der Anteil des weiterführenden persönlichen Engagements liegt mit 25% deutlich unter dem Anteil des unternehmerischen Engagements mit 71%. Dies deutet darauf hin, dass die Erfahrungen in der Projektwoche weniger im privaten Bereich handlungswirksam werden als im beruflichen. Brückenschlag lässt für die Teilnehmer aus der Wirtschaft folglich einen unternehmerischen Nutzen erkennen. Aus den bisherigen Ergebnissen lässt sich der Schluss ableiten, dass Brückenschlag ein Modell zur Förderung des gesellschaftlichen Engagements von Unternehmen darstellt. Inwieweit dieses entstandene gesellschaftliche Engagement der Unternehmen den Kriterien von Corporate Citizenship entspricht, wird nun beleuchtet.

Habisch (2003) formulierte vier Leitkriterien für Corporate Citizenship. Dies sind Zusammenarbeit, Dauerhaftigkeit, Wirkung und Kompetenz. Die Diskussion erfolgt nun auf zwei Ebenen. Zum einen wird das Projekt Brückenschlag an sich, zum anderen das aus Brückenschlag entstandene gesellschaftliche Engagement der Unternehmen auf diese vier Kriterien bezogen.

Kriterium Zusammenarbeit

Hinter dem Kriterium Zusammenarbeit steht die Überlegung, dass sich Corporate Citizenship nur in *„mitbürgerlicher Zusammenarbeit mit unternehmensexternen Partnern"* (Habisch 2003, S.93) realisiert. Die Begegnung von Akteuren mit unterschiedlichen Kompetenzprofilen in bereichsübergreifenden Kooperationen bringt neue Ideen und Aspekte hervor, die vorher keinem der Partner für sich deutlich wurden. Unternehmensintern erlangt das Kriterium Zusammenarbeit seine Bedeutung in der breiten Verwurzelung des Themas im Unternehmen. Brückenschlag als Projekt an sich steht genau für dieses Kriterium. Es bringt Akteure aus unterschiedlichen Bereichen - Wirtschaft und Soziales - zusammen mit dem Ziel, Kooperationsprojekte zu initiieren und weiterführendes Engagement zu fördern. Auf Projektebene erfüllt Brückenschlag das Kriterium Zusammenarbeit voll und ganz, da Zusammenarbeit zwischen Unternehmen und Sozialinstitutionen als seine Kernaufgabe betrachtet werden kann.

Sieht man sich die entstandenen Engagementformen hinsichtlich des Kriteriums Zusammenarbeit detailliert an, so zeigt sich, dass bei sechs der acht entstandenen Engagementformen das Kriterium erfüllt ist. Am stärksten zeigt sich die Zusammenarbeit in folgenden drei Engagementformen: Anstellung von Mitarbeitern mit Beeinträchtigung, gemeinsame Veranstaltung im Unternehmen, Vermittlung von Mitarbeitern an die Sozialinstitution. Diese Formen des unternehmerischen Engagements entwickelten sich in der direkten Zusammenarbeit mit den Sozialinstitutionen. Aber auch unternehmensintern tragen diese drei Formen des Engagements zu einer verstärkten Wahrnehmung und Auseinandersetzung mit sozialen Problemen im Unternehmen bei und zu einer Sensibilisierung der Mitarbeiter für soziales Engagement. Die beiden Engagementformen „interne Weiterführung von Brückenschlag im Rahmen der Personalentwicklung" und „offizielles Brückenschlagangebot" zeugen ebenfalls von der vorhandenen Bereitschaft und vom Interesse der Unternehmen zur weiteren Zusammenarbeit mit Sozialinstitutionen. Diese beiden Formen des Engagements können sogar als eine Möglichkeit der strategischen Verankerung der Kooperationen mit Sozialinstitutionen im Unternehmen verstanden werden. Die soziale Verbindlichkeit ist durch die Initiierung kontinuierlichen Engagements stärker. Sie bieten weiters die Voraussetzung zur verstärkten Aktivierung der Mitarbeiter bzw. zum Einbezug der Mitarbeiter in das Engagement des Unternehmens. Die Engagementform „materielle und finanzielle Unterstützungsleistung" ist hingegen Ausdruck einer nicht vorhandenen Zusammenarbeit sowohl unternehmensintern als auch extern. Unterstützungsleistungen dieser Art erfolgen auch ohne das Projekt Brückenschlag und es benötigt dazu keine bereichsübergreifende Zusammenarbeit. Der Kontakt zu Sozialinstitutionen im Rahmen des Projekts Brückenschlag mag neue Ideen bei den Unternehmen bewirken, in welcher Form Unterstützungsleistungen abseits des „klassischen" Sponsorings erfolgen können. Es handelt sich also um eine Form des Corporate Giving, ein einseitiges Geben von Unternehmen, bei dem es jedoch zu keiner engeren Zusammenarbeit mit Sozialinstitutionen kommt. Die Engagementform „verändertes Gesprächsführungsverhalten mit Mitarbeitern" kann hinsichtlich des Kriteriums Zusammenarbeit eindeutig negativ beurteilt werden. Es handelt sich dabei um eine Form des Engagements, die keinerlei Zusammenarbeit mit Sozialinstitutionen bedarf, sondern bei der die Umsetzung ausschließlich unternehmensintern bei den Führungskräften liegt. Das veränderte

Gesprächsführungsverhalten der Führungskräfte kann im Sinne der sozialen Verantwortung des Unternehmens für seine Mitarbeiter interpretiert werden und weniger im Sinne des gesellschaftlichen Engagements.

Zusammenfassend lässt sich festhalten, dass das entstandene gesellschaftliche Engagement der Unternehmen hinsichtlich des Kriteriums Zusammenarbeit durchaus positiv beurteilt werden kann. Diese Zusammenarbeit im Projekt Brückenschlag wie auch im weiterführenden Engagement kann wiederum als eine Voraussetzung für die Entstehung sozialen Kapitals gesehen werden.

Kriterium Dauerhaftigkeit

Zum „Corporate Citizen" wird ein Unternehmen nicht durch kurzfristigen Aktionismus, der immer wieder andere Schwerpunkte setzt. Corporate Citizenship als Investition in soziales Kapital setzt langfristig an. Gesellschaftliches Engagement von Unternehmen im Sinne von Corporate Citizenship sollte daher immer über einen längeren Zeitraum erfolgen (Habisch 2003).

Zuerst wird versucht, Brückenschlag als Projekt hinsichtlich des Kriteriums Dauerhaftigkeit zu interpretieren. Die Zielsetzung des Projekts Brückenschlag kann als langfristig beurteilt werden, da es neben der Förderung des sozialen Lernens als individuelles und organisatorisches Ziel auch noch die Förderung des bürgerschaftlichen Engagements von Unternehmen als gesellschaftliches Ziel verfolgt. Die Projektstruktur und Finanzierung werden jedoch als maximal mittelfristig beurteilt, da diese derzeit noch jährlich neu aufgesetzt und beantragt werden. Brückenschlag entspricht diesbezüglich noch einem Modellprojekt. Um Brückenschlag langfristig in Vorarlberg zu implementieren, bedarf es einer veränderten Organisationsstruktur und Finanzierung.

Bezogen auf das durch das Projekt Brückenschlag entstandene Engagement können vier der acht Engagementformen als längerfristig beurteilt werden. Dazu zählen die Anstellung von Mitarbeitern mit Beeinträchtigung, die interne Weiterführung von Brückenschlag im Rahmen der Personalentwicklung, die offiziellen Brückenschlagangebote sowie das veränderte Gesprächsführungsverhalten der Führungskräfte. Alle vier Engagementformen zeichnen sich durch eine längerfristige zeitliche Perspektive und damit durch Verbindlichkeit aus. Es handelt sich dabei um Engagementformen, die mit Ausnahme des Gesprächsführungsverhaltens strukturell im Unternehmen verankert sind. Als kurzfristig werden folgende drei Engagementformen interpretiert: finanzielle und materielle Unterstützung, Gegeneinladung an die Sozialinstitution und Vermittlung von Mitarbeitern an die Sozialinstitution. Dabei handelt es sich um einmalige, unverbindliche Maßnahmen, die jedoch zum Teil Potential für längerfristiges Engagement erkennen lassen.

Vermittelt ein Unternehmen beispielsweise öfters Mitarbeiter an eine Sozialinstitution, kann sich daraus eine längerfristige Zusammenarbeit entwickeln, beispielsweise im Sinne der Prävention oder der betrieblichen Sozialarbeit. Auch die Gegeneinladung an die Sozialinstitution birgt das Potential einer längerfristigen Zusammenarbeit. Die Unterstützungsleistungen erfolgten in den vorliegenden Fällen zwar einmalig und somit kurzfristig, aber auch hier können verbindlichere Formen entstehen, indem ein Unternehmen sich beispielsweise für ein soziales Projekt entscheidet und sich verpflichtet, einen bestimmten Anteil des Umsatzes jährlich zu spenden. Die Engagementform „gemeinsame Veranstaltung im Unternehmen" wird hinsichtlich des Kriteriums Dauerhaftigkeit als mittelfristig beurteilt. Bei allen entstandenen Veranstaltungen wurde das Thema „Betriebliche Suchtprävention" aufgegriffen. Aufgrund der gemeinsamen Planung und Durchführung der Veranstaltungen und der für beide Partner relevanten Zielsetzung handelt es sich um eine verbindlichere Zusammenarbeit als beispielsweise die Gegeneinladung an die Sozialinstitution. Für eine Einstufung als langfristiges Engagement fehlt jedoch die strukturelle Verankerung des Themas im Unternehmen.

Zusammenfassend lässt sich festhalten, dass das entstandene gesellschaftliche Engagement der Unternehmen hinsichtlich des Kriteriums Dauerhaftigkeit ebenfalls positiv beurteilt und somit als eine Investition in das soziale Kapital verstanden werden kann.

Kriterium Wirkung

Der konkrete Effekt eines Projekts oder einer Kooperation zwischen Wirtschaftsunternehmen und Sozialinstitutionen ist ein wichtiges Qualitätskriterium. *„Jenseits der lapidaren Bemerkung 'gut, dass wir darüber gesprochen haben' muss ein konkreter Problemlösungsbeitrag erarbeitet worden sein."* (Habisch 2003, S.95) Ein gelungenes Projekt unternehmerischen Bürgerengagements zielt auf die Weiterentwicklung des Gemeinwesens, also der Rahmenbedingungen des Wirtschafts- und Lebensstandorts, ab. Das Kriterium Wirkung kann auch im Sinne der Eingriffstiefe in das gesellschaftliche Umfeld interpretiert werden, also in welchem Umfang das Unternehmen in das soziale Umfeld eingreift und dieses mitgestaltet.

Dass das Projekt Brückenschlag Wirkung zeigt, wird durch das Ergebnis – 71% der Unternehmen engagieren sich weiterführend – deutlich. Allerdings sollte diese Ergebnis im Sinne des Kriteriums Wirkung von Habisch (2003) kritisch betrachtet werden. Es stellt sich die Frage, in welchem Umfang die Unternehmen mit ihrem Engagement in das soziale Umfeld eingreifen und konkrete Problemlösungsbeiträge erarbeiten.

Die Bewertung der entstandenen Engagementformen wurde entlang der Abstufung hohe, mittlere und geringe Wirkung vorgenommen. Im Sinne der Corporate Citizenship Theorie bedeutet eine hohe Wirkung, dass das Unternehmen die Rolle des Bürgers einnimmt und aktiv gestaltend in gesamtgesellschaftliche Strukturen eingreift, diese verändert und somit eine dauerhafte Wirkung erzielt. Bezogen auf das Projekt Brückenschlag wird keine der entstandenen Engagementformen darunter subsumiert. Eine mittlere Wirkung bedeutet, dass das Unternehmen die Rolle des Partners einnimmt. In Austauschprozessen fließen Potentiale, Perspektiven und Kompetenzen der Partner zusammen. Unternehmen versuchen gemeinsam mit Sozialinstitutionen, in ihr näheres soziales Umfeld einzugreifen und dieses zu gestalten. Meist werden dabei in Kooperation Lösungsmöglichkeiten für ein konkretes soziales Problem im Unternehmen oder der Sozialinstitution oder der Region erarbeitet. Vier der acht aus dem Projekt Brückenschlag entstandenen Engagementformen werden unter den Bereich mittlere Wirkung subsumiert. Dazu zählen: Anstellung von Mitarbeitern mit Beeinträchtigung, Vermittlung von Mitarbeitern an Sozialinstitutionen, gemeinsame Veranstaltungen im Unternehmen sowie offizielle Brückenschlagangebote. Eine geringe Wirkung zeichnet sich dadurch aus, dass das Unternehmen die Rolle des Sponsors einnimmt. Es erfolgt kein Eingriff ins soziale Umfeld und das Unternehmen agiert überwiegend eigenständig, signalisiert jedoch nach außen Offenheit oder Bereitschaft sich zu engagieren. Folgende vier Engagementformen wurden hinsichtlich des Kriteriums Wirkung als gering beurteilt: Interne Weiterführung von Brückenschlag im Rahmen der Personalentwicklung, materielle und finanzielle Unterstützung, verändertes Gesprächsführungsverhalten sowie Gegeneinladungen an die Sozialinstitution.

Zusammenfassend lässt sich festhalten, dass das entstandene gesellschaftliche Engagement der Unternehmen einen geringen bis mittleren Wirkungsgrad aufweist. Die Unternehmen nehmen mit ihrem Engagement die Rolle des Sponsors oder des Partners ein, nicht jedoch die Rolle des Bürgers. Das heißt, die Weiterentwicklung des Gemeinwesens oder die Veränderung struktureller Rahmenbedingungen des Wirtschafts- und Lebensstandorts oder die Übernahme ordnungspolitischer Mitverantwortung bleibt aus. Eine solche Entwicklung bedarf jedoch Zeit und Erfahrung. Bereichsübergreifende Kooperationen mit oben genanntem Anspruch müssen wachsen und sich in gemeinsamen Projekten und in der Kommunikation konkretisieren. Dennoch bilden sich durch das Projekt Brückenschlag ansatzweise Strukturen bereichsübergreifender Zusammenarbeit und somit Elemente sozialen Kapitals.

<u>Kriterium Kompetenz</u>

Das Kriterium Kompetenz bedeutet, dass ein Unternehmen primär in solchen Zusammenhängen und Problemsituationen tätig werden sollte, *„ in denen es entweder von seiner Branche bzw. seinem Produkt- und Dienstleistungsspektrum oder von dem Kompetenzprofil seiner Mitarbeiter oder seinem Informations- und Ressoucenpotential her besonders qualifiziert erscheint"* (Habisch 2003, S.95). Engagement, das aus fehlendem Interesse oder mangelndem Bezug zur Alltagspraxis des Unternehmens resultiert, führt in wirtschaftlich schwierigen Zeiten dazu, dass es wieder abgesetzt wird (Habisch 2003). Ein dauerhaftes Interesse und Engagement eines Unternehmens an einem Projekt, das häufig aus einem betrieblichen Problemfeld und dem Erwerb spezifischer Kompetenzen resultiert, entspricht dem Sinne der Bürgergesellschaft.

Die Bedeutung dieses Kriteriums erschließt sich nicht unbedingt auf den ersten Blick. Erst bei genauerer Betrachtung wird seine Bedeutung für ein dauerhaftes bürgerschaftliches Engagement von Unternehmen deutlich. Engagement, das einen mangelnden Bezug zur Alltagspraxis des Unternehmens aufweist, beinhaltet keine bürgerschaftlichen Elemente, höchstens philanthropische. Das Kriterium Kompetenz erscheint für die Bedeutung und Potentiale des Konzepts Corporate Citizenship in der Praxis zentral.

Auf Projektebene trifft das Kriterium Kompetenz für Brückenschlag zu. Mit der Zielsetzung Förderung des sozialen Lernens und sozialer Kompetenz von Führungskräften stellt Brückenschlag einen unmittelbaren Bezug zur Lebenswelt von Unternehmen her. Führt man sich nochmals den Verlauf und die Ergebnisse der Gruppendiskussion vor Augen, wird die Bedeutung des Kriteriums Kompetenz deutlich. Herr Fink, Vertreter aus der Wirtschaft, betonte entgegen den anderen Diskussionsteilnehmern vehement den Weiterbildungsaspekt im Projekt Brückenschlag als dessen primäre Zielsetzung. Er argumentiert, dass, wenn eine Führungskraft im Projekt Brückenschlag keinen Nutzen für sich oder das Unternehmen wahrnimmt, sie sich entweder gar nicht engagiert oder nur aus philanthropischen Gründen.

Sieht man sich die entstandenen Engagementformen hinsichtlich des Kriteriums Kompetenz an, so zeigt sich, dass fünf der acht Engagementformen diesem Kriterium entsprechen. Es handelt sich dabei um: interne Weiterführung von Brückenschlag im Rahmen der Personalentwicklung, verändertes Gesprächsführungsverhalten, Vermittlung von Mitarbeitern an Sozialinstitutionen, gemeinsame Veranstaltung im Unternehmen sowie offizielle Brückenschlagangebote. Bei allen fünf Formen basiert das Engagement entweder auf dem Interesse, wahrgenommene soziale Probleme im Unternehmen zu lösen, die soziale Kompetenz der Mitarbeiter durch soziales Lernen zu fördern oder sich durch die bereichsübergreifende Zusammenarbeit Zugang zu relevanten Ressourcen zu verschaffen. Der Bezug zur Lebenswelt der Unternehmen ist in diesen Fällen somit gegeben.

Das Kriterium Kompetenz ist somit sowohl im Projekt Brückenschlag alse auch im weiterführenden Engagement größtenteils erfüllt.

Ausgehend von der Frage, ob das entstandene gesellschaftliche Engagement der Unternehmen den Kriterien von Corporate Citizenship entspricht, kann diese durchaus positiv beantwortet werden. Insbesondere die Kriterien Zusammenarbeit und Kompetenz können als ausreichend erfüllt interpretiert werden, da 62% bzw. 75% der Engagementformen diesen beiden Kriterien entsprechen. Die Kriterien Dauerhaftigkeit und Wirkung können zwar auch positiv beurteilt werden, allerdings ist hier noch Potential zur Steigerung vorhanden. Bezüglich dieser beiden Kriterien erfüllen jeweils 50% der Engagementformen die Anforderungen. Dauerhaftes Engagement von Unternehmen, das gestaltend in das soziale Umfeld eingreift, benötigt allerdings Zeit und Raum, um sich gemeinsam mit Partnern aus den Sozialinstitutionen entwickeln zu können. Das Projekt Brückenschlag bietet eine erste Gelegenheit, mögliche Kooperationsformen auszuprobieren.

Wie immer wieder angedeutet, kann das entstandene gesellschaftliche Engagement der Unternehmen im Sinne von Corporate Citizenship auch als Investition in soziales Kapital interpretiert werden. Indem sich Unternehmen im Rahmen des Projekts Brückenschlag engagieren, investieren sie in ihr soziales Umfeld. Durch den Austausch der beiden Partner im Projekt Brückenschlag entsteht ein Beziehungsnetzwerk, das auf Vertrauen basiert und somit weiterführendes Engagement seitens der Unternehmen fördert. Im folgenden Kapitel werden die theoretisch abgeleiteten Elemente des Sozialkapitals mit Bezug auf die Ergebnisse des Projekts Brückenschlag diskutiert.

13. Sozialkapital

Betrachtet man die Elemente sozialen Kapitals aus den unterschiedlichen theoretischen Perspektiven von Bourdieu (1983, 1985), Coleman (1990, 1991, 1992) und Putnam (1993, 1995a, 1995b, 2000, 2001, 2002), lassen sich diese auf drei Dimensionen zusammenfassen. Sozialkapital besitzt eine strukturelle, eine emotionale und eine Handlungsdimension (Denz & Battisti 2005). Im Folgenden werden die einzelnen Dimensionen näher erläutert und in Zusammenhang mit dem Projekt Brückenschlag und den Ergebnissen im Kapitel III diskutiert. Die Diskussion verläuft entlang der Fragestellung, in welcher Form das Projekt Brückenschlag Elemente von Sozialkapital enthält bzw. fördert.

Strukturelle Dimension sozialen Kapitals

Die strukturelle Dimension des Sozialkapitals beschreibt die Struktur der Beziehungen, sprich die sozialen Netzwerke, in die eine Person eingebettet ist. Dabei kann das Netzwerk in Anlehnung an Coleman (1992) und Bourdieu (1983) als Sozialstruktur betrachtet werden oder als Ressource. Das individuelle Netzwerk lässt sich somit einerseits aufgrund seiner Größe und Struktur beschreiben, das durch sozialen Austausch unterschiedlicher Intensität und Form aufrechterhalten wird. Unter der Sozialstruktur eines Netzwerks können die unterschiedlichen Formen sozialer Beziehungen subsumiert werden: „strong ties" und „weak ties" (Granovetter 1973), horizontale und vertikale Beziehungen (Putnam 1993), „bonding" und „bridging networks" (Narayan 1999), aber auch die „strucutral holes" von Burt (1992). Andererseits lässt sich das soziale Netzwerk aber auch als Ressource beschreiben. Das heißt, dass mit sozialen Beziehungen Ressourcen verbunden sind, die es einer Person erleichtern, bestimmte Ziele zu erreichen oder auf Hilfeleistungen zurückzugreifen. Abhängig vom Anlass kann eine Person somit unterschiedliche Ressourcen innerhalb ihres sozialen Netzwerks mobilisieren.

Auf der Basis der Ergebnisse zum Projekt Brückenschlag lässt sich sagen, dass sich Brückenschlag sowohl auf die Sozialstruktur individueller Netzwerke auswirkt als auch auf deren Ressourcenpotential. Brückenschlag ermöglicht es, dass Personen unterschiedlicher Gesellschaftsbereiche - Politik, Soziales und Wirtschaft - in einen Dialog treten und über ein gemeinsames Erfahrungslernen eine soziale Austauschbeziehung aufbauen. Durch Brückenschlag wird das Zustandekommen einer Beziehung zwischen einander fremden Partnern wie Wirtschaftsunternehmen und Sozialinstitutionen nicht dem Zufall überlassen, sondern zielgerichtet hergestellt und gefördert. Zwischen den einzelnen Akteuren aus Unternehmen und Sozialinstitutionen entstehen „weak ties", schwache Beziehungen zu weniger vertrauten Personen, die jedoch, wie die Ergebnisse zeigen, Zugang zu neuen Informationen und Ressourcen ermöglichen. Durch den Zugang zu Akteuren aus anderen Netzwerken wird ein Austauschprozess angeregt. Das Konzept der „weak ties" und „strong ties" von Granovetter (1973) bezieht sich auf die emotionale Nähe bzw. Distanz zwischen den Akteuren, deren Wertvorstellungen und Überzeugungen. Insbesondere in der Analyse des Textmaterials mit Hilfe der psychoanalytisch orientierten Tiefenhermeneutik konnten unbewusste Sinngehalte rekonstruiert und mögliche Verdrängungsprozesse der unterschiedlichen Akteure interpretiert werden. Es wurde deutlich, dass es für weiterführende Kooperationen zwischen Wirtschaftsunternehmen und Sozialinstitutionen wichtig ist, inwieweit die Akteure emotionale und kognitive Spannungen aushalten und das Fremde an sich heranlassen können. Dennoch wird vermutet, dass es auch für die Entstehung von „weak ties" einer gewissen, wenn auch kleinen, Schnittmenge gemeinsam geteilter Wertvorstellungen und Überzeugungen bedarf.

An diesem Punkt wird die Brückenfunktion des Projekts im Sinne des „bridging social capitals" deutlich. „Bridging social capital" - brückenbildendes Sozialkapital - bezeichnet den toleranten und kooperativen Zusammenhalt zwischen ungleichen sozialen Gruppen (Narayan 1999). Die Heterogenität der Partner aus Wirtschaftsunternehmen und Sozialinstitutionen bewirkt eine Diversifizierung der sozialen Beziehungen als Voraussetzung für Entwicklungsprozesse. Die Auswirkungen, die das Projekt Brückenschlag zeigt, deuten bereits auf solche Entwicklungsprozesse hin, die nur durch Austausch von Akteuren mit unterschiedlichen Merkmalen entstehen können.

Vor dem Hintergrund gesellschaftlicher Machtverhältnisse stehen Politik, Wirtschaft und Soziales in vertikalen Beziehungen zueinander. Vertikale Beziehungen sind dadurch gekennzeichnet, dass die Akteure in asymmetrischen Beziehungen zueinander stehen, die geprägt sind von Hierarchie und Abhängigkeit (Putnam 1993). Kooperationen und kooperatives Verhalten werden jedoch in horizontalen - symmetrischen Beziehungen - erleichtert. Im Projekt Brückenschlag treten die Vertreter aus Wirtschaft und Soziales als gleichwertige Partner, die voneinander lernen, in einen Dialog und Austausch. Sie stehen in einer horizontalen Beziehung zueinander.

In das Konzept der „structural holes" von Burt (1992) wird das Projekt Brückenschlag folgendermaßen einzuordnen versucht: Brückenschlag als Projekt positioniert sich in einem „structural hole", da es schwache Verbindungen zwischen Akteuren unterschiedlicher sozialer Netzwerke herzustellen versucht. Brückenschlag fällt somit eine Vermittlerposition zu. Beachtet man die Tatsache, dass das Land Vorarlberg Initiator und Auftraggeber des Projekts Brückenschlag ist, erlangt die Position im structural hole zwischen Wirtschaft und Sozialem nochmals eine andere Bedeutung. Die Position kann als Vermittler genutzt werden, aber auch als Informationsquelle. Dadurch handelt es sich auch um eine strategische Position, da das Land Vorarlberg dadurch Zugang zu Informationen und Ressourcen erhält, die es für weitere politische Entwicklungen nutzen kann.

Brückenschlag wirkt sich aber nicht nur auf die Sozialstruktur individueller Netzwerke aus, sondern auch auf den Zugang zu Ressourcen. Wie die Ergebnisse zeigen, fällt dem Aufbau von Kontakten sowohl auf persönlicher als auch auf organisationaler Ebene und dem damit verbundenen Zugang zu Ressourcen ein hoher Stellenwert zu. Für die Wirtschaftsunternehmen bedeutet dies vor allem persönliche Kontakte zu Personen aus der sozialen Arbeit und damit verbundenem Zugang zu Information, Know-how und Hilfeleistungen. Die Beziehung zu Akteuren der sozialen Arbeit erleichtert es den Teilnehmern aus der Wirtschaft, bei sozialen Problemen im Unternehmen rasch und effizient auf professionelle Hilfe zurückzugreifen. Umgekehrt gilt dies aber auch für Sozialinstitutionen. Durch den Kontakt zur Wirtschaft erhalten sie ebenfalls den Zugang zu materieller und finanzieller Unterstützung, zu wirtschaftlichem Know-how, aber auch zu Informationen, die für sie in der zukünftigen Gestaltung ihres beruflichen Handlungsfelds von Bedeutung sein können.

Zusammenfassend kann gesagt werden, dass sich das Projekt Brückenschlag auf die strukturelle Dimension sozialen Kapitals durchaus positiv auswirkt, sowohl was die Größe und Struktur des sozialen Netzwerks anbelangt, als auch die Möglichkeit zur Ressourcenmobilisierung.

<u>Emotionale Dimension sozialen Kapitals</u>

Die emotionale Dimension sozialen Kapitals beinhaltet die Elemente Vertrauen und Norm der Reziprozität. Für Coleman (1991) und Putnam (1993) stellen diese die zwei Grundbedingungen dar für die Entstehung von Sozialkapital. Durch das Vertrauen der Individuen ineinander werden soziale Beziehungen stabilisiert und kooperative Beziehungen ermöglicht. Vertrauen stellt damit ein wichtiges Element produktiver Netzwerke dar. Es entsteht durch vermehrte Interaktion zwischen Individuen, bei der sich die Personen gegenseitig kennen lernen und Informationen austauschen können. Der Anreiz des Einzelnen, einen anderen im Netzwerk zu betrügen, nimmt ab, da die Gefahr der Rufschädigung und die Kosten des Vertrauensbruchs steigen. Dadurch können die Normen der Reziprozität entstehen. Die Wahrscheinlichkeit steigt, dass eine erbrachte Leistung durch eine Gegenleistung abgegolten wird. Wenn in einer Beziehung erbrachte und empfangene Leistungen aus dem Gleichgewicht geraten, bricht diese Norm, die Auflösung der Beziehung droht.

Die Ergebnisse im Zusammenhang mit dem Projekt Brückenschlag deuten sowohl auf Elemente des Vertrauens als auch auf Normen der Reziprozität hin. Das Vertrauen zeigt sich insbesondere in den Ergebnissen zum subjektiven Erleben und dessen Veränderungen im Laufe der Projektwoche und dem subjektiv wahrgenommenen Nutzen. Die direkte Begegnung und Erfahrung der Akteure aus den beiden Lebenswelten Wirtschaft und Soziales ermöglicht einen emotionalen und kognitiven Zugang zu sozialen Problematiken und zu sozialer Arbeit. Das Soziale wird durch den Perspektivenwechsel und den direkten Kontakt mit Klienten und deren Lebensgeschichten greifbar und transparent. Die daraus resultierende veränderte Einstellung sozialer Arbeit gegenüber als professionell und kompetent, sowie die gegenseitige Wertschätzung und soziale Anerkennung können als Vertrauen interpretiert werden. Die Basis einer tragfähigen Kooperation zwischen Unternehmen und Sozialinstitutionen ist somit die vertrauensvolle Beziehung der beiden Partner. Diese Beziehung wird von Akteuren gestaltet, die ihre Organisationen – Wirtschaftsunternehmen und Sozialinstitutionen – vertreten. Über die einzelnen Akteure wird aber auch das Vertrauen in die durch sie repräsentierten Organisationen aufgebaut.

Dennoch zeigt sich auf der unbewussten Ebene, dass sich in der Gestaltung dieser Beziehung zwischen Akteuren aus Sozialinstitutionen und Unternehmen Ängste manifestieren. Insbesondere die Angst vor dem Unbekannten und Fremden des sozialen Handlungsfeldes kann zu Abwehrreaktionen führen, die dem Aufbau von Vertrauen entgegenwirken. Als eine mögliche Form der Angstabwehr zeigt sich die Abwertung der Bedeutung sozialer Arbeit sowie deren Kompetenz und Fachlichkeit. Eine zweite Form der Angstabwehr drückt sich in der fehlenden Verbindlichkeit der Teilnehmer aus der Wirtschaft aus, vereinbarte Termine mit den Sozialinstitutionen einzuhalten.

Eine längerfristige bereichsübergreifende Zusammenarbeit kommt nur zu Stande, wenn der Austausch von Geben und Nehmen in einem für beide Seiten akzeptablen Verhältnis steht. Ausdruck der Norm der Reziprozität sind die spontan entstandenen Gegeneinladungen der Teilnehmer aus der Wirtschaft an die Begleiter aus den Sozialinstitutionen. Die Teilnehmer nahmen während der Projektwoche Brückenschlag Leistungen der Sozialinstitutionen bzw. ihren Mitarbeiter in Anspruch. Da die Teilnehmer aus der Wirtschaft die Sozialinstitution für ihren Einsatz nicht finanziell entschädigten und zudem das Gefühl hatten, sich selbst fachlich zu wenig eingebracht zu haben, als dass die Sozialinstitution einen Nutzen davon hat. Geben und Nehmen standen aus Sicht der Teilnehmer aus der Wirtschaft in einem Ungleichgewicht, das die Verpflichtung zur Gegenleistung verstärkt. Die Folge, die Gegeneinladung der Begleiter aus Sozialinstitutionen in die Wirtschaftsunternehmen, kann als Norm der Reziprozität interpretiert werden. Für den Begleiter aus der Sozialinstitution brachte die Gegeneinladung einen Zugang bzw. einen Einblick in ein

Wirtschaftsunternehmen, der ihm ansonsten in der Form nicht möglich gewesen wäre. Da die erbrachten Leistungen nicht vergleichbar sein müssen, kann auch die finanzielle und materielle Unterstützungsleistung zweier Teilnehmer aus der Wirtschaft dahingehend interpretiert werden.

Auch hier wurde die Manifestation unbewusster Ängste deutlich. Das Annehmen von Gegenleistungen wird von den Begleitern aus den Sozialinstitutionen teils aus Angst vor Abhängigkeit abgewehrt. Vor dem Hintergrund gesellschaftlicher Machtverhältnisse und Wertigkeiten manifestiert sich die abgewehrte Gegenleistung in der Metapher des „Bittstellers". Begleiter aus Sozialinstitutionen dürfen sich gegenüber den Wirtschaftsunternehmen subjektiv nicht als „Bittsteller" erleben, da dadurch das Machtgefälle wiederum steigt. Das Annehmen können von Hilfe oder Unterstützung aus der Wirtschaft entwickelte sich in der Analyse der unbewussten Sinngehalte zum zentralen Thema. Ein gegenseitiges Geben und Nehmen kann scheinbar nicht gelebt werden. Hilfe aus der Wirtschaft anzunehmen verdeutlicht den Begleitern aus den Sozialinstitutionen möglicherweise ihre eigene Bedürftigkeit. Dieses Gefühl kann in helfend Berufen kaum zugelassen werden, da es subjektiv eine Abwertung darstellt (Schmidbauer 1977).

Zusammenfassend kann gesagt werden, dass Brückenschlag das Potential besitzt, Vertrauen und Normen der Reziprozität zu fördern und so zur Entstehung sozialer Beziehungsnetzwerke im Sinne des Sozialkapitals beizutragen.

<u>Handlungsdimension sozialen Kapitals</u>

Die Handlungsdimension sozialen Kapitals beruht auf den Elementen Partizipation und Engagement. Dazu zählen beispielsweise ehrenamtliches Engagement im formellen institutionellen Rahmen und im informellen Rahmen, die Mitgliedschaft in Vereinen, Organisationen, Gruppen, Gewerkschaften oder auch politische Partizipation und religiöses Engagement. All diese Aktivitäten schaffen engen Kontakte zwischen Bürgern, stiften Gemeinsamkeiten und sind entscheidend für die Akkumulation von Sozialkapital (Putnam 2001). Sozialkapital bildet sich somit in den Strukturen der Bürgergesellschaft (Enquete-Kommission 2002). Eine sozial integrierte Gesellschaft braucht Personen, die sich auf vielen Ebenen - beruflich und privat - engagieren und auch Unternehmen, die in der Lage sind mit anderen Institutionen zu kooperieren.

Die Handlungsdimension sozialen Kapitals zeigt sich im Projekt Brückenschlag insbesondere im entstandenen persönlichen und unternehmerischen Engagement. Dass sich 25% der Personen und 71% der Unternehmen weiterführend engagierten, spricht für den produktiven Charakter von Sozialkapital. Die Veränderungen auf kognitiver und emotionaler Ebene, die das Projekt

Brückenschlag bei den Teilnehmern bewirkte, wurden somit handlungswirksam. Da das weiterführende Engagement der Unternehmen bereits im vorangegangen Kapitel ausführlich diskutiert wurde, wird an dieser Stelle die Verbindung zum Konzept Corporate Citizenship herzustellen versucht. Corporate Citizenship als das bürgerschaftliches Engagement von Unternehmen vollzieht sich in der Handlungsdimension sozialen Kapitals. Corporate Citizenship kann somit als eine Investition in Sozialkapital verstanden werden. Brückenschlag kann folglich als ein Modell zur Förderung von Corporate Citizenship und Sozialkapital in der Region Vorarlberg verstanden werden.

V AUSBLICK

In der Analyse des Textmaterials wurde immer wieder deutlich, dass die Akteure der Wirtschaft Corporate Citizenship negativ assoziieren. Dies zeigt sich in der Gruppendiskussion, in der die Vertreter der Wirtschaft Corporate Citizenship als Modeerscheinung abwerteten. Aber auch in den Interviews war eine deutliche Abwehrhaltung des Großteils der Teilnehmer aus der Wirtschaft gegenüber Corporate Citizenship zu spüren. Die Abwehr zeigte sich darin, dass, wenn Vertreter der Wirtschaft direkt auf Corporate Citizenship angesprochen wurden, diese mit Unsicherheit reagierten und die Frage ausweichend beantworteten. Einige argumentierten, es handle sich dabei um ein amerikanisches Konzept, das hierzulande aufgrund der von Amerika abweichenden Firmenstrukturen, regionalen Gegebenheiten und der Mentalität keine Geltung besitze.

Hier eröffnet sich offensichtlich ein Spannungsfeld. Corporate Citizenship als ein Konzept, das die Relevanz gesellschaftlichen Engagement von Unternehmen für ein funktionierende Gemeinwesen betont, wird als Modeerscheinung oder als inadäquat abgewertet, gleichzeitig zeigen die befragten Unternehmen jedoch eine hohe Bereitschaft sich in unterschiedlichster Art und Weise gesellschaftlich zu engagieren.

So zeigen die befragten Unternehmen ein sehr differenziertes und umfangreiches Bild des gesellschaftlichen Engagements. Sie zeigen sich sowohl nach innen für ihre Mitarbeiter engagiert, als auch nach außen für das soziale Umfeld. Der Schwerpunkt des Engagements liegt zwar eindeutig auf Spenden von Geld und Sachmitteln. Allerdings zeigen auch einige der Unternehmen Aktivitäten im Gemeinwesen, in denen unterschiedlichste Ressourcen eingesetzt werden. Das Engagement erfolgt allerdings - bis auf eine Ausnahme - nicht strategisch. In der Regel kommt das Engagement zufällig zustande und wird unsystematisch umgesetzt. Das heißt, das Engagement erfolgt gelegenheitsbezogen, sprich bei konkreten Anfragen. Dennoch erfolgt das Engagement beim Großteil der befragten Unternehmen regelmäßig.

Es stellt sich die Frage, was der Grund für diese Abwehrreaktion dem Konzept Corporate Citizenship gegenüber ist.

Betrachtet man Corporate Citizenship in seiner theoretischen Fundierung, so zeigt sich, dass für Corporate Citizenship drei Elemente wesentlich sind: Strategische Verankerung im Unternehmen, Kommunikation des Engagements nach außen und Zusammenarbeit mit Partnern aus anderen

201

Gesellschaftsbereichen. Diese drei Elemente grenzen Corporate Citizenship vom herkömmlichen gesellschaftlichen Engagement der Unternehmen ab.

Strategische Verankerung im Unternehmen

Corporate Citizenship betont die strategische Verankerung des Engagements im Unternehmen. Nach Westebbe und Logan (1995) folgt Corporate Citizenship einer einheitlichen Strategie im Unternehmen und geht über die eigentliche Geschäftstätigkeit hinaus hin zur Lösung gesellschaftlicher Probleme. Dadurch werden Langfristigkeit und Verbindlichkeit gewährleistet. Genau dieser Gedanke, sich längerfristig und verbindlich zu engagieren, löst jedoch möglicherweise bei Vertretern aus der Wirtschaft unbewusst Angst aus. Die daraus folgende Abwehrreaktion durch die Abwertung von Corporate Citizenship als Modeerscheinung oder die Rationalisierung als nicht adäquat aufgrund von Mentalität, Firmenstruktur oder regionalen Gegebenheiten, ist Ausdruck dieser Angst.

Kommunikation des Engagements nach außen

Ein weiteres wesentliches Element von Corporate Citizenship ist die bewusste und gezielte Kommunikation des gesellschaftlichen Engagements gegenüber möglichst vielen Zielgruppen. Gesellschaftliches Engagement von Unternehmen erfolgt allerdings größtenteils anonym. Die Befragten argumentierten, dass gesellschaftliches Engagement eine Selbstverständlichkeit ist und zur sozialen Verantwortung eines Unternehmens gehört. Hinter diese Argumentation verbirgt sich möglicherweise eine unbewusste Rationalisierung. Die Rationalisierung dient der Abwehr der Angst, dass, wenn das gesellschaftliche Engagement eines Unternehmens zu stark in der Öffentlichkeit dargestellt wird, eine Erwartungshaltung entsteht, die zu einem Anspruch auf kontinuierliches Engagement von Seiten der Öffentlichkeit führt. Es geht dabei um die Angst, Kontrolle über Ausmaß und Form des Engagements zu verlieren und nicht mehr unabhängig und vor allem unverbindlich agieren zu können.

Zusammenarbeit mit Partnern aus anderen Gesellschaftsbereichen

Corporate Citizenship betont die Kooperation zwischen Unternehmen und sozialen Institutionen. Für Vertreter der Wirtschaft stellt der Sozialbereich jedoch größtenteils etwas Fremdes und Unbekanntes dar. Es handelt sich dabei um einen Gesellschaftsbereich, über den öffentlich zwar viel geredet wird, in dem Vertreter der Wirtschaft jedoch bislang meist keine direkten Erfahrungen gemacht haben. Diese fehlende Erfahrung erleben die Vertreter der Wirtschaft als positiv. Sie bedeutet, dass sie selbst, die Familie oder das Unternehmen noch nicht mit derartigen sozialen Problemen konfrontiert waren. Sie sind sich zwar der sozialen Probleme der Gesellschaft bewusst, der Großteil hat jedoch nur einen anonymen, indirekten Zugang dazu, beispielsweise über die Medien. Der Sozialbereich als etwas Fremdes kann subjektiv Unsicherheit erzeugen. Verstärkt wird diese Unsicherheit durch unterschiedliche Werte, Einstellungen und teils negativen Bildern und Vorurteilen dem sozialen Bereich bzw. der sozialen Arbeit gegenüber.

Corporate Citizenship birgt folglich Elemente, die sich bei den Vertretern der Wirtschaft unbewusst als Unsicherheit und Angst manifestieren können. Angst vor Verbindlichkeit, Angst, die Kontrolle zu verlieren und Unsicherheit vor dem Fremden lösen Abwehrreaktionen aus wie Rationalisierung oder Abwertung. Die negative Haltung und die Vorbehalte vieler Vertreter aus der Wirtschaft Corporate Citizenship gegenüber können möglicherweise als eine Form der Angstabwehr interpretiert werden und nicht als fehlende Bereitschaft sich zu engagieren oder als mangelndes Verständnis der Bedeutung bürgerschaftlichen Engagements von Unternehmen.

Bei der Förderung von Corporate Citizenship erscheint es dadurch wichtig, den Fokus nicht nur auf Checklisten und 10-Schritte-Anleitungen zur Initiierung von Kooperationen zwischen Wirtschaftsunternehmen und Sozialinstitutionen zu legen. Vielmehr sollte die Gestaltung der Beziehung zwischen den einander bislang fremden Partnern aus Wirtschaft und Sozialbereich ins Zentrum des Interesses gerückt werden. Bereichsübergreifende Kooperationen können nur gelingen, wenn den unbewussten und verdrängten Anteilen beider Partner mehr Bedeutung zukommt. Denn nicht nur von Seiten der Vertreter aus der Wirtschaft manifestieren sich unbewusste Ängste, sondern auch von Seiten der Sozialinstitutionen. Hier handelt es sich möglicherweise eher um die Angst vor der Abhängigkeit von Unternehmensinteressen und deren Unterstützungsleistungen oder die Angst vor der Bewertung sozialer Arbeit anhand von Kriterien wirtschaftlicher Effizienz. Da es sich dabei um unbewusste oder verdrängte Ängste handelt, sind diese auch nur schwer verbalisierbar und in einen Dialog überführbar. Einen solchen Dialog zwischen Wirtschaftsunternehmen und Sozialinstitutionen zu initiieren und zu begleiten erscheint jedoch zentral.

Die vier grundlegenden Dialogkompetenzen von Hartkemeyer, Hartkemeyer und Dhority (1998) könnten einen Anregung für einen solchen Dialog darstellen: „Voicing" bedeutet, sich der subjektiv empfunden Unsicherheit bewusst zu werden und der inneren Stimme nach außen Ausdruck zu verleihen. „Listening" bezieht sich auf die Fähigkeit des Zuhörens. Für das, was der andere sagt, soll innerlich Raum geschaffen werden, um so Resonanz zu erzeugen und eine neue Sichtweise auf Dinge zu ermöglichen. Die dritte Dialogkompetenz „Respecting" bedeutet, Personen und Funktionen wertschätzend zu begegnen ohne gleich nach persönlichen Werten und Einstellungen zu beurteilen. Um Bewertungen und Urteile zeitlich zu verzögern bedarf es der vierten Dialogkompetenz, dem „Suspending". „Suspending" bezieht sich auf die Fähigkeit, Gedanken in Schwebe zu halten. Es geht darum, fremde Eindrücke oder Erlebnisse in ihrer Widersprüchlichkeit zuzulassen, emotionale und kognitive Spannungen auszuhalten und den zugrunde liegenden gedanklichen Prozess zu reflektieren bevor eine Bewertung erfolgt.

Insbesondere das „Suspending" wird als eine wesentliche Kompetenz in der Gestaltung des Dialogs zwischen Wirtschaftsunternehmen und Sozialinstitutionen erachtet. Erst auf dieser Basis können Strukturen bereichsübergreifender Zusammenarbeit entstehen, die zur Lösung gesellschaftlicher Probleme beitragen.

VI ZUSAMMENFASSUNG

Die vorliegende Arbeit basiert auf der Evaluation des Projekts Brückenschlag, einem Modell zur Förderung von Corporate Citizenship und Sozialkapital in Vorarlberg. Neben dem Ziel, soziales Lernen und soziale Kompetenz von Führungskräften aus Wirtschaftsunternehmen zu fördern, stellt Brückenschlag einen Versuch dar, gesellschaftliches Engagement von Unternehmen zu fördern, indem ein bereichsübergreifender Austausch von Unternehmen und Sozialinstitutionen initiiert wird.

Die Arbeit folgt in der Konzeption dem theoretischen Konzept Sozialkapital. Anhand seiner wichtigsten Vertreter Bourdieu, Coleman und Putnam wird die theoretische Fundierung nachgezeichnet und anhand empirischer Befunde seine Relevanz für unterschiedliche Gesellschaftsbereiche dargestellt. Da die empirischen Ergebnisse darauf hindeuten, dass Sozialkapital einen entscheidenden Faktor für das gesellschaftliche Zusammenleben darstellt und immer wieder vom Rückgang des sozialen Kapitals in der modernen Gesellschaft gesprochen wird, wird in der Folge auf die Möglichkeiten eingegangen, wie Sozialkapital gefördert werden kann. Dabei wird der Fokus auf das bürgerschaftliche Engagement und seinen Wandel gerichtet. Daran schließt sich das theoretische Konzept des Corporate Citizenship an. Nach einer konzeptionellen Einordnung und Definition werden die damit verbundenen Motive und Nutzenerwartungen seitens der Unternehmen dargestellt und abschließend wird auf die verschiedenen Formen unternehmerischen Engagements eingegangen.

Das erkenntnisleitende wissenschaftliche Interesse liegt in der Frage, ob und in welcher Form durch das Projekt Brückenschlag gesellschaftliches Engagement von Unternehmen entsteht. Es wird untersucht, ob neben Auswirkungen auf der individuellen Ebene auch längerfristige Auswirkungen auf organisatorischer und gesellschaftlicher Ebene zu verzeichnen sind.

Die Fragestellung wurde durch die Anwendung qualitativer Methoden umgesetzt, die ein feld- und prozessorientiertes Vorgehen ermöglichten. In den Jahren 2002 und 2003 nahmen insgesamt 16 Teilnehmer aus 14 Wirtschaftsunternehmen und 10 Begleiter aus Sozialinstitutionen am Projekt Brückenschlag teil. Alle teilnehmenden 26 Personen wurden mit Hilfe problemzentrierter Interviews befragt. Die Untersuchung wurde in Form eines Follow-up Designs durchgeführt, da nur dadurch die Erfassung der tatsächlich entstandenen Kooperationen jenseits des intendierten Engagements möglich war. Zusätzlich zu den 26 Befragten bestand die Stichprobe aus weiteren 6 Personen, die an einer Gruppendiskussion teilnahmen. Es handelte sich dabei um Vertreter aus den

Bereichen Politik, Soziales und Wirtschaft. Mit ihrer Hilfe wurde nochmals ein Blick von Außen auf das Projekt Brückenschlag ermöglicht und versucht, die Zielsetzung des Projekts im Spannungsfeld Politik, Wirtschaft und Soziales zu rekonstruieren. Zur Analyse der Daten wurde eine kombinierte Strategie aus psychoanalytisch orientierter Tiefenhermeneutik nach Leithäuser und Volmerg (1988) und inhaltsanalytischer Zusammenfassung nach Mayring (2000, 2002) gewählt. Dadurch war es möglich, die subjektiv erlebten Erfahrungsfelder der Akteure sowie deren verdrängte Sinngehalte zu rekonstruieren. Diese Form der Analyse lieferte eine gänzlich neue Perspektive auf das Themenfeld „gesellschaftliches Engagement von Unternehmen". Die inhaltsanalytische Zusammenfassung brachte den Vorteil, das Material systematisch zu reduzieren, die wesentlichen Inhalte dabei aber zu erhalten.

Die wichtigsten inhaltlichen Ergebnisse werden im Folgenden zusammengefasst.

Rekonstruktion der Zielsetzung von Brückenschlag im Spannungsfeld von Politik, Soziales und Wirtschaft

Die primäre Zielsetzung des Projekts Brückenschlag - Weiterbildung für Führungskräfte - kann als eine Form der unbewussten Angstabwehr interpretiert werden. Die Angst der Akteure beruht auf der Unsicherheit im Umgang mit den immer komplexer werdenden gesellschaftlichen Herausforderungen und den fehlenden Lösungsstrategien. Keiner der Initiatoren kann sich sicher sein, dass Brückenschlag die richtige Strategie ist, da der gesellschaftliche Nutzen nur schwer zu beziffern ist. Die Angst beruht aber auch auf den fehlenden Erfahrungen im Umgang mit anderen Lebenswelten. Durch die Zielsetzung, Führungskräfte weiterzubilden, reduzieren die Akteure ihre Unsicherheiten gegenüber dem Unbekannten und Fremden, indem sie sich auf bekanntes Terrain zurückziehen. Mit dieser Zielsetzung können für das Projekt Brückenschlag Ziele definiert werden, die eindeutig, nachvollziehbar und überprüfbar sind. Der individuelle Nutzen für die Führungskräfte und der wirtschaftliche Nutzen für die Unternehmen werden hervorgehoben. Die Betonung eines gesellschaftlichen Nutzens hingegen würde die Unsicherheit der Akteure noch verstärken. Das Projekt Brückenschlag stellt einen Versuch dar, auf gesellschaftliche Herausforderungen zu reagieren.

Der soziale Bereich als etwas Unbekanntes und Quelle der Unsicherheit

Der Kontakt zum sozialen Arbeitsfeld und zu dessen Klienten ist für den Großteil der Teilnehmer etwas Unbekanntes und Fremdes. Die Teilnehmer nehmen Unterschiede im Arbeitshandeln und den dahinterliegenden Wertvorstellungen wahr, die emotional und kognitiv zu Spannungen führen können. Die Herausforderung besteht darin, dieses Fremde an sich heranzulassen und die entstehenden Spannungen auszuhalten. Diese Spannungen drücken sich häufig so aus, dass sich die Teilnehmer als handlungsunfähig erleben. Hat der Teilnehmer die Möglichkeit, sich wieder als kompetent zu erleben und auf diese Weise die Spannungen abzubauen, erlebt er die Projektwoche als positiv. Bleibt das Kompetenzerleben aus, überwindet der Teilnehmer die Dissonanz, indem er die soziale Profession und deren Arbeitsweise abwertet. Diese Abwertung ermöglicht es ihm, die subjektiv erlebte Unsicherheit und Spannung abzubauen und kann im Sinne der unbewussten Angstabwehr interpretiert werden.

Faktoren, die das weiterführende Engagement von Unternehmen fördern oder behindern
Die Analyse zeigt, dass sich 69% der Teilnehmer in irgendeiner Form - persönlich oder unternehmerisch - weiterführend engagieren. 4 der 16 Teilnehmer am Projekt Brückenschlag haben sich zusätzlich persönlich engagiert, was einem Prozentanteil von 25% entspricht. Weiters haben sich 10 von 14 Unternehmen, das entspricht einem Anteil von 71%, weiterführend engagiert. Als förderliche Bedingungen erwiesen sich eine Aufenthaltsdauer von mindestens drei Tagen in der Sozialinstitution und ein positives Erleben der Projektwoche. Das heißt, dass die Teilnehmer, die sensibilisiert werden konnten für soziale Probleme, bei denen eine Perspektivenübernahme erfolgte und die ihre Vorurteile dem sozialen Bereich gegenüber abbauen konnten, sich weiterführend engagierten. Ebenfalls förderlich erwies sich, wenn nach Beendigung der Projektwoche die Intention vorhanden war, sich zu engagieren. Als hinderlich erwies sich eine Aufenthaltsdauer von unter einem Tag, und wenn die Person weder für sich selbst noch für das Unternehmen einen Nutzen erkannte.

Brückenschlag als Möglichkeit zur Förderung von Corporate Citizenship und Sozialkapital
Das aus dem Projekt Brückenschlag entstandene gesellschaftliche Engagement der Unternehmen kann im Sinn der Kriterien Zusammenarbeit, Dauerhaftigkeit, Wirkung und Kompetenz von Habisch (2003) durchaus als Corporate Citizenship bewertet werden. Es birgt aber auch Elemente sozialen Kapitals. Indem sich Unternehmen im Rahmen des Projekts Brückenschlag engagieren, investieren sie in ihr soziales Umfeld. Durch den Austausch der beiden Partner entsteht ein Beziehungsnetzwerk, das auf Vertrauen basiert und innerhalb dessen Normen der Reziprozität wirksam werden. Brückenschlag verändert einerseits die Sozialstruktur der individuellen Netzwerke hinsichtlich Größe und Form positiv. Andererseits eröffnet sich durch Brückenschlag auch der Zugang zu neuen Ressourcen. In der Handlungsdimension sozialen Kapitals entsteht die Verbindung zum Konzept Corporate Citizenship.

LITERATURVERZEICHNIS

Adler, Paul S. & Kwon, Seok-Woo (2000). Social Capital. The good, The bad, and The ugly. In: Lesser, Eric (Hrsg.) Kowledge and Social Capital. Foundations and Applications. Boston: Butterworth Heinemann, S.89-115.

Ahuja, G. (2000). Collaboration Networks, Structural Holes, and Innovation. A Longitudinal Study. Administrative Science Quarterly, 45, S.425-455.

Ammann, Herbert (2001). Schweizer Unternehmen nehmen Freiwilligkeit ernst. Schweizer Arbeitgeber, 5, S.184-187.

Ammann, Herbert (2003). SeitenWechsel – Analyse und Strategie. Genannte und ungenannte Ziele. In: Ettlin, Tony (Hrsg.) SeitenWechsel. Lernen in anderen Arbeitswelten. Zürich: Orell Füssli, S.20-27.

Anheier, Helmut K. & Toepler Stefan (2002). Bürgerschaftliches Engagement in Europa. Überblick und gesellschaftspolitische Einordnung. Politik und Zeitgeschichte, 9, S.31-38.

Badelt, Christoph & Hollweger, Eva (2001). Das Volumen ehrenamtlicher Arbeit in Österreich. Working Paper 6. Wirtschaftsuniversität Wien, Abteilung für Sozialpolitik.

Banister, Peter et al. (1994). Qualitative Methods in Psychology: A Research Guide. Milton Keynes: Open University Press.

Berndt, Edwin (2001). Die fortschreitende Vereinzelung und die Erhaltung des "sozialen Kapitals" als individuelle und gesellschaftliche Herausforderung in Vorarlberg. Göfis.

Beugelsdijk, Sjoerd & Smulders, Sjak. (2003). Bridgind and bonding social capital: Which type is good for economic development? Paper presented at the Conference Social Capital and Economic Development, Tilburg University, March, 2003.

Blanke, Karen; Ehling Manfred & Schwarz, Norbert (1996). Zeit im Blickfeld. Ergebnisse einer repräsentativen Zeitbudgeterhebung. Band 121. Schriftenreihe des Bundesministeriums für Familie, Senioren, Frauen und Jugend. Stuttgart, Berlin, Köln.

Blumer, Herbert (1980). Der methodologische Standort des symbolischen Interaktionismus. In: Arbeitsgruppe Bielefelder Soziologen (Hrsg.) Alltagswissen, Interaktion und gesellschaftliche Wirklichkeit. Opladen. S.80-146.

Boreham, Richard; Stafford, Mai & Taylor, Rebecca (2000). Health Survey for England. Social Capital and Health. London: The Stationery Office.

Bott-Bodenhaus, Karin; Kliche, Thomas & Wahl, Svenja (2002). Zur Beurteilung von Corporate Volunteering: Das gesellschaftliche Engagement von Unternehmen aus Sicht der Politischen Psychologie. Zeitschrift für Politische Psychologie, 10 (1+2), S.139-142.

Bourdieu, Pierre (1980). Le capital social: notes provisoires. Actes de recherche en sciences socials, 31, S.2-3.

Bourdieu, Pierre (1983). Ökonomisches Kapital, kulturelles Kapital, soziales Kapital. In: Kreckel, Reinhard (Hrsg.) Soziale Ungleichheiten. Göttingen: Otto Schwartz, S.183-198.

Bourdieu, Pierre (1985). The Forms of Capital. In: Richardson, John G. (Hrsg.) Handbook of Theory and Research for the Sociology of Education. New York: Greenwood, S.241-258.

Braun, Barbara & Kromminga, Peter (2002). Soziale Verantwortung und wirtschaftlicher Nutzen. Konzepte und Instrumente zur Kommunikation und Bewertung von Corporate Citizenship und Corporate Social Responsibility. Hamburg: Bundesinitiative „Unternehmen: Partner der Jugend" (UPJ) beim Verband Kinder- und Jugendarbeit Hamburg e.V.

Brehm, John & Rahn, Wendy (1997). Individual-level evidence for the causes and consequences of Social Capital. American Journal of Political Science, 41 (3), S.999-1023.

Büro für Zukunftsfragen (2004). Brückenschlag. Lernwelt Wirtschaft und Gesellschaft. Bregenz.

Bürsch, Michael (2001): Wirtschaft und Gesellschaft. Die Rolle der Politik bei der Förderung unternehmerischen bürgerschaftlichen Engagements. Blätter der Wohlfahrtspflege, 11/12, S.238-240.

Bürsch, Michael (2003): Bürgergesellschaft und die Interessenslage von Unternehmen. In: Backhaus-Maul, Holger & Brühl, Hasso (Hrsg.) Bürgergesellschaft und Wirtschaft – zur neuen Rolle von Unternehmen. Berlin: Deutsches Institut für Urbanistik, S.39-41.

Burt, Ronald S. (1992). Structural Holes. Cambridge: Harvard University Press.

Burt, Ronald S. (1998). The Gender of Social Capital. Rationality and Society, 10, S.5-46.

Burt, Ronald S. (2000). The Network Structure of Social Capital. In: Sutton, Robert I. & Straw, Barry M. (Hrsg.) Research in Organizational Behavior, 22. Greenwich: JAI Press, S.345-423.

Burt, Ronald S. (2001). Structural Holes versus Network Closure as Social Capital. In: Lin, Nan; Cook, Karen & Burt, Ronald (Hrsg.) Social Capital. Chicago: Aldine, S.31-56.

Cohen, Don & Prusak, Laurence (2001). In Good Company. How Social Capital Makes Organizations Work. Harvard: Harvard Business School Press.

Coleman, James S. (1988). Social Capital and the Creation of Human Capital. American Journal of Sociology 94, S.95-120.

Coleman, James S. (1990). Foundations of Social Theory. Cambridge: Harvard University Press.

Coleman, James S. (1991). Grundlagen der Sozialtheorie. Band 1. Handlungen und Handlungssysteme. München: Oldenburg.

Coleman, James S. (1992). Grundlagen der Sozialtheorie. Band 2. Körperschaften und die moderne Gesellschaft. München: Oldenburg.

Coleman, James S. (1994). Grundlagen der Sozialtheorie. Band 3. Die Mathematik der sozialen Handlung. München: Oldenburg.

Coleman, James S. & Fararo, Thomas J. (1992). Rational Choice Theory. Advocacy and Critique. Newburg Park: Sage.

Collier, Paul (1998). Social Capital and Poverty. The World Bank Social Capital Initiative. Working Papers 4. Washington D.C.: The World Bank.

Cooke, Philip & Clifton, Nick (2002). Social Capital, and Small and Medium Enterprise Performance in the United Kingdom. Paper prepared for the Workshop on Entrepreneurship in The Modern Space-Economy: Evolutionary and Policy Perspectives, June 10-11, 2002, Amsterdam.

CSR Europe (2000). The first ever European survey of consumers´ attitudes towards Corporate Social Responsibility. Brüssel, London.

Damm, Diethelm & Lang, Reinhard (2002). Handbuch Unternehmenskooperation. Erfahrungen mit Corporate Citizenship in Deutschland. Stiftung Mitarbeit (Hrsg.) Brennpunkt-Dokumentationen zu Selbsthilfe und Bürgerengagement, 39. Bonn, Hamburg.

Dann, Hans-Dietrich (1983). Subjektive Theorien: Irrweg oder Forschungsprogramm? Zwischenbilanz eines kognitiven Konstrukts. In: Montada, Leo; Reusser, Kurt & Steiner, Gerhard (Hrsg.) Kognition und Handeln. Stuttgart: Klett-Cotta.

De Clercq, Dirk & Arenius, Pia (2003). Effects of human capital and social capital on entrepreneurial activity. In: Bygrave, William et al. (Hrsg.) Frontiers of Entrepreneurship Research. Bolsson College.

De Clercq, Dirk & Dakhli, Maurad (2004). Human capital, social capital and innovation. A multi-country study. Entrepreneurship and Regional Development, 16 (2), S.107-128.

De Tocqueville, Alexis (1969 Original 1835). Democracy in America. New York: Anchor Books.

Denz, Hermann & Battisti Martina (2005). Sozialkapital in Vorarlberg. Forschungsbericht. Bregenz: Amt der Vorarlberger Landesregierung.

Denzin, Norman K. (2002). Handbook of Qualitative Research. London: Sage.

Dettling, Warnfried (2003). Bürgergesellschaft. Eine Reformperspektive, die aus der Mitte kommt. In: Sozialpädagogisches Institut im SOS-Kinderdorf e.V. (Hrsg.) Die Gesellschaft umbauen. Perspektiven bürgerschaftlichen Engagements. München: Eigenverlag, S.7-18.

Deuerlein, Isabella; Riedel, Silke & Pomper, Florian (2003). Die gesellschaftliche Verantwortung österreichischer Unternehmen. Studie im Auftrag der Initiative CSR Austria. Wien.

Dick, Michael (1996). Verständigung und Sinn. Zur prozessualen Sozialforschung im zwischenbetrieblichen Feld. In: Endres, Egon & Wehner, Theo (Hrsg.) Zwischenbetriebliche Kooperation. Die Gestaltung von Lieferbeziehungen. Weinheim: Beltz, S.59-70.

Diekmann, Andreas (1993). Sozialkapital und das Kooperationsproblem in sozialen Dilemmata. Analyse und Kritik, 15, S.22-35.

Diekmann, Andreas (2002). Empirische Sozialforschung. Grundlagen, Methoden, Anwendungen. Hamburg: Rowohlt.

Dresewski, Felix (2004). Corporate Citizenship. Ein Leitfaden für das soziale Engagement mittelständischer Unternehmen. Bundesinitiative „Unternehmen Partner der Jugend" (UPJ) e.V. – Netzwerk für Corporate Citizenship in Deutschland. Berlin.

Durkheim, Emil (1933 Original 1893). The Division of Labor in Society. Translated with an Introduction by Georg Simpson. New York: McMillan.

Durlauf, Steven N. (1999). The case "against" social capital. Focus, 20 (3), S.1-5.

Easterlin, Richard A. (2003). Building a Better Theory of Well-Being. IZA Discussion Paper Series, 742. Bonn: Institute for the Study of Labor.

Ehrlinghagen, Marcel; Rinne, Karin & Schwarze, Johannes (1997). Ehrenamtliche Tätigkeiten in Deutschland – komplementär oder substitutiv? Analysen mit dem Sozioökonomischen Panel 1985 bis 1996. Diskussionspapier 97 (10). Bochum: Ruhruniversität Bochum.

Ehling, Manfred (2004). Zeitbudgeterhebungen 1991/92 und 2001/02. Kontinuität und Wandel. In: Statistisches Bundesamt (Hrsg.) Alltag in Deutschland. Analysen zur Zeitverwendung. Forum Bundesstatistik. Band 43. Wiesbaden. Statistisches Bundesamt. S.10-22.

Enquete-Kommission „Zukunft des Bürgerschaftlichen Engagements" Deutscher Bundestag (2002). Bericht der Enquete-Kommission „Zukunft des bürgerschaftlichen Engagements". Bürgerschaftliches Engagement. Auf dem Weg in eine zukunftsfähige Bürgergesellschaft. Drucksache 14/ 8900. Berlin.

Ettlin, Tony; Meier-Dallach, Hans-Peter & Walter, Therese (2003). Was bewirkt SeitenWechsel. In: Ettlin, Tony (Hrsg.) SeitenWechsel. Lernen in anderen Arbeitswelten. Zürich: Orell Füssli, S.84-103.

EU-Kommission (2001). Europäische Rahmenbedingungen für die soziale Verantwortung der Unternehmen. Grünbuch. KOM (2001) 366. Brüssel.

EU-Kommission (2002). Die soziale Verantwortung der Unternehmen. Ein Unternehmensbeitrag zur nachhaltigen Entwicklung. KOM (2002) 347. Brüssel.

Faust, Jörg & Marx, Johannes (2004). Zwischen Kultur und Kalkül. Vertrauen und Sozialkapital im Kontext der neoinstitutionalistischen Wende. Schweizerische Zeitschrift für Politikwissenschaften, 1 (10), S.29-55.

Fischer, Claude (1982). To dwell among friends. Chicago: Chicago University Press.

Flick, Uwe (1999). Qualitative Forschung. Theorie, Methoden, Anwendung in Psychologie und Sozialwissenschaften. Reinbek bei Hamburg: Rowohlt.

Flick, Uwe (2002). Qualitative Sozialforschung. Eine Einführung. Reinbek bei Hamburg: Rowohlt.

Flick, Uwe (2003). Triangulation in der qualitativen Forschung. In: Flick, Uwe; Kardoff, Ernst von & Steinke, Ines (Hrsg.) Qualitative Forschung. Ein Handbuch. Reinbek bei Hamburg: Rowohlt, S. 309-318.

Flick, Uwe; Kardoff, Ernst; Keupp Heiner; von Rosenstiel, Lutz & Wolff, Stephan (1995). Handbuch qualitative Sozialforschung. Grundlagen, Konzepte, Methoden und Anwendungen. Weinheim: Beltz Psychologie Verlags Union.

Flick, Uwe; Kardoff, Ernst von & Steinke, Ines (2003). Was ist qualitative Forschung? Einleitung und Überblick. In: Flick, Uwe; Kardoff, Ernst von & Steinke, Ines (Hrsg.) Qualitative Forschung. Ein Handbuch. Reinbek bei Hamburg: Rowohlt, S.13-29.

Fournier, Francine (2002). Social Capital Formation in Poverty Reduction. Which Role for Civil Society and the State? In: UNESCO (Hrsg.) Social Capital and Poverty Reduction. Which Role for the Civil Society Organisation and the State, S.7-10.

Freitag, Markus (1999). Soziales Kapital und Arbeitslosigkeit. Eine empirische Analyse zu den Schweizer Kantonen. Arbeitspapier präsentiert anlässlich der Jahrestagung der Schweizerischen Vereinigung für Politische Wissenschaft. Balsthal.

Fukuyama, Francis (1995a). Konfuzius und Marktwirtschaft. Der Konflikt der Kulturen. München: Kindler.

Fukuyama, Francis (1995b). Trust. The Social Virtues and the Creation of Prosperity. New York: Free Press.

Fukuyama, Francis (1995c). Social Capital and the Global Economy. Foreign Affairs, 74, S.89-103.

Gartz, Detlef & Kraimer, Klaus (1991). Qualitativ-empirische Sozialforschung. Konzepte, Methoden, Analysen. Opladen: Westdeutscher Verlag.

Gaskin, Katharine; Smith, Justin D.; Paulwitz, Irmtraut et al. (1996). Ein neues bürgerschaftliches Europa. Eine Untersuchung zur Verbreitung und Rolle von Volunteering in zehn Ländern. Robert Bosch Stiftung: Freiburg.

Gehmacher, Ernst (2003). Sozialkapital – Ein neues OECD-Programm. Bericht über die Tagung „Measuring Social Capital" Budapest 21.-23. Mai 2003. SWS- Rundschau 3, S.311-320.

Geulen, Dieter (1982). Soziales Handeln und Perspektivenübernahme. In: Geulen, Dieter (Hrsg.) Perspektivenübernahme und soziales Handeln. Texte zur sozial-kognitiven Entwicklung. Frankfurt am Main: Suhrkamp, S.24-72.

Glaeser, Edward L. (2001). The Formation of Social Capital. Canadian Journal of Policy Research, 2 (1), S.1-40.

Glaser, Barney G. & Strauss, Anselm L. (1998). Grounded Theory. Strategien qualitativer Forschung. Bern: Huber.

Gohl, Christopher (2001). Bürgergesellschaft als politische Zielperspektive. Politik und Zeitgeschichte, 6-7, S.5-11.

Granovetter, Mark (1973). The Strength of Weak Ties. American Journal of Sociology, 78, S.1360-1380.

Granovetter, Mark (1974). Getting a Job. Cambridge: Harvard University Press.

Granovetter, Mark (1985). Economic Action and Social Structure. The Problem of Embeddedness. American Journal of Sociology, 91, S.481-510.

Greve, Arent & Benassi, Mario (2004). Exploring the contribution of human and social capital to productivity. Paper prepared for Hawaii International Conference on System Sciences, January 5-8, 2004, Hawaii.

Greve, Arent & Salaff, Janet W. (2001). The development of corporate social capital in complex innovation processes. In: Gabbay, Shaul M. & Leenders, Roger T.A.J. (Hrsg.) Research in the Sociology of Organizations: Social Capital of Organizations, 18, S.107-134.

Groeben, Norbert & Scheele, Brigitte (1977). Argumente für eine Psychologie des reflexiven Subjekts. Darmstadt: Steinkopf.

Grootaert, Christiaan & van Bastelaer, Thierry (2002). The Role of Social Capital in Development. An Empirical Assessment. Cambridge: Cambridge University Press.

Grootaert, Christiaan (1998a). Social Capital, Household Welfare and Poverty in Indonesia. The World Bank Social Capital Initiative. Working Paper 2148. Washington D.C.: The World Bank.

Grootaert, Christiaan (1998b). Social Capital. The Missing Link. The World Bank Social Capital Initiative. Working Paper 3. Washington D.C.: The World Bank.

Grootaert, Christiaan & Narayan, Deepa (2001). Local Institutions, Poverty, and Household Welfare in Bolivia. Policy Research Paper 2644. Washington D.C.: The World Bank.

Guba, Egon G. & Lincoln Yvonna S. (1989). Fourth Generation Evaluation. London: Sage.

Habermas, Jürgen (1983). Moralbewußtsein und kommunikatives Handeln. In: Habermas, Jürgen (Hrsg.) Moralbewußtsein und kommunikatives Handeln. Frankfurt am Main: Suhrkamp, S.127-206.

Habisch, Andre; Meister, Hans-Peter & Schmidpeter, Rene (2001). Corporate Citizenship as Investing in Social Capital. Berlin: Logos.

Habisch, Andre (2003). Corporate Citizenship. Gesellschaftliches Engagement von Unternehmen in Deutschland. Berlin, Heidelberg: Springer.

Hacket, Anna & Mutz, Gerd (2002). Empirische Befunde zum bürgerschaftlichen Engagement. Politik und Zeitgeschichte, 9, S.39-46.

Hartekemeyer, Martina; Hartkemeyer, Johannes F. & Dhority, Freeman L. (1998). Miteinander denken. Das Geheimnis des Dialogs. Stuttgart: Klett-Cotta.

Hartman, Jörg (2002). Soziale Verantwortung und unternehmerisches Handeln. In: Wieland, Josef & Conradi, Walter (Hrsg.) Corporate Citizenship. Gesellschaftliches Engagement – unternehmerischer Nutzen. Marburg: Metropolis.

Haug, Sonja (1997). Soziales Kapital. Ein kritischer Überblick über den aktuellen Forschungsstand. Mannheimer Zentrum für Europäische Sozialforschung. Arbeitspapiere Arbeitsbereich II, 15.

Haug, Sonja (2000). Soziales Kapital und Kettenmigration. Italienische Migranten in Deutschland. Schriftenreihe des Bundesinstituts für Bevölkerungsforschung, Band 31. Opladen: Leske und Budrich.

Helliwell, John F. (2001). Social Capital, The Economy and Well-Being. The Review of Economic Performance and Progress, 3, S.43-60.

Helliwell, John F. (2003). How's Life? Combining Individual and National Variables to Explain Subjective Well-Being. Economics of Modelling, 20, S.331-360.

Hendryx, Michael S.; Ahern, Melissa M.; Lovrich, Nicholay P. & McCurdy, Arthur H. (2002). Access to health care and community social capital. Health Services Research, 37 (1), S.87-103.

Hoff, Ernst (1990). Identität und Arbeit. Zum Verständnis der Bezüge in Wissenschaft und Alltag. Psychosozial, 13 (3), S.7-25.

Hopf, Christel (2003). Forschungethik in der qualitativen Forschung. In: Flick, Uwe; Kardoff, Ernst von & Steinke, Ines (Hrsg.) Qualitative Forschung. Ein Handbuch. Reinbek bei Hamburg: Rowohlt, S.589-600.

Huang, Fali (2003). Social Trust, Cooperation, and Human Capital. Department of Economics. Singapore Management University.

IPSOS Deutschland (2000). Sponsoring von regionalen Veranstaltungen. Marktforschungsstudie. Hamburg: IPSOS.

Jansen, Dorothea (2003). Einführung in die Netzwerkanalyse. Grundlagen, Methoden, Forschungsbeispiele. Opladen: Leske und Budrich.

Johnson, Paul A. & Temple Jonathan (1998). Social Capability and economic growth. Quarterly Journal of Economics 21, S.295-307.

Kardoff, Ernst von (2003). Qualitative Evaluationsforschung. In: Flick, Uwe; Kardoff, Ernst von & Steinke, Ines (Hrsg.) Qualitative Forschung. Ein Handbuch. Reinbek bei Hamburg: Rowohlt, S.238-250.

Kaufmann, Jean-Claude (1996). Das verstehende Interview. Theorie und Praxis. Konstanz: Universitätsverlag Konstanz.

Keppler, Wolfram; Leitmann, Gerda & Ripplinger, Jürgen (1999). Das Soziale Lernen. Ergebnisse eines landesweiten Modellprojekts. Stuttgart.

Klages, Helmut & Gensicke, Thomas (1999). Wertewandel und bürgerschaftliches Engagement in den neunziger Jahren. In: Klages, Helmut & Gensicke, Thomas (Hrsg.) Wertewandel und bürgerschaftliches Engagement an der Schwelle zum 21. Jahrhundert. Speyer Forschungsberichte 193. S.141-161.

Klien, Ansgar; Kern, Kristine; Geißel Brigitte & Berger, Maria (2004). Zivilgesellschaft und Sozialkapital. Herausforderungen politischer und sozialer Integration. Wiesbaden: VS Verlag für Sozialwissenschaften.

Knack, Stephen & Keefer, Philip (1997). Does Social Capital have an Economic Payoff? A Cross-Country Investigation. The Quarterly Journal of Economics, 112 (4), S.1251-1288.

Knack, Stephen (1999a). Social Capital and the Quality of Government: Evidence from the States. American Journal of Political Science, 46 (4), S.772-785.

Knack, Stephen (1999b). Social Capital, Growth and Poverty. A Survey of Cross-Country Evidence. The World Bank Social Capital Initiative. Working Paper 7. Washington D.C.: The World Bank.

Korfmacher, Susanne & Mutz, Gerd (2003). Corporate Volunteering in Deutschland. Soziales und zivilgesellschaftliches Lernen durch unternehmerisches bürgerschaftliches Engagement. In: Sozialpädagogisches Institut im SOS-Kinderdorf e.V. (Hrsg.) Die Gesellschaft umbauen. Perspektiven bürgerschaftlichen Engagements. München: Eigenverlag, S.100-132.

Korfmacher, Susanne & Roberts, Gina (2003). Unternehmerisches bürgerschaftliches Engagement in Europa. In: Sozialpädagogisches Institut im SOS-Kinderdorf e.V. (Hrsg.) Die Gesellschaft umbauen. Perspektiven bürgerschaftlichen Engagements. München: Eigenverlag, S.133-145.

Krackhardt, David. & Hanson Jeffrey R. (1993). Informal Networks: The Company behind the Chart. Harvard Business Review, 71 (4), S.104-111.

Kühnlein, Irene & Bohle Fritz (2002). Motive und Motivationswandel des bürgerschaftlichen Engagements. Teil C des Gutachtens für die Enquete-Kommission „Zukunft des bürgerschaftlichen Engagements" zum Thema „Struktur- und Motivationswandel bürgerschaftlichen Engagements bei Erwerbstätigen und Arbeitslosen unter besonderer Berücksichtigung der Gender-Perspektive. Berlin.

Lamnek, Sigfried (1995a). Qualitative Sozialforschung. Methodologie. Band 1. Weinheim: Beltz.

Lamnek, Sigfried (1995b). Qualitative Sozialforschung. Methoden und Techniken. Band 2. Weinheim: Beltz.

Lamnek, Sigfried (1998). Gruppendiskussion. Theorie und Praxis. Weinheim: Beltz.

Laucken, Uwe (1974). Naive Verhaltenstheorie. Stuttgart: Klett-Cotta.

Legewie, Heiner (1987). Interpretation und Validierung biographischer Interviews. In: Jüttemann, Gerd & Thomae, Hans (Hrsg.) Biographie und Psychologie. Springer: Berlin, S.138-150.

Leithäuser, Thomas & Volmerg, Brigitte (1988). Psychoanalyse in der Sozialforschung. Eine Einführung am Beispiel einer Sozialpsychologie der Arbeit. Opladen: Westdeutscher Verlag.

Levi, Margaret (1996). Social and Unsocial Capital. A review essay of Robert Putnam´s Making Democracy Work. Politics and Society, 24, S.46-55.

Lewis, Stewart (2003). Corporate Brand and Corporate Responsibility. London: MORI.

Lin, Nan (1999). Building a network theory of social capital. Connections, 22, S.28-51.

Lin, Nan (2001). Social Capital. A theory of social structure and action. Cambridge: Cambridge University Press.

Little, Arthur (2003). The Business Case for Corporate Responsibility. London: Beacon Press.

Lunau, York & Wettstein, Florian (2004). Die soziale Verantwortung der Wirtschaft. Was Bürger von Unternehmen erwarten. Bern, Stuttgart, Wien: Haupt Verlag.

Maaß, Frank & Clemens, Reinhard (2002). Corporate Citizenship. Das Unternehmen als „guter Bürger". Wiesbaden: Deutscher Universitätsverlag.

Marx, Karl (1978 Original 1867). Capital. In: Tucker, Robert C. The Marx-Engels Reader. New York: Norton.

Mayer, Horst-Otto (2002). Interview und schriftliche Befragung. München: Oldenburg.

Mayring, Philipp (2002). Einführung in die qualitative Sozialforschung. Eine Anleitung zu qualitativem Denken. Weinheim, Basel: Beltz.

Mayring, Philipp (2003). Qualitative Inhaltsanalyse. Grundlagen und Techniken. Weinheim, Basel: Beltz.

Meier-Dallach, Hans-Peter & Altorfer, Heinz (2003). Epilog. Seitenwechsel und ethischer Diskurs. In: Ettlin, Tony (Hrsg.) SeitenWechsel. Lernen in anderen Arbeitswelten. Zürich: Orell Füssli, S.238-256.

Merkens, Hans (2003). Auswahlverfahren, Sampling, Fallkonstruktion. In: Flick, Uwe; Kardoff, Ernst von & Steinke, Ines (Hrsg.) Qualitative Forschung. Ein Handbuch. Reinbek bei Hamburg: Rowohlt, S.286-299.

Moschner, Barbara (2002). Altruismus oder Egoismus – Was motiviert zum Ehrenamt? In: Botthaus-Bodenhausen, Karin (Hrsg.) Bürgerschaftliches Engagement und Psychologie. Zeitschrift für Politische Psychologie 10 (1+2), S.25-40.

Mutz, Gerd (2000). Die neue Arbeits- und Bürgergesellschaft: Wie können sich Träger der Wohlfahrtspflege auf die anstehenden Veränderungen einstellen? In: Sozialpädagogisches Institut im SOS-Kinderdorf e.V. (Hrsg.) SOS Dialog 2000. Hilfeplanung. München, S.26-32.

Mutz, Gerd (2001). Der souveräne Arbeitsgestalter in der zivilen Arbeitsgesellschaft. Politik und Zeitgeschichte, 21, S.14-23.

Mutz, Gerd (2002a). Bürgerengagement und Soziale Arbeit – Anmerkungen zu einem problematischen Verhältnis aus empirischer Sicht. In: Möller, Kurt (Hrsg.) Auf dem Weg in die Bürgergesellschaft? Soziale Arbeit als Unterstützung bürgerschaftlichen Engagements. Opladen, S.11-28.

Mutz, Gerd (2002b). Corporate Citizenship in Deutschland – Annäherung an ein zivilgesellschaftliches Konzept. Zeitschrift für Politische Psychologie, 10 (1+2), S.129-138.

Mutz, Gerd (2003). Bürgerschaftliches Engagement im Wandel der Arbeitsgesellschaft. In: Sozialpädagogisches Institut im SOS-Kinderdorf e.V. (Hrsg.) Die Gesellschaft umbauen. Perspektiven bürgerschaftlichen Engagements. München: Eigenverlag, S.36-66.

Mutz, Gerd & Korfmacher, Susanne (2000). Das Projekt Switch. Ein take-off für bürgerschaftliches Engagement. Voraussetzungen, Erfahrungen und Empfehlungen. München.

Mutz, Gerd & Korfmacher, Susanne (2003). Sozialwissenschaftliche Dimensionen von Corporate Citizenship in Deutschland. In: Backhaus-Maul, Hoger & Brühl, Hasso (Hrsg.) Bürgergesellschaft und Wirtschaft – zur neuen Rolle von Unternehmen. Berlin: Deutsches Institut für Urbanistik, S.45-62.

Nahapiet, Janine & Ghoshal, Sumantra (2000). Social Capital, Intellectual Capital and the Organizational Advantage. Academy of Management Review, 23 (2), S.242-266.

Narayan, Deepa & Pritchett, Lant (1999). Cents and Sociability: Household Income and Social Capital in Rural Tanzania. Economic Development and Cultural Change, 47 (4), S.871-897.

Narayan, Deepa (1999). Bonds and Bridges. Social Capital and Poverty. Policy Research Working Paper 2167. Washington, D.C.: World Bank.

Newton, Kenneth (2001). Social Trust and Political Disaffection. Social Capital and Democracy. Paper presented at the EURESCO Conference on Social Capital: Interdisciplinary Perspectives, 15-20 September 2001, Exeter.

OECD (2001). The Well-Being of the Nations. The Role of Human and Social Capital. Paris: OECD.

Olk, Thomas (2003): Bürgerengagement und aktivierender Staat – zwei Seiten einer Medaille? In: Backhaus-Maul, Holger & Brühl, Hasso (Hrsg.) Bürgergesellschaft und Wirtschaft – zur neuen Rolle von Unternehmen. Berlin: Deutsches Institut für Urbanistik, S.19-28.

Organ, Dennis W. & Paine Julie B. (1999). A new kind of performance for industrial and organizational psychology: Recent contributions to the study of organizational citizenship behavior. In: Cooper Cary L. & Robertson Ivan T. (Hrsg.) International Review of Industrial and Organisational Psychology. Band 14. Chichester: Wiley, S.337-368.

Ostrom, Elinor (2002). Soziales Kapital und kollektives Handeln. In: Enquete Kommission des deutschen Bundestages (Hrsg.) Zukunft des bürgerschaftlichen Engagements. Opladen: Leske und Budrich.

Paxton, Pamela (1999). Is Social Capital Declining in the United States? A Multiple Indicator Assessment. American Journal of Sociology, 105, S.88-127.

Picot, Sibylle (2000). Frauen und Männer, Jugend, Senioren, Sport. Schriftenreihe des Bundesministeriums für Familie, Senioren, Frauen und Jugend, Band 194.3. In: Bundesministerium für Familie, Senioren, Frauen und Jugend (Hrsg.) Freiwilliges Engagement in Deutschland. Freiwilligensurvey 1999. Ergebnisse der Repräsentativerhebung zu Ehrenamt, Freiwilligenarbeit und bürgerschaftlichem Engagement. Band 3. Stuttgart: Kohlhammer.

Portes, Alejandro & Landolt, Patricia. (1996). The Downside of Social Capital. The American Prospect, 7 (26), S.18-21.

Portes, Alejandro (1998). Social Capital. Its Origins and Applications in Modern Sociology. Annual Review of Sociology, 24, S.1-24.

Putnam, Robert D. (1993). Making Democracy Work. Civic Traditions in Modern Italy. Princeton: Princeton University Press.

Putnam, Robert D. (1995a). Bowling Alone. America´s Declining Social Capital. Journal of Democracy, 6, S.65-78.

Putnam, Robert D. (1995b). Tuning in, Tuning Out. The Strange Disapperance of Social Capital in America. Political Science and Politics, 28, S.664-683.

Putnam, Robert D. (2000). Bowling alone. The Collapse and Revival of American Community. New York: Simon & Schuster.

Putnam, Robert D. (2001). Gesellschaft und Gemeinsinn. Sozialkapital im internationalen Vergleich. Gütersloh: Verlag Stiftung Bertelsmann.

Putnam, Robert D. (2002). Democracies in Flux. The Evolution of Social Capital in Contemporary Society. Oxford: Oxford University Press.

Rossing Feldman, Tine & Assaf, Susan (1999). Social Capital: Conceptual Framework and Empirical Evidence. An Annotated Bibliography. The World Bank Social Capital Initiative. Working Paper 5. Washington, D.C.: The World Bank.

Roth, Roland (2000). Bürgerschaftliches Engagement – Formen, Bedingungen, Perspektiven. In: Zimmer, Annette & Nährlich, Stefan (Hrsg.) Engagierte Bürgerschaft. Traditionen und Perspektiven. Opladen: Leske und Budrich, S.25-48.

Rudolph, Brigitte (2001) Ein Gewinn für beide Seiten und für die Gesellschaft. Erste empirische Fallstudien zum bürgerschaftlichen Engagement deutscher Unternehmen. Blätter der Wohlfahrtspflege, 11+12, S.245-247.

Sampson, Robert; Raudenbush, Stephen & Earls, Felton (1997). Neighborhoods and Violent Crime. A multi-level study of collective efficacy. Science, 277, S.918-924.

Schmidbauer, Wolfgang (1977). Die hilflosen Helfer. Reinbek bei Hamburg: Rowohlt.

Schöffmann, Dieter (2001). Wenn alle gewinnen. Bürgerschaftliches Engagement von Unternehmen. Hamburg: Edition Körber Stiftung.

Schout, Robert J. (2003). Corporate Citizenship. Unternehmerisches bürgerschaftliches Engagement in Europa. In: Sozialpädagogisches Institut im SOS-Kinderdorf e.V. (Hrsg.) Die Gesellschaft umbauen. Perspektiven bürgerschaftlichen Engagements. München: Eigenverlag, S.146-159.

Schubert, Renate; Littmann-Wernli, Sabine & Tingler, Philipp (2002). Corporate Volunteering. Unternehmen entdecken die Freiwilligenarbeit. Bern, Stuttgart, Wien: Haupt.

Schuller, Tom. (2001), The Complementary Roles of Human and Social Capital. Canadian Journal of Policy Research, 2 (1), S.18-24.

Schwingel, Markus (1995). Pierre Bourdieu. Zur Einführung. Hamburg: Junius.

Seale, Clive (1999). The Quality of Qualitative Research. London: Sage.

Seitz, Bernhard (2002). Corporate Citizenship. Zwischen Idee und Geschäft. In: Wieland, Josef & Conradi, Walter (Hrsg.) Corporate Citizenship. Gesellschaftliches Engagement – unternehmerischer Nutzen. Marburg: Metropolis.

Selman, Robert (1984). Interpersonale Verhandlungen. Eine entwicklungstheoretische Analyse. In: Edelstein, Wolfgang & Habermas, Jürgen (Hrsg.) Soziale Interaktion und soziales Verstehen. Beiträge zur Entwicklung der Interaktionskompetenz. Frankfurt am Main: Suhrkamp, S.113-166.

Shaw, Ian F. (1999). Qualitative Evaluation. London: Sage.

Simon, Herbert A. (1993). Altruism and economics, The American Economic Review. Papers and Proceedings, 83 (2), S.157-161.

Statistisches Bundesamt (2004). Alltag in Deutschland. Analysen zur Zeitverwendung. Forum Bundesstatistik. Band 43. Wiesbaden. Statistisches Bundesamt.

Steinke, Ines (1999). Kriterien qualitativer Forschung. Ansätze zur Bewertung qualitativ-empirischer Sozialforschung. Weinheim: Juventa.

Steinke, Ines (2003). Gütekriterien in der qualitativen Forschung. In: Flick, Uwe; Kardoff, Ernst von & Steinke, Ines (Hrsg.) Qualitative Forschung. Ein Handbuch. Reinbek bei Hamburg: Rowohlt, S.319-331.

Strele, Martin (2003). Unternehmer als Bürger. Rundherum. Newsletter des Büros für Zukunftsfragen. 1, S.1-4.

Teachman, Jay D.; Paasch, Kathleen & Carver, Karen (1997). Social Capital and the Generation of Human Capital. Social Forces, 75 (4), S.1-17.

Temple, Jonathan (2001). Growth Effects of Education and Social Capital in the OECD Countries. OECD Economic Studies, 33, S.57-101.

Thommen, Beat; Ammann, Rolf & Cranach, Mario von (1988). Handlungsorganisation durch soziale Repräsentationen: Welchen Einfluss haben therapeutische Schulen auf das Handeln von Mitgliedern? Bern: Huber.

Trinczek, Rainer (2002). Wie befrage ich Manager? Methodische und methodologische Aspekte des Experteninterviews als qualitative Methode empirischer Sozialforschung. In: Bogner, Alexander; Littig, Beate & Menz, Wolfgang (Hrsg.) Das Experteninterview. Theorie, Methode, Anwendung. Opladen: Leske und Budrich, S.209-222.

Tsai, Wenpin & Ghoshal, Sumantra (1998). Social Capital and value creation. The role of intrafirm networks. Academy of Management Journal, 41 (4), S.464-478.

Ueltzhöffer, Jörg & Ascheberg, Carsten (1996). Engagement in der Bürgergesellschaft. Die Geislingen Studie. Ein Bericht des Sozialwissenschaftlichen Instituts für

Gegenwartsfragen Mannheim (SIGMA). Stuttgart: Sozialministerium Baden-Württemberg.

Uslaner, Eric M. (1999). Democracy and Social Capital. In: Warren, Mark (Hrsg.) Democracy and Trust. Cambridge: Cambridge University Press, S.121-150.

Van der Gaag, Martin & Snijders, Tom (2003). Proposals for the measurement of individual social capital. In: Flap, Henk & Volker, Beate (Hrsg.) Creation and Returns of Social Capital. London: Routledge, S.199-218.

Van Deth, Jan W. (2001). The Proof of the Pudding. Social Capital, Democracy and Citizenship. Paper presented at the EURESCO Conference on Social Capital: Inerdiszipliary Perspectives, 15-20 September 2001, Exeter.

Veenstra, Gerry (2001). Social Capital and Health. Canadian Journal of Policy Research, 2 (1), S.72-81.

Voss, Thomas & Abraham, Martin (2000). Rational choice theory in sociology. A survey. In: Stella, Quah & Arnaud, Sales (Hrsg.) The International Handbook of Sociology. London: Sage, S.50-83.

Weber, Wolfgang (1998). Kooperation in Organisationen unter arbeits- und sozialpsychologischen Gesichtspunkten - vom individualutilitaristischen zum prosozialen Handeln? In: Spieß, Erika & Nerdinger, Friedemann (Hrsg.) Kooperation in Unternehmen. Sonderband 1998 der Zeitschrift für Personalforschung. München: Hampp, S.33-60.

Weber, Wolfgang; Ostendorp, Carsten & Wehner, Theo (2003). Soziale Handlungsorientierungen und soziale Kompetenzen in interorganisationalen Netzwerken. Zeitschrift für Arbeitswissenschaft, 57 (5), S.157-168.

Wegner, Martina (2004). Gesellschafliches Engagement von Unternehmen – mehr als eine Frage der Moral. Präsentation Bündnis 90. Die Grünen im Landtag von Baden-Württemberg am 3.4.2004.

Westebbe, Achim & Logan, David (1995). Corporate Citizenship. Unternehmen im gesellschaftlichen Dialog. Wiesbaden: Gabler Verlag.

Whiteley, Paul F. (2000). Economic Growth and Social Capital. Political Studies, 48, S.443-466.

Wieland, Josef (2002). Corporate Citizenship-Management. Eine Zukunftsaufgabe für die Unternehmen!? In: Wieland, Josef & Conradi, Walter (Hrsg.) Corporate Citizenship. Gesellschaftliches Engagement – unternehmerischer Nutzen. Marburg: Metropolis, S.9-21.

Wilson, Thomas P. (1973). Theorien der Interaktion und Modelle soziologischer Erklärung. In: Arbeitsgruppe Bielefelder Soziologen (Hrsg.) Alltagswissen und gesellschaftliche Wirklichkeit. Reinbek bei Hamburg: Rowohlt, S.54-79.

Winter, Jan (2000). Major Themes and Debates in the Social Capital Literature: The Australian Connection. In: Winter, Jan (Hrsg.) Social Capital and Public Policy in Australia. Melbourne: Australian Institute of Family Studies, S.17-24.

Witzel, Andreas (1982). Verfahren der qualitativen Sozialforschung. Überblick und Alternativen. Frankfurt: Campus.

Witzel, Andreas (1985). Das problemzentrierte Interview. In: Jüttmann, Gerd (Hrsg.) Qualitative Forschung in der Psychologie. Weinheim: Beltz , S.227-256

Woolcook, Michael & Narayan, Deepa (2000). Social Capital. Implications for development theory, research and policy. World Bank Research Observer, 15, S.225-249.

Woolcook, Michael (1998). Social Capital and Economic Development. Towards a theoretical synthesis and policy framework. Theory and Society, 27, S.151-208.

Woolcook, Michael (2001). The Place of Social Capital in Understanding Social and Economic Outcomes. Canadian Journal of Policy Research, 2 (1), S.12-22.